# GERAÇÃO ANSIOSA

DRA. LAUREN COOK

# GERAÇÃO ANSIOSA

UM GUIA PARA SE MANTER EM ATIVIDADE EM UM MUNDO INSTÁVEL

Tradução de Bruno Casotti

ROCCO

Título original
GENERATION ANXIETY
A Millennial and Gen Z Guide to Staying Afloat in an Uncertain World

Primeira publicação em 2023 por Abrams Image, um selo da ABRAMS.

Todos os direitos reservados.
Nenhuma parte desta obra pode ser reproduzida ou transmitida
por meio eletrônico, mecânico, fotocópia ou sob
qualquer outra forma sem a prévia autorização do editor.

*Copyright* do texto © 2023 *by* Lauren Cook

Direitos para a língua portuguesa reservados
com exclusividade para o Brasil à
EDITORA ROCCO LTDA.
Rua Evaristo da Veiga, 65 – 11º andar
Passeio Corporate – Torre 1
20031-040 – Rio de Janeiro – RJ
Tel.: (21) 3525-2000   Fax: (21) 3525-2001
rocco@rocco.com.br
www.rocco.com.br

*Printed in Brazil*/Impresso no Brasil

Preparação de originais
MÔNICA MARTINS FIGUEIREDO

**CIP-BRASIL. CATALOGAÇÃO NA PUBLICAÇÃO**
**SINDICATO NACIONAL DOS EDITORES DE LIVROS, RJ**

C787g

Cook, Lauren
    Geração ansiosa : um guia para se manter em atividade em um mundo instável / Lauren Cook ; tradução Bruno Casotti. - 1. ed. - Rio de Janeiro : Rocco, 2024.

    Tradução de: Generation anxiety a millennial and gen z guide to staying afloat in an uncertain world
    ISBN 978-65-5532-431-0
    ISBN 978-65-5595-257-5 (recurso eletrônico)

    1. Saúde mental. 2. Ansiedade. I. Casotti, Bruno. II. Título.

24-88622         CDD: 152.46
                 CDU: 159.942:616.89-008.441

Gabriela Faray Ferreira Lopes - Bibliotecária - CRB-7/6643

O texto deste livro obedece às normas do Acordo
Ortográfico da Língua Portuguesa

A Greg:
Tudo passa... e é por isso que não quero perder
nenhum momento desta vida com você.

A meu novo filho, Derek:
Estou muito feliz por não ter permitido que a ansiedade me privasse
de viver a mais incrível aventura de receber você no mundo.

E a meu gato siamês, Mochi:
Porque mais livros deveriam ser dedicados aos nossos
animais de estimação, já que eles são a melhor cura
para a ansiedade. Mochi não é exceção.

# SUMÁRIO

INTRODUÇÃO
**VOCÊ NÃO É O ÚNICO A SENTIR QUE ESTÁ SE AFOGANDO** ........... 9

CAPÍTULO UM
**ENCARANDO SEU OCEANO** ........... 23

CAPÍTULO DOIS
**QUANDO AS ÁGUAS DA ANSIEDADE ESTÃO POR TODA PARTE** ........... 41

CAPÍTULO TRÊS
**ABRACE AS ONDAS** ........... 57

CAPÍTULO QUATRO
**SEGUINDO MESMO QUANDO SEU OCEANO É FRIO E ASSUSTADOR** ........... 83

CAPÍTULO CINCO
**O QUE HÁ SOB A SUPERFÍCIE** ........... 105

CAPÍTULO SEIS
**PARA QUANDO VOCÊ ESTIVER MERGULHANDO COM TUBARÕES** ........... 127

CAPÍTULO SETE
**SAIBA QUEM SÃO SEUS SALVA-VIDAS E ONDE ESTÃO** ........... 151

CAPÍTULO OITO
**APOIANDO DE LONGE SEUS COMPANHEIROS SURFISTAS** ........... 173

CAPÍTULO NOVE
**AS ESTRATÉGIAS DE AUTOCUIDADO QUE AJUDAM VOCÊ A SE MANTER EM ATIVIDADE** ........... 197

CAPÍTULO DEZ
**QUANDO SUA PRANCHA QUEBRA** ........... 225

CAPÍTULO ONZE
**VOLTANDO DEPOIS DE UM CAIXOTE** ........... 253

CONCLUSÃO
**VOCÊ JÁ ESTÁ CONSEGUINDO** ........... 273

AGRADECIMENTOS ........... 283

NOTAS ........... 289

# INTRODUÇÃO

## VOCÊ NÃO É O ÚNICO A SENTIR QUE ESTÁ SE AFOGANDO

"Jack. Jack! Há um barco." Todos nós conhecemos a famosa cena no fim de *Titanic*, em que Kate Winslet olha para Leonardo DiCaprio, que está congelando depois que o navio mais preparado para não afundar, afunda. Enquanto Rose (interpretada por Winslet) se deita de bruços sobre toda a extensão de uma porta, com um colete salva-vidas, vemos Jack se agarrando à lateral apenas com a cabeça para fora d'água. Quando o barco salva-vidas passa por eles, Rose percebe que é tarde demais e que precisa deixar Jack afundar nas profundezas geladas.

O que se tornou digno de meme hoje, porém, é a percepção de que a porta sobre a qual Kate Winslet estava deitada era, definitivamente, grande o bastante para acomodar os dois. Enquanto Rose permanecia aquecida sobre o grande bloco de cedro, seu amor recém-encontrado teve que se agarrar à lateral da porta, no estilo Mufasa antes de os gnus chegarem![1]

Muitos de nós podemos nos identificar com Rose e Jack. É possível que você tenha escolhido este livro porque não aguenta mais sua ansiedade. Quer você seja Rose, paralisada demais para tomar qualquer atitude, ou

Jack, sentindo-se como se mal conseguisse se segurar, este livro pretende ser o colete salva-vidas capaz de fazer você boiar, dar o apoio de que necessita. Você não precisa mais ficar tremendo na água. Como psicóloga com doutorado em psicologia clínica e mestrado em terapia conjugal e de família (e apenas realmente como ser humano), eu entendo. Eu vivo com ansiedade também. Trato a ansiedade dos meus clientes diariamente e tenho visto intimamente como esse sentimento pode ser desafiador (e subestimado).

As pessoas costumam falar sobre ansiedade como se fosse uma coisa fácil de lidar. "Todo mundo tem ansiedade agora, não é?" "Não há algo de errado com você se *não* tem ansiedade?" Quando ouço comentários como esse, sei que isso é sinal de uma lacuna entre uma tomada de decisão e a experiência real vivida. Porque, para aqueles que vivem com ansiedade, não se trata de um pequeno incômodo. Acho que a maioria de nós escolheria viver sem ela, se pudesse.

Está claro para mim que todos estamos buscando ajuda para nossa ansiedade — basta dar uma olhada no TikTok e no Instagram e você verá #saúdementalimporta como uma *trend* consistente (e não apenas durante o Mês da Conscientização da Saúde Mental, em janeiro). Quando comecei a postar no TikTok para ajudar a esclarecer transtornos comuns como ansiedade, ataques de pânico e apego ansioso, não tinha a menor ideia de que atrairia mais de 200 mil seguidores tentando entender melhor por que estavam enfrentando aquilo e o que poderiam fazer. Não que eu fizesse os melhores movimentos de dança (acredite, você pode procurar) ou que tivesse o melhor visual do dia (embora eu use alguns vestidos bem divertidos e coloridos, modéstia à parte). As pessoas genuinamente querem se sentir melhor, e plataformas acessíveis como o TikTok proporcionam uma maneira rápida de dar início a essa conversa.

Portanto, se alguma vez você sentir que está lutando contra sua ansiedade sozinho, lhe asseguro de que definitivamente não está. Na verdade, se você experimenta a ansiedade clínica, bem-vindo ao clube para o qual provavelmente você não gostaria de ser convidado. Vou lhe dizer algumas duras verdades — mas também vou lhe dar algumas respostas proveitosas para você começar a se sentir melhor e assim permanecer.

## INTRODUÇÃO

Como você vai perceber, acho a honestidade a melhor política, em especial quando se trata de ansiedade. Estou certa de que poderia lhe dizer muitas coisas que você adoraria ouvir. Poderia dizer que tenho a solução mágica para fazer sua ansiedade sumir. Poderia dizer que tenho a passagem que vai tirar você desse lugar horrível em que seu estômago revira e seu coração acelera o tempo todo. Muita gente tem ganhado milhões de dólares ao vender essa fantasia, e pagamos alegremente porque faremos qualquer coisa para não nos sentirmos desconfortáveis ou inseguros.

Mas, como você logo verá neste livro, minha postura é diferente. Não estou aqui para lhe dar uma fórmula mágica. Não estou aqui para "consertar" ou "mudar" você. E o incrível é que nesse processo de *não* tentar consertar ou mudar seus sentimentos — e simplesmente permitir que a ansiedade esteja presente — é que você pode começar a se sentir melhor. É a partir desse conceito de largar a corda, surfar na onda e deixar acontecer que você pode ver a ansiedade afrouxar o controle sobre sua vida. Difícil de acreditar?

Se você está cético, eu entendo. Fomos socializados a acreditar que toda vez que alguma coisa está desconfortável, devemos tentar eliminá-la ou afastá-la. Então, por que não tentaríamos fazer isso com a ansiedade, certo? Não iríamos querer ter o mínimo de ansiedade possível?

Não necessariamente. Um pouco de ansiedade pode ser um estímulo para prestarmos atenção. Pode nos dar aquele rompante de energia para estudar para a prova que viemos procrastinando o mês inteiro. Pode ser a campainha que toca, mostrando que é hora de nos defendermos quando alguém está se aproveitando de nós. Só que, mesmo que quiséssemos fazer a ansiedade ir embora, não poderíamos. E, na realidade, algo não estaria exatamente bem em nosso cérebro se não tivéssemos uma resposta de medo apropriada.

Tome como exemplo o documentário *Free Solo*, em que Alex Honnold sobe o penhasco vertical de mais de três mil metros do El Capitan sem uma única corda. Se, como eu, você assistiu e ficou sem respirar durante uma hora e meia, com os olhos grudados na tela, isso é sinal de um cérebro responsivo normal que tem uma resposta de medo apropriada (obrigada, neurônios-espelhos, que fazem você sentir o que os outros estão sentindo, mesmo que através de uma tela). Nós aprendemos que a amígdala de Honnold, ou o centro do medo do cérebro dele, tem um nível de atividade muito mais baixo do que o de uma pessoa comum. É provavelmente por causa dessa diferença neurológica que ele pode realizar uma façanha dessas sem ter um colapso total a cada passo.

Portanto, a não ser que você também quisesse fazer uma escalada livre em Yosemite, a ansiedade é a maneira pela qual seu cérebro está tentando cuidar de você. O problema é que muitos de nós temos o problema oposto ao de Honnold. Nossa amígdala é ativada *excessivamente*. Enquanto uma pessoa normal se assustaria com uma cobra, nós nos assustamos com uma cobra, um coelho e até um ou outro boneco inanimado (mas, vamos ser realistas, esses podem ser tão arrepiantes quanto uma cobra, na minha opinião). É por isso que muitos de nós temos uma relação de amor e ódio com a nossa ansiedade. Embora odiemos o modo como ela nos faz sentir, física e emocionalmente, também tendemos a ter uma crença profundamente enraizada de que ela está nos protegendo, e nos sentiríamos culpados se a deixássemos para trás. Afinal de contas, não devemos tudo — nosso sucesso, nossa segurança, nossa (in)sanidade — a ela?

É por isso que mudar sua relação com a ansiedade exigirá certa disposição de sua parte. Isso é especialmente desafiador se você aprendeu a se agarrar à dúvida e à desconfiança como mecanismos de defesa para evitar se machucar. Mas quero que você me imagine atrás de você, lembrando que não tem problema cair. Não tem problema sentir-se um pouco exposto. Estou aqui atrás lhe apoiando.

Você já deve estar tenso. Entendo por que isso acontece — por que sente que precisa continuar a checar, organizar, agradar às pessoas, controlar e talvez até manipular. Essa é a sua maneira de se sentir protegido num mundo bastante inseguro. O problema é que quanto mais usamos esses dispositivos, mais descontrolados e ansiosos nos sentimos.

Com frequência, sentimos que esses comportamentos são necessários para evitar qualquer dor em nossas vidas. Porém, se você vem usando essa estratégia, sabe como isso é absolutamente exaustivo. Lembrar-se de checar alguma coisa "só mais uma vez", pedir a pessoas que você ama para tranquilizá-lo e se perguntar se tudo ficará bem é como pôr seu cérebro numa perseguição de carro em que os pneus estouram, mas você continua tentando escapar. De um jeito ou de outro, esses temores estão sempre no fundo da sua cabeça. É possível ver como isso se torna rapidamente um círculo vicioso em que nos sentimos como se a vida fosse um tornado e fôssemos completamente arrebatados por ele.

Portanto, se você chegou nesse ponto, em que está no meio de uma tempestade já há algum tempo, este livro vai ajudá-lo a passar por isso. Não, não vai salvar você. Mas esse é justamente o ponto. Vou ajudá-lo a lidar com a realidade de que a vida vai ser difícil e assustadora. Vamos conviver com o fato de que, no fim das contas, nenhum de nós sai vivo. Talvez você fique com raiva da audácia de minha franqueza, mas, pelo que sei, isso é verdade. Quanto mais cedo conseguimos conviver com essa realidade, mais cedo alcançamos uma vida liberada, em que existimos com gratidão, e não medo, pelo que o dia pode trazer.

Como você pode notar, gosto de ser direta (mas sincera). Espero que isso seja revigorante, já que estou certa de que a essa altura você ouviu chavões suficientes de que "tudo acontece por um motivo" ou de que "não há nada a temer". Como alguém que costumava oferecer esses ditos atraentes, vi o que funciona ou não.

A realidade é que algumas coisas na vida não fazem nenhum sentido. E sim, há muito a temer na vida. A vida é injusta. Brutal. É cheia de eventos imprevisíveis o tempo inteiro.

Considerando tudo isso, entendo por que você é ansioso. Você ouve histórias trágicas constantemente nos noticiários e dos amigos, e é provável que tenha vivido algumas. Isso não inclui sequer as incontáveis narrativas que sua mente criou para o futuro.

Temos uma escolha fundamental quando se trata dessas experiências, tanto as vividas quanto as imaginárias. Podemos escolher gastar nossa energia tentando fugir de angústias existentes e evitando potenciais desastres futuros com fervor... ou podemos aceitá-los como são.

Podemos reconhecer a realidade bonita e difícil que a vida é. Podemos nos render à realidade de que a vida é, de fato, imprevisível e às vezes dolorosa. Há um poder incrível nessa perspectiva. É encarando a verdade que deixamos de viver sob a sombra do medo. Quando conseguimos conviver com a realidade da vida, o tormento da dor potencial deixa de nos possuir.

Agora, há algo de que você precisa para ser capaz de olhar para sua vida com tanta ousadia.

É confiança.

Confiança de que você pode suportar a dor. Confiança de que você pode superar. Confiança de que outros estarão ali ao seu lado e o apoiarão. Confiança de que tudo pode melhorar. Confiança em si mesmo. E eu afirmei que não diria chavões.

O problema da confiança é que ela é a antítese da ansiedade. Quando estamos ansiosos, tentamos meticulosamente evitar tanta dor quanto possível. Não entramos em relacionamentos porque não confiamos que podemos passar por um término, ou permanecemos em relacionamentos que não nos fazem bem porque não confiamos que podemos viver sozinhos. Continuamos em trabalhos que não nos satisfazem porque não acreditamos que podemos fazer nada melhor ou não queremos correr o risco de ser rejeitados e perder uma promoção. Como, em grande parte, ansiedade consiste em evitar dor, com frequência nos negamos oportunidades em que podemos testemunhar nossa resiliência. Não nos permitimos a chance de ver o que aconteceria se nos apaixonássemos, terminássemos uma relação insatisfatória, ou assumíssemos um novo cargo.

Como terapeuta, vejo todos os dias o que acontece quando os piores temores das pessoas se tornam realidade. De início, geralmente é o inferno na terra. Mas, depois — confie em mim em relação a isso —, é liberdade. Há libertação em saber que você não está acorrentado à sua ansiedade. Que ela já não o domina.

Agora estamos prestes a nos aprofundar em estatísticas, e sei que avançamos apenas algumas páginas. Se você acha que isso pode ser demais, faça uma pausa, passe os olhos no que está à frente no próximo parágrafo e decida se está pronto. Ler este livro é o início da prática de lidar com o desconforto e não evitar sua ansiedade.

Quando estamos ansiosos, com frequência, duvidamos de nossa força. Esquecemos que podemos suportar. Como escreve Glennon Doyle em seu livro *Indomável*, desconfiamos de nossa capacidade de #fazercoisasdifíceis. É por isso que você vê resultados tão perturbadores nos Estados Unidos. O índice de suicídios, em que 130 pessoas morrem por dia,[2] a crise de opioides, em que mais de 10 milhões de americanos com idade acima de 12 anos abusaram de opioides em 2021,[3] e o fato de que um divórcio acontece a cada 42 segundos[4] são exemplos de nossa dificuldade de conviver com a dor e confiar que a vida melhora.

Agora, para esclarecer, cada caso de suicídio, de uso de substância e de divórcio tem fatores únicos justificando suas condições. Porém, quando olhamos todas essas tendências coletivamente, elas apontam um problema maior. Destacam a necessidade de evitar — de fugir da dor. Nossos temores nos dizem que isso é difícil demais, então escapamos em desvairada deserção, esperando que a dor nunca nos encontre. Lamentavelmente, com frequência, ela está nos esperando em casa de outras formas — solidão, decepção com nós mesmos e uma dose ainda maior de ansiedade, seja lá quando for a "próxima vez" em que ela chegar.

Portanto, se você está preso no sofá, repetindo para si mesmo que "não está pronto", estou aqui para ajudá-lo a ter sua vida de volta. Se você sempre teve dificuldade para enfrentar temores, estou aqui para lhe oferecer um roteiro. Sua ansiedade não precisa mais vencer. Agora, isso não significa que você não ficará desconfortável. Na verdade, ficará bastante desconfortável em muitos momentos, à medida que se tornar mais forte e se expuser novamente.

E, no fim das contas, não é isso que você quer? Viver uma vida significativa para você? Não permitir que sua ansiedade dê as ordens sobre seu futuro? Pessoalmente, considero meu maior objetivo como terapeuta não deixar a ansiedade ser a razão pela qual meus clientes têm arrependimentos e decepções em suas vidas.

Vamos apertar o botão de pausa antes de continuarmos. Eu seria remissa se não esclarecesse como a ansiedade pode tomar formas diferentes para cada um de nós. Para algum de nós, a ansiedade é um privilégio — para outros, é um subproduto quase inevitável que surge como resultado da destrutibilidade de nossa sociedade.

Por exemplo, ansiedade pode ser um privilégio quando você está perdendo o sono à noite se perguntando se deveria ir estudar em uma universidade do seu estado ou em uma do outro lado do país. Ou quando está decidindo se compra uma casa ou continua por mais um ano em seu apartamento. E ao escolher entre um emprego corporativo ou buscar uma jornada empreendedora. Ansiedade é um privilégio se você não consegue decidir como prefere gastar seu dinheiro — mas tem o bastante, independentemente disso. Todas essas são condições compreensíveis em que a ansiedade pode aumentar, mas o privilégio é inerente — em extensões variadas — em cada exemplo.

Ansiedade *não* é um privilégio quando você teme que uma bala faça um furo em sua casa porque seu bairro é atingido por violência armada com frequência. Ansiedade não é um privilégio quando você precisa decidir entre comprar mantimentos, pôr gasolina no carro e pagar as contas do médico. Ou quando está com medo de que a guarda da fronteira lhe diga que você precisa deixar sua residência imediatamente. E quando você está com medo de ser atacado se usar um turbante ou um véu, ou porque é trans ou porque aparenta ser de certa raça ou etnicidade? Nessas situações, a ansiedade não é um privilégio — é, com frequência, um dado básico e uma preocupação justificável para muitos.

Como mulher adulta cisgênero, branca, heterossexual, protestante, socioeconomicamente estável, com casa, instruída, fisicamente apta, neurotípica, magra, percebo que tive uma quantidade exagerada de privilégios em minha vida até este momento. Tive muitas oportunidades por conta do meu privilégio (bem como do privilégio que meus pais tiveram, juntamente com as gerações antes deles, dotadas de amplas oportunidades). Afinal, eu só escrevo este livro como psicóloga por causa da enorme quantidade de privilégios que tive e continuo a ter. Pude me permitir uma formação, ter uma casa de onde posso escrever com conforto (ainda que às vezes com relutância) e comer todos os muffins ingleses que consigo guardar em farto estoque em minha geladeira. De fato, a ansiedade que experimentei na vida vem, de muitas maneiras, de um lugar de privilégio, e não de necessidade urgente ou perigo real.

Jamais alegarei conhecer a experiência de ansiedade que é demasiado real para aqueles que vivem com identidades marginalizadas e/ou residem em comunidades às vezes inseguras. Ouvi muitas histórias de clientes que revelam como é angustiante e aflitivo entrar num banheiro e não saber se alguém estará ali esperando para machucar você. Deixar de ir a um passeio da escola porque seu status de cidadania não lhe permite viajar para fora do país (e, pior ainda, jamais retornar à sua terra natal pelo medo de não conseguir voltar ao seu atual país de residência). Sentir que você precisa esconder sua identidade no jantar dos feriados de fim de ano porque sua família irá ridicularizar você por quem você ama. Embora eu tenha tremenda empatia e humilde senso de abertura para continuar aprendendo, jamais poderei entender verdadeiramente como são essas experiências. Sei, porém, que me comove se você está lendo isto e conhece muito bem essa ansiedade porque passou, ou continua a passar, por essas dores.

Nunca deveria ser assim. Dói em mim saber que em você dói.

A ansiedade tem uma aparência diferente em cada um de nós, dependendo da história de vida de cada um. Todos temos caminhos diferentes que nos trouxeram aqui a esta página. Mesmo ao ler isto, pode ser que você constate que vem comparando sua ansiedade com a dos outros. Talvez você venha se culpando por se sentir ansioso quando outros "passam por muito pior". Você minimiza sua dor, sentindo que ela não se compara ao que alguém passou. Ou talvez você venha validando sua experiência enquanto deprecia a do outro, dizendo, "Não é tão ruim assim". Talvez você faça pouco caso, dizendo, "Algumas pessoas são bobas".

Mas direi isto: **dor é dor. Ansiedade é ansiedade.**

Não importa o sintoma — as sensações físicas, a angústia ruminante, sentir-se vítima do próprio corpo —, a ansiedade é universal e inegavelmente desconfortável. Pode derrubar a todos nós, não importa o que a deflagre. Pode ter um domínio inabalável sobre nós. Quando isso acontece, reconhecermos essa dor é às vezes nosso melhor plano de ação. Envergonhar-se porque "não deveria" sentir ansiedade com frequência apenas amplifica o sofrimento.

E embora essas circunstâncias com frequência estejam além do nosso controle, precisamos escolher como nos mostrar na sequência. Quer uma situação seja autocriada ou resultado da vida nos entregando inesperadamente um fruto suculento em meio a espinhos, temos que decidir como responder aos desafios e escolher se damos uma mordida ou não.

A ansiedade, porém, é o purgatório intermediário que lhe diz que você não está pronto. Diz que você fará papel de bobo. Diz que não valerá a pena. Sussurra ao seu ouvido que as pessoas o julgarão. Enquanto ficamos sentados olhando o fruto irresistivelmente suculento de uma oportunidade dia após dia, ou esse fruto acabará apodrecendo ou outra pessoa virá e o comerá. Podemos passar grande parte do tempo deixando nossa ansiedade azedar nosso futuro enquanto dizemos a nós mesmos que precisamos de "um pouco mais de tempo".

Então estou aqui para dizer a você: coma o maldito fruto.

Pessoalmente, não acho que a ansiedade deva ter autoridade para determinar o resultado de sua vida. Como você verá em nosso trabalho juntos, isso significa que você poderá fazer coisas incrivelmente significativas em sua vida, e a ansiedade poderá estar ali o tempo inteiro. O que importa é que você — e não sua ansiedade — faça as escolhas que lhe servem.

Parte do motivo pelo qual me especializo em ansiedade e adoro tratar todas as suas formas é que ela é altamente tratável. A ansiedade é uma das experiências psicológicas mais pesquisadas, e muitas intervenções têm se mostrado eficazes em populações diversas. Vamos abordá-las ao longo deste livro, com um foco especial na Terapia de Aceitação e Compromisso (ACT, na sigla em inglês), desenvolvida pelo doutor Steven C. Hayes. Com as centenas de clientes que tratei, vi que a ACT muitas vezes é eficaz porque é uma abordagem completamente diferente da resposta tradicional de tentar fazer a ansiedade "ir embora".

A ACT é nossa amiga sincera e sensata reconhecendo que, verdadeiramente, nem sempre podemos dar um fim à ansiedade. Porém, é necessário

## INTRODUÇÃO

decidir como queremos viver nossas vidas — mesmo que a ansiedade esteja aqui para o passeio. Escolhemos quem namoramos, onde vivemos, o que fazemos — não precisamos esperar a ansiedade desaparecer para começar a ter ações propositadas. É por isso que vejo tremenda beleza nessa estrutura: a ACT reconhece que a vida é dolorosa enquanto nos lembra de que não precisamos que essa dor seja a razão para pararmos de viver do jeito que queremos.

Parte do motivo pelo qual gosto tanto da ACT é que vi como ela mudou não apenas a vida dos meus clientes, mas a minha própria vida também. Embora seja um dogma comum terapeutas raramente falarem de si, acho importante ser uma pessoa real e compartilhar experiências pessoais com você. Como dizemos, compartilhar nossas histórias pode se justificar quando é em benefício dos clientes. Assim, espero que ao contar a respeito do meu próprio problema com a ansiedade — e, mais importante, como tenho conseguido lidar com ela — você encontre alguma correlação e esperança.

Quero que você saiba que sinto empatia pela sua experiência. Compartilharei mais sobre isso adiante, mas passei a vida inteira batalhando contra uma fobia que evoluiu para um transtorno de pânico. Desde pequena, experimento o que é chamado de emetofobia — um medo de vomitar — quando outros ficam doentes e quando eu mesma fico doente. Quando isso acontece, não é incomum que eu tenha um ataque de pânico absoluto em que tremo descontroladamente, tenho dificuldade de falar e sinto náuseas. Se você já teve um ataque de pânico, sabe como pode ser brutal.

Fiz terapia para essas experiências ao longo da vida e aprendi o que funciona... e o que não funciona. Como você verá ao longo deste livro, a psicoterapia é apenas um caminho para a cura. Há muitas opções, tanto baseadas em provas quanto algumas menos pesquisadas (mas entusiasticamente endossadas por clientes), que podem funcionar para você. Convido você a ter a mente aberta em relação ao que precisa — e não seguir cegamente o que alguém está lhe dizendo para fazer. Quer seja acupuntura, terapia de massagem, exercícios físicos, arteterapia ou naturopatia, há muitas ferramentas de cuidado que vão além da abordagem ocidentalizada. Embora eu seja a favor de métodos bem pesquisados, sou igualmente a favor da defesa do cliente e de formas de cura culturalmente centradas. Se *parece* que está ajudando (embora as pesquisas possam não apoiar estritamente), isso é suficiente em se tratando de administrar a ansiedade.

Há algo também que quero deixar claro antes de prosseguirmos. Como terapeuta feminista, acho crucial eliminarmos o diferencial de poder em que sou percebida como especialista e você, o cliente, é percebido como o estudante necessitado. Na verdade, você e eu estamos tentando descobrir juntos. Sim, trabalhei duro para obter minhas credenciais e meu número de licença como psicóloga praticante. Eu esperava que tempo, dinheiro e energia me permitissem lhe oferecer algo proveitoso e valioso. Mas, no fim das contas, estou bem ao seu lado — chegando a este trabalho com humildade e um amplo senso de curiosidade.

Também estou compartilhando histórias compostas a partir do espaço de terapia, baseadas em temas recorrentes que vi em algumas sessões de clientes com os quais trabalhei, na esperança de que você veja sua história na deles. As identidades e os detalhes de vida dos clientes foram protegidos todas as vezes para que a confidencialidade seja mantida. Os dados demográficos e as experiências que compartilharei são compilações de diferentes casos, de modo que não seja possível reconhecer ninguém. Assim, se você fosse procurar Mikaela, Jacob, Nikita, ou qualquer um dos "clientes" que logo conhecerá, não os encontraria, já que a pessoa específica descrita em cada capítulo não existe, de fato, no mundo real. O que existe são pensamentos, sentimentos e ações retratados aqui neste livro, à medida que tenho visto esses padrões de ansiedade se manifestarem repetidas vezes. Ao conhecer essas jornadas, pode ser que você seja encorajado por saber que não está sozinho em sua batalha contra a ansiedade e a dor. Muita coisa é mantida atrás das portas fechadas (ou da sala de Zoom codificada) de uma sessão de terapia, e por boas razões. Há um aspecto de sacralidade na sessão. Porém, aqui está uma oportunidade de você saber que não está sozinho e de ter suas preocupações normalizadas à medida que o conduzo através desses exemplos de jornadas de clientes. Talvez isso lhe dê um ponto de vista diferente para olhar sua própria jornada.

Também quero estar atenta ao ponto em que você está. Pode ser que você tenha alguma preocupação ruminante que o incomoda um pouco... Ou talvez tenha um nível debilitante de ansiedade que torna quase impossível que você saia de casa. A ansiedade tem um espectro bem amplo, e quero respeitar a sua posição nesse espectro. Siga num ritmo que funcione para você ao longo deste livro. Embora eu goste de desafiá-lo, não quero jamais que você se sinta pressionado a ponto de tornar isso punitivo.

Abordar a ansiedade é sempre uma dança. Embora evitar não seja a resposta, fazer com que você se sinta tão assoberbado que fique saturado e retraumatizado também não é. Vou convidá-lo a aceitar o desconforto tanto quanto possível, embora respeitando seus limites. Faça o que puder. Conforme verá, cada vez que você passa por algo um pouco assustador (seja ler um trecho de um texto ou encarar um medo em uma experiência vivida), provavelmente nota que as grandes ondas de medo se tornam um pouco menores. É assim que você constrói sua capacidade mental e, enfim, seu limiar de ansiedade.

Se você estiver entrando em pânico ou excessivamente acelerado enquanto lê este livro, pare um pouco. Use um exercício de *mindfulness* guiado — os do aplicativo Calm são meus favoritos. Pegue um copo de água gelada e pressione-o contra a testa. Isso estimula o nervo vago, o que ajudará a ativar sua resposta parassimpática, reduzindo sua frequência cardíaca e a de sua respiração. Pegue um pouco de ar fresco, se puder. Estas são maneiras de você se respaldar em qualquer momento em que ficar muito assoberbado. Abordaremos mais sobre essas estratégias de regulação do nervo vago no capítulo 9, caso você queira marcar essa seção antecipadamente. Lembre-se: vamos seguir o seu ritmo. Gosto de desafiá-lo para você se ver crescer, mas, no fim das contas, você está no comando. Vamos mergulhar.

## CAPÍTULO UM

# ENCARANDO SEU OCEANO

### POR QUE A ÁGUA NÃO É
### TÃO DIFERENTE DA SUA MENTE

Sempre gosto de iniciar minhas sessões com uma boa xícara de chá verde quente. Às vezes acendo uma vela e abro a janela para ouvir as folhas farfalhando lá fora. Quando me acomodo toda manhã, e Mochi, meu gato siamês, vai para sua cadeira de terapia, revisamos minha agenda de clientes para o dia. Começo a me preparar mentalmente para as pessoas que verei — cada uma delas trazendo algo diferente para mim. Com algumas há risos, com umas longas pausas, e outras precisam se acalmar. Quando comecei a atender Mikaela, percebi que ela precisava se acalmar. Imagine uma mulher armênia cisgênero, heterossexual, em torno dos 35 anos, com um sorriso afável e olhos grandes, verdes, esperançosos. Em nossas primeiras sessões, suas lágrimas saíam mais facilmente do que suas palavras. Ela compartilhou comigo que estava em seu limite. Tinha ataques de pânico quase diários, acordava vomitando na maioria das manhãs e tinha dificuldade de sair de casa devido aos temores em relação à pandemia (que só haviam se intensificado depois de uma longa história de ansiedade em relação à saúde). Seu cansaço era inegável para nós duas.

A ansiedade estava tendo efeitos tangíveis sobre sua vida. Ela evitava ir ao médico porque temia os potenciais procedimentos que ele poderia fazer, como tirar sangue (o que era particularmente um gatilho, devido à sua fobia a agulhas). O sexo era doloroso para ela, e ela experimentava o que é chamado de transtorno da dor gênito-pélvica/penetração, em que era difícil ou quase impossível gostar de fazer sexo com o namorado. Ela se tornara incrivelmente constrangida para ter intimidade com ele, e começou a experimentar uma ansiedade antecipada para os futuros encontros dos dois. Problematicamente, ele a envergonhava por isso. Isso só intensificou ainda mais sua ansiedade para o sexo. Sem falar que ela se sentia isolada e assoberbada enquanto se preparava para terminar a pós-graduação e decidir os novos passos. Com todo esse estresse, ela cochilava por longos períodos e se escondia em seu apartamento. Sentia que o sono era o único escape da prisão mental de sua mente.

A história de Mikaela lamentavelmente não é única. Mesmo enquanto a lê, você pode estar se identificando com diferentes elementos e acreditando que essa história foi escrita sobre você. Embora o conteúdo possa variar, você provavelmente tem empatia com os sentimentos compartilhados em cada experiência de cliente.

É isso — a ansiedade é um laço que une todos nós. Todos nós temos diferentes raízes e razões para isso, mas nossos corpos a denunciam mesmo assim. E se você não está preparado para isso, pode se sentir como se seu corpo estivesse lhe traindo da pior maneira.

Mikaela ainda não havia identificado as ligações entre suas experiências de vida, suas sensações físicas e sua ansiedade. Por sua vez, estava absolutamente desnorteada com seu corpo. Você mesmo pode ter se perguntado sobre isso — confuso em relação ao motivo da náusea matinal, de engasgar quando engole, ou da constipação ou diarreia semanalmente (ou diariamente). Você pode ter procurado médicos, buscando respostas plausíveis e obtendo o que parece ser uma resposta insatisfatória: "Provavelmente é *apenas* ansiedade." Como se isso fosse inócuo.

Eu me senti confusa e presa numa armadilha de meu próprio corpo algumas vezes. Isso começou na escola de ensino médio, quando eu tinha dificuldade de comer por causa de frequentes náuseas e dor no estômago. Perdi quase sete quilos em dois meses. Disseram-me que não havia "nenhum diagnóstico claro", mesmo depois de fazerem ultrassom e tomografia computadorizada. Isso mesmo — não me disseram sequer que era uma ansiedade o que eu estava enfrentando e, olhando para trás, lembro-me de que nunca me perguntaram sobre qualquer sintoma de ansiedade. Isso continuou na faculdade, quando literalmente fiz xixi nas calças por causa de uma bexiga que não conseguia se conter (para esclarecer a história, eu gostaria de poder dizer que estava embriagada, mas estava completamente sóbria). Fiz vários exames de urina, e, novamente, nenhuma resposta clara e nenhuma menção à ansiedade. Desde então aprendi que urinar com frequência é, na verdade, um sinal razoavelmente comum de ansiedade.[5]

Quando você não sabe como é a ansiedade, os sinais que seu corpo está enviando podem ser ainda mais alarmantes. A propósito, isso com frequência só faz piorar a ansiedade, e os sintomas físicos e mentais continuam a intensificar-se. Pode parecer como se estivéssemos em águas completamente desconhecidas e não conseguíssemos ver o fundo. Talvez você conheça essa sensação se já fez mergulho submarino ou livre, não conseguiu ver o chão do oceano e começou a entrar em pânico. Há um nome para essa fobia: talassofobia, em que tememos a vastidão ou o vazio do oceano. Sei que alguns de vocês estão acrescentando isso à sua lista de sintomas enquanto falamos.

Acho de boa ajuda utilizar a água como metáfora de nossa aflição, e você verá que me baseio nessa imagem ao longo do livro. Quer tenhamos ou não uma fobia de oceano, há vários paralelos entre nossas mentes e o mar. Vou explicar como o oceano e nossas mentes são bem semelhantes:

1. **O grande desconhecido:** exploramos apenas aproximadamente 20% da totalidade do oceano.[6] De fato, percentuais maiores da superfície da Lua e do planeta Marte foram mapeados em comparação ao solo dos nossos oceanos.[7] De forma semelhante, continuamos a identificar e entender novas áreas dentro do cérebro. Pesqui-

sadores estão regularmente diferenciando mais complexidades dentro do neocórtex, tendo identificado 180 áreas distintas em nosso córtex cerebral.[8] Estamos evoluindo para entender melhor como nossa genética interage com o meio ambiente para criar nossas experiências de vida e nossos sintomas físicos, mas a interseccionalidade única do cérebro continua a permanecer em grande parte inexplicada.

2. **A imprevisibilidade:** sim, podemos extrair o padrão de marés esperado, mas se você já esteve no oceano, conhece o poder repentino de uma onda batendo em suas costas. Isso pode nos deixar sem fôlego e nos derrubar com uma pancada súbita. Temermos a mesma imprevisibilidade em nossas vidas. Pior ainda, duvidamos de nossa capacidade de resistir, o que nos faz sentir como se estivéssemos a um telefonema de distância da dissolução.

3. **Os tubarões em nossas águas:** há muitas experiências nocivas, pessoas nocivas e injustiças sistêmicas que fazem nossas vidas parecerem inseguras. Assim como nos sentiríamos se víssemos uma barbatana de tubarão surgir na água a um metro e meio de nós, temos uma resposta fisiológica instantânea quando nos sentimos física e emocionalmente ameaçados todos os dias em nossas comunidades. Mergulharemos nisso mais profundamente no capítulo 6 ao examinarmos os tipos específicos de tubarões em nossas águas.

Quer você nunca tenha estado no oceano ou nade todos os dias, podemos nos identificar com o poder e a imprevisibilidade do oceano, semelhantes ao modo como podemos atualmente estar nos relacionando com nossa ansiedade. Observei repetidas vezes como esses tipos de metáfora podem aterrar conceitos às vezes intangíveis e estruturá-los de uma maneira totalmente nova, que seja mais fácil de compreender.

## A ESCOLHA DE NADAR OU AFUNDAR QUANDO A ANSIEDADE BATE

Na época em que atendi Mikaela, ela vinha nadando em águas turbulentas havia muito tempo. Seu corpo estava esgotado, exausto de estar cercado há anos por metafóricas águas infestadas de tubarões. De fato, a longa batalha de Mikaela contra a ansiedade a levara a uma depressão complementar, fazendo-a se sentir sem esperança de que sua situação melhoraria. Isso não é incomum, como constatou uma pesquisa mundial em que 45,7% daqueles que experimentam depressão também tiveram uma história de um ou mais transtornos de ansiedade durante a vida.[9] Talvez você possa encontrar uma relação, sentindo-se esgotado pelo que parece ser uma interminável monotonia de pânico no início da manhã, exaustão durante o dia e pavor quando a noite se aproxima.

Foi por isso que quis escrever este livro. Vi muitas pessoas inundadas de ansiedade (e subsequente depressão), e elas chegaram a um estado de desesperança. Como alguém que tinha vários ataques de pânicos por semana, incapaz de ir a restaurantes e com pavor de entrar em aviões, eu mesma estive nesse lugar. Grande parte do motivo pelo qual quis escrever este livro é dar a você esperança de que isso pode melhorar. Vi isso acontecer com vários clientes, e sei que você pode ter uma história semelhante com um final mais feliz.

Nem sempre vai ser fácil. Você terá que se empenhar. Às vezes será desconfortável quando você passear pelas ondas da ansiedade e vir o que há do outro lado. Mas posso prometer que este livro pode começar a lhe devolver o seu poder — não o seu controle. A escolha dessa palavra é intencional.

A ansiedade nos faz *ansiar* por controle. Se ao menos pudéssemos ter a segurança e a previsibilidade que buscamos, teríamos permissão para ficar em paz. Como você verá ao longo deste livro, não existe, de fato, essa coisa de segurança e previsibilidade. Quando passamos a encarar a realidade de quão pouco controle temos, com frequência, sobre nossas vidas (algo que a maioria de nós teve que ver coletivamente durante a pandemia), pode haver libertação, em vez de debilitação. Sei que isso é contraintuitivo. Mas é reconhecendo nossa situação e escolhendo uma resposta intencional a essa falta de controle que recuperamos o poder. Quando parece que a vida está acontecendo para nós, nossa resposta e o modo com que lidamos com a situação são nossa fortaleza. Isso é o que pode nos fazer aterrar. Ninguém pode nos tirar isso, não importa o quanto uma situação seja incontrolável.

Vou contextualizar esse conceito. Como mencionei anteriormente, minha cliente Mikaela evitara ir ao médico durante anos por causa da reação incontrolável do seu corpo quando ela estava em qualquer ambiente médico. Como muitos de meus clientes, ela chorava, tremia e às vezes até desmaiava por causa da ansiedade que corria em suas veias. Sua resposta era evitar receber assistência médica por causa do forte domínio que a ansiedade tinha sobre ela. Isso chegou a um ponto crítico quando ela quis se vacinar contra a Covid, mas se sentiu paralisada pelo pensamento de lhe injetarem uma agulha.

Para Mikaela, parte da recuperação do poder incluiu entender como seu medo se manifestava. Ela deu alguns passos — identificando os pensamentos nos quais acreditava e integrando intervenções médicas, como aceitar receitas de um psiquiatra — para se sentir fisicamente mais calma durante o processo. Ela pediu apoio, buscando a companhia da irmã para que não tivesse que suportar o estresse sozinha. Ao tomar essas atitudes, Mikaela pôde, afinal, ser vacinada, e isso ficou um pouco mais fácil para ela a cada vez. Foi assim que ela assumiu a posse da situação, mesmo quando a ansiedade parecia fora de controle.

Podemos fazer isso coletivamente como sociedade também. Quando o incontrolável acontece, não precisamos ficar sentados sem fazer nada. Quando a Suprema Corte determina que as mulheres não têm poder de decisão sobre seus corpos, podemos marchar. Quando alguém de 18 anos compra rifles sem qualquer forma de verificação de antecedentes, podemos telefonar e escrever para nossos senadores para exigir mudança. Quando vemos casas e casas sendo atingidas por incêndios ou inundações por causa da crise do clima, podemos pedir maior proteção para o planeta e reduzir nosso impacto individualmente, mudando nossos meios de transporte e diminuindo o uso de bens materiais não essenciais. Isso é o poder coletivo que pode nos aterrar quando parece que o mundo está literalmente nos afogando em desespero.

A ansiedade nos faz querer fugir, dizendo-nos que "isso tudo é demais". E sim, é demais. Não é incomum nos vermos a cada semana chorando diante da TV, balançando a cabeça diante dos mais recentes alertas dos noticiários e nos sentindo imobilizados quando as mesmas tragédias acontecem repetidas vezes. Mas é assim que a ansiedade vence. É assim que o incontrolável parece ainda mais fora de controle. É quando começamos a sentir como se estivéssemos nos afogando nas águas à nossa volta e não aprendendo a nadar nelas.

## O PRIMEIRO PASSO MAIS IMPORTANTE

Quero enfatizar: se vamos mudar a maré em relação à ansiedade, isso começa com a recuperação do nosso poder. É quando escolhemos responder de modo significativo com ação, e não com apatia, que a ansiedade diminui. E qual é uma das escolhas mais importantes que podemos fazer quando se trata de lidar com a ansiedade?

Educar a nós mesmos.

Parte do motivo pelo qual a ansiedade parece tão assustadora é que não a entendemos. Sentimos que estamos à mercê de nossas mentes e nossos corpos. Mas há uma frase poderosa cunhada pelo psiquiatra Dan Siegel, "Nomear para domar".[10] Quando somos capazes de entender os pensamentos, sentimentos e sensações físicas que podem surgir repentinamente ou que duram meses a fio, começamos a sentir que temos domínio sobre nossa situação. Isso não significa necessariamente que podemos controlar ou fazer esses sintomas sumirem, mas, entendendo o que há por baixo de nossa aflição, podemos com frequência reduzir o senso de alarme.

Portanto, vamos aprender juntos. No próximo capítulo, abordaremos por que exatamente estamos mais ansiosos do que nunca sob um ponto de vista sociológico. Antes de fazermos isso, porém, é imperativo decompor a biologia por trás da ansiedade. Muitos de nós nos culpamos por nosso sofrimento quando, na verdade, não estamos dando a nossos cérebros e nossos corpos o devido crédito por entrarmos numa hiperatividade incontrolável. Em vez disso, é comum ficarmos mais em pânico porque nos sentimos muito confusos em relação a por que nossas mentes e nossos seres físicos estão agindo assim.

Grande parte da ansiedade tem origem em uma pequena região do tamanho de uma amêndoa situada no fundo do cérebro chamada amígdala. Por mais poderosa que seja, ela toma apenas 0,3% do volume do cérebro.[11] A amígdala atua sob um equilíbrio delicado. Se está excessivamente sensível, não é incomum que você veja pessoas experimentando maior nível de consciência, evitação e um sentimento geral de desconfiança em relação aos outros. Se está pouco ativa, você verá pessoas assumindo comportamentos mais arriscados, como mencionado na introdução do caso da escalada livre de Alex Honnold em Yosemite. Curiosamente, agitação e raiva também têm sido associadas à amígdala, o que pode explicar por que a irritabilidade pode ser um sintoma comum numa pessoa ansiosa.[12]

Independentemente da aparência de sua amígdala, a ansiedade pode assumir uma forma diferente em cada cérebro. A área onde experimentamos a ativação — ou a falta de ativação — em nossos cérebros pode fazer uma diferença. Estudos observaram que pode haver diferentes subconjuntos no âmbito da ansiedade, incluindo o modo como esses sintomas se apresentam neurologicamente.[13] Por exemplo, alguns de nós podemos ter preocupações crônicas, ruminando sobre experiências passadas e temendo o futuro. Tendemos a ver isso mais em ansiedade generalizada, Transtorno Obsessivo-Compulsivo (TOC) ou ansiedade social, por exemplo. Outros experimentam episódios de pânico distintos, notando efeitos como coração acelerado, dificuldade de respirar ou suor quando estão numa situação que pressiona seus botões de gatilho específicos. Essas pessoas podem funcionar com menos preocupações no dia a dia, mas se você as põe em ambientes onde elas sentem medo (pense em Mikaela com sua fobia de agulha), isso pode levar a um ataque de pânico de nível dez com uma resposta de luta ou fuga ativada. Assim, diagnósticos como fobia ou transtorno de pânico tendem a ser apropriados aqui. Alguns de nós não temos muita sorte e experimentamos os dois subconjuntos de ansiedade. O que é fascinante nessas constatações de pesquisas é que aqueles que têm um sentimento geral de preocupação mostraram mais atividade no cérebro esquerdo, enquanto aqueles com mais pânico e hiperexcitação mostraram mais atividade no cérebro direito.[14] O que isso significa?

Significa que a ansiedade não é igual para todos. Sim, podemos nos identificar em geral com o que significa sentir-se ansioso, mas o modo com que experimentamos isso pode ser completamente diferente de uma pessoa para outra. Saber como sua ansiedade se manifesta é o que mais importa. O que será de maior ajuda a você pode variar muito dependendo de como são seus sintomas. Por exemplo, se você tende a ruminar preocupações, a prática da atenção plena, embora potencialmente seja útil, pode exacerbar seus sintomas enquanto você permanece mergulhado em suas preocupações já bastante conscientes. Inversamente, se você é um passageiro frequente do avião do pânico, aprender a desafiar seus pensamentos (embora ajude) pode não ser tão eficaz quanto aprender estratégias de aterramento e fazer um trabalho corporal para acalmar um sistema nervoso que está em alerta vermelho.

Potencialmente, é por isso que você talvez venha se frustrando consigo mesmo. Pode ser que você venha usando as intervenções erradas para tratar sua forma de ansiedade. E por isso é tão importante entender como a ansiedade se manifesta em sua vida. Não compare seu quadro ao de outra pessoa. Podemos usar a mesma tinta, mas cada tela pode ter uma aparência diferente.

**PARA ENTRAR EM UMA NOVA ONDA:**
Qual é a forma de ansiedade que você costuma notar mais em si mesmo? Ou você diria que experimenta ambas? Pare um pouco para refletir sobre como sua ansiedade se manifesta, física e emocionalmente.

Mikaela aprendeu, por meio de nosso trabalho, que tinha uma combinação dos dois tipos de ansiedade. Ela se preocupava com um monte de coisas (algumas reais, outras imaginadas) embora também tivesse ativadores específicos que enviavam seu corpo a um ricochete de lágrimas, tremores e dificuldade de falar. O que constatamos foi que, embora uma suplementação de vitaminas e minerais fizesse uma diferença benéfica em seus sintomas, isso não era suficiente quando esses eram desencadeados pela ideia de ter que ir ao médico para um exame anual, por exemplo (algo que ela descartara quando tinha mais de trinta anos). Ela também estava constatando que alguns de seus sintomas físicos estavam se tornando mais fortes, em especial a náusea e os vômitos matinais frequentes.

Ainda que não tivesse sido diagnosticado anteriormente, minha hipótese era de que Mikaela estava sofrendo de algo chamado Transtorno do Vômito Cíclico (CDV, na sigla em inglês), em que uma pessoa tende a enjoar mais ou menos na mesma hora todos os dias. Embora a Mayo Clinic ateste que não há "nenhuma causa aparente" que explique por que as pessoas experimentam CVD, tenho que me perguntar se a culpada pode ser, de fato, a ansiedade, na maioria das vezes.[15] E embora essa náusea possa ocorrer a qualquer hora do dia, não é incomum que clientes observem esse mal-estar logo nas primeiras horas da manhã.

Isso pode estar relacionado ao que é chamado de resposta de cortisol ao acordar, já que nossos níveis de cortisol estão mais altos na primeira hora após despertarmos.[16] Levando em conta que o cortisol é considerado o hormônio do estresse, liberado pelas glândulas adrenais quando sentimos medo ou estamos assoberbados, isso faz sentido. O acréscimo de cafeína à sua rotina matinal (o que também pode causar agitação), nível de açúcar sanguíneo baixo por não ter um café da manhã equilibrado e, talvez, uma ressaca por tentar afastar temores na noite anterior constituem uma receita para enjoos matinais. Mikaela estava enfrentando os três, já que regularmente tomava duas xícaras de café, comia cereais açucarados no café da manhã e lidava com uma ressaca por beber algumas cervejas na noite anterior. Em pouco tempo, ela estava, infelizmente, se ajoelhando diante do vaso sanitário e se sentindo mais desencorajada e frustrada do que nunca. Como o ciclo continuou, ela começou a experimentar uma ansiedade antecipada como a cereja final sobre seu sundae indesejado.

Ela temia que aquilo acontecesse de novo, o que só fazia aumentar o sofrimento inicial.

Quando sintomas físicos, como vômito, choro frequente, insônia e exaustão estão tomando conta, como foi o caso de Mikaela, é importante olhar toda a caixa de ferramentas de recursos. É aí que a medicação pode fazer uma grande diferença. Embora no início estivesse muito hesitante, Mikaela começou a considerar a possibilidade de procurar um psiquiatra, já que não sabia mais o que fazer com as artimanhas de seu corpo.

Depois de refletir com cuidado, Mikaela decidiu que faria uma tentativa com uma medicação, se um psiquiatra considerasse que isso seria útil. Eu a ajudei a encontrar um profissional com o qual ela se sentisse confortável. Depois de uma consulta inicial, o médico de Mikaela lhe receitou um Inibidor Seletivo de Recaptação de Serotonina (SSRI, na sigla em inglês), um antidepressivo que geralmente demora de quatro a seis semanas para fazer efeito. Mikaela logo notou que a náusea matinal quase desapareceu, o choro incontrolável atenuou e seus ataques de pânico diminuíram muito. Ela me disse que, para ela, tomar a medicação foi um divisor de águas. Eu também percebi a diferença. Ela começou a rir nas sessões, passou a beber menos porque não precisava tanto disso para lidar com sua situação e, caramba, até arrumou um cachorrinho. No fim das contas, ela me disse antes de terminarmos nosso trabalho juntas: "Estou muito feliz por ter dado à medicação uma chance de me ajudar."

Agora, é claro que a decisão de tomar uma medicação é muito pessoal. Embora algumas pessoas tenham dito que a medicação as transformou num "zumbi" ou mudou sua personalidade, pode valer a pena descobrir por que elas se sentiram assim antes de nos apressarmos a tirar conclusões semelhantes (por exemplo, talvez não tenha sido a dosagem ou receita certa para aquela pessoa específica). Isso não é para todo mundo, mas também sei que vi muitos clientes céticos perceberem como a medicação muda suas personalidades para melhor — eles voltam a se sentir como realmente são, como as pessoas que eram antes de a ansiedade tomar conta de suas vidas. Talvez você deva verificar se isso poderia ser útil para você, caso esteja se sentindo farto. Além disso, se você já está se automedicando com álcool, *cannabis* ou outras substâncias (e se sentindo dependente delas), talvez isso seja um indicador de que outra fonte de apoio, como uma medicação prescrita, poderia ajudar.

Não há nenhuma necessidade de você julgar a si mesmo (ou a outros) caso precise de uma medicação para apoiá-lo. Não há nada de "errado" com você. Todos nós podemos ter desequilíbrios em nossos corpos e cérebros, e é um ato de autocuidado dar aos nossos corpos o que eles precisam. Assim como não julgaríamos uma pessoa por tomar um probiótico se ela quisesse melhorar sua flora intestinal ou um suplemento se tivesse uma deficiência de vitamina D, não precisamos julgar alguém que queira ter mais equilíbrio cerebral tomando uma medicação prescrita por profissional. Nem sempre podemos controlar uma amígdala excessivamente ativa ou um cérebro que não quer dançar com a serotonina ou norepinefrina (dois neurotransmissores e hormônios que podem ter um papel fundamental em ansiedade e depressão) flutuando na cabeça. Não é culpa nossa, assim como não é culpa nossa se não temos uma visão perfeita ou se temos uma escoliose (eu mesma) ou um ligamento cruzado anterior rompido. Às vezes acontece, e podemos fazer alguma coisa por isso.

Dito isso, você pode estar lendo isto e ver a medicação como um último recurso considerando seus antecedentes culturais, históricos e pessoais. Isso também está perfeitamente certo. Embora alguns diagnósticos exijam mais intervenção farmacológica, como esquizofrenia ou transtorno bipolar, a ansiedade muitas vezes pode diminuir com várias outras ferramentas e habilidades de enfrentamento que não dependem de uma medicação para serem eficazes.

Temos que decidir como respondemos. Podemos escolher nos ajudar aceitando nossa realidade. Às vezes, isso significa tomar uma medicação, suplementos ou probióticos, ou mudar a dieta para dar ao cérebro e ao corpo a melhor chance de se sentirem melhor. Outras vezes, é exercitar-se com mais regularidade, trabalhar nossa mentalidade e envolver mais apoio social. Não é o mesmo modelo para todos.

Se você não tem a menor ideia de por onde começar, telefone para seu plano de saúde e peça uma lista de profissionais perto de você. Você também pode ligar para 188, número do Centro de Valorização da Vida, que realiza apoio emocional e prevenção do suicídio, atendendo voluntária e gratuitamente. Se você frequenta uma universidade ou faculdade (e mesmo que não), telefone para um centro de aconselhamento a estudantes para obter uma lista de referências — eles terão um conjunto de nomes disponível a você. Outra dica de profissional: quase todos os programas de pós-graduação em psicologia clínica para estudantes de doutorado oferecem clínicas comunitárias em suas áreas vizinhas por uma taxa bem acessível. É verdade que você estará trabalhando com estagiários, mas eles estarão atuando acompanhados de perto por um supervisor licenciado. Isso pode ser uma ótima opção econômica.

## SOMOS MAIS DO QUE NOSSOS CORPOS

Tratar os sintomas do corpo raramente é o bastante, porém. Da mesma maneira que o corpo tem um impacto sobre a saúde do cérebro e que a neuroquímica do cérebro tem um impacto sobre a saúde física geral, o meio ambiente, nossas relações e nossas experiências também têm um impacto sobre a saúde mental. Conhecido como modelo biopsicossocial e desenvolvido pelo falecido George Engel em 1977, esse sistema ainda hoje é relevante quando consideramos como nossos atuais fatores estressantes sociais, nossas histórias pessoais e nossas identidades intersecionais interagem com nosso DNA e a química cerebral para produzir nosso bem-estar coletivo.[17,18]

Isso é válido para Mikaela também. Quando consideramos seu histórico familiar e a dinâmica de suas relações, seus fatores estressantes presentes começaram a fazer ainda mais sentido. Soubemos que seu pai era, ele próprio, bem ansioso, embora nunca tenha buscado tratamento para seu sofrimento. Em vez disso, ele doutrinava Mikaela com "recomendações" que pretendiam protegê-la, mas só faziam aumentar a ansiedade dela. Isso com frequência vinha disfarçado como amor paterno, já que ele estava "cuidando dela". Com isso Mikaela aprendeu a supor o pior para não se decepcionar. Ela passou a esperar que os outros não gostassem dela, então era excessivamente cordata (um tropo comum que muitas mulheres aprendem) e se esforçava em excesso para manter os outros felizes. Desnecessário dizer que Mikaela se tornou um hamster numa roda de agradar as pessoas, e não conseguia continuar ali.

Quando iniciou seu relacionamento mais recente, Mikaela carregou consigo todas essas "palavras de sabedoria" familiares. Seu hábito de agradar as pessoas, de concordar, e seu medo de decepcionar os outros estavam com força total, em especial no quarto. Fazer sexo com um parceiro é algo vulnerável o bastante — e é quando as coisas são boas. Com o namorado, seu sofrimento só se intensificou quando ela constatou que seu corpo bloqueava incontrolavelmente a entrada dele. Para seu crescente constrangimento, ele *não ficava feliz* quando lhe era negado o acesso ao corpo dela sem que ela tivesse culpa. Por causa de uma vida inteira se culpando, Mikaela ficou frustrada consigo mesma e achou "compreensível" que o namorado ficasse furioso com ela quando eles não conseguiam fazer sexo. Ela se perguntava, "O que há de errado comigo?".

A ansiedade de Mikaela a estava confundindo tanto que ela não sabia identificar o que era positivo e o que era negativo. Vejo isso acontecer com frequência, já que a ansiedade nos faz duvidar de nós mesmos e questionar nossa capacidade de saber o que está bem e o que não está. Às vezes uma pergunta útil a fazermos a nós mesmos é: "Se isso estivesse acontecendo com um amigo, eu ficaria bem com isso?" E se em seguida acrescentarmos: "Bem, não... Mas é diferente porque está acontecendo comigo", esta é a nossa dica para examinarmos mais de perto por que aplicamos regras diferentes para nós mesmos.

Quando falamos sobre esse assunto durante a sessão, Mikaela empalideceu. Quando ela considerou outro ponto de vista, percebeu que, se um amigo lhe contasse sobre uma parceira, culpando-a por não conseguir (ou simplesmente não querer) fazer sexo, ela não ficaria bem com isso. Na verdade, ela disse que consideraria o fato uma agressão. Quando percebeu isso, sentiu um enjoo no estômago. Estava fervendo de raiva por ter acontecido com ela. Embora estivesse furiosa com ele por fazer isso com ela, também estava furiosa com ela própria por permitir que essa situação acontecesse... muitas vezes seguidas. Deixei claro para Mikaela que ela não tinha feito nada de errado. Ela jamais deveria ter sido posta nessa situação. O que aconteceu com ela não estava certo, e o comportamento de seu namorado era imperdoável.

Embora Mikaela não seja uma pessoa real, sua história é muito comum. Lamentavelmente, em minha prática, vi essa história acontecer com muitas mulheres, e alguns homens.

Mikaela passou a enxergar com mais clareza depois daquela sessão. O véu da ansiedade foi erguido, e ela percebeu como o comportamento do namorado era inaceitável, e que aquilo era um provável indicador de outras formas de abuso no futuro. Mais ou menos uma semana depois, ela terminou com ele. (Você está aplaudindo um pouquinho internamente?)

Para mim, foi um momento de "ganhar estrelinha na terapia", quando vi Mikaela dar aquele passo por conta própria. Como terapeutas, queremos que você tenha o poder de fazer as escolhas que faz na vida. O que você decide fazer cabe somente a você. Dito isso, há certas situações, como quando há um abuso presente, em que faremos uma abordagem mais imediata e informaremos a você sobre nossa preocupação com sua segurança física. Essa foi uma dessas vezes, e fiquei feliz por ver Mikaela sair de uma situação perigosa.

À medida que o tempo passou, Mikaela e eu continuamos a processar o relacionamento dela com o *ex*-namorado. Ela passou a ver que o comportamento dele era, de fato, abusivo, e constatou, com firmeza, que jamais aceitaria aquele comportamento de novo. Ela levou algum tempo para curar sua relação com o próprio corpo. Começou a fazer pilates, fez terapia física (sim, fazem isso para transtorno da dor gênito-pélvica) e começou a explorar a masturbação para desenvolver mais confortabilidade com o corpo. E quando estava pronta, ela começou a namorar de novo. Sabia quais eram as bandeiras vermelhas para prestar atenção, e já não era excessivamente complacente. Aprendeu a manter-se alerta para qualquer potencial sinal de desrespeito e só continuou com parceiros que eram pacientes e a faziam se sentir confortável e segura. Ela se dedicou, e valeu a pena.

## APRENDENDO A SURFAR EM VEZ DE RESISTIR ÀS ONDAS

No fim das contas, Mikaela aprendeu a enfrentar as ondas de sua ansiedade, em vez de resistir a elas. Quando conseguimos aceitar, assim como fez Mikaela, que a vida nos dará incontáveis ondas, podemos começar a ver que cada onda que vem acaba passando. Isso não significa que seja fácil. Pode doer pra caramba. E sim, abordaremos o que fazer quando uma onda bate em cheio em seu traseiro. Mas muitas delas podemos superar. Só que, geralmente, não acreditamos sermos capazes disso.

Com frequência, ficamos tremendamente assustados com os "e se". Ficamos aflitos temendo sofrer um acidente de carro, ter uma intoxicação alimentar ou que alguém nos ridicularize. E essa preocupação não é necessariamente inadequada quando usada de maneira apropriada. Nossos cérebros evoluíram para fazer isso como uma forma de proteção.[19] A preocupação nos ajuda a pôr o cinto de segurança e a não enviar mensagens e dirigir ao mesmo tempo para não sofrermos um acidente de carro. Ela nos lembra de lavar as mãos quando estamos cozinhando frango cru. Ajuda-nos a garantir que não estejamos com feijão nos dentes antes de ir para uma festa (quisera ter me preocupado mais com isso).

Mas é o seguinte: muitos "e se" amedrontados nunca chegam a acontecer. De fato, a psicóloga clínica Melanie Greenberg escreve em seu livro *The Stress-Proof Brain* que "85% das coisas com as quais as pessoas se preocupam nunca acontecem".[20] Se nos lembrássemos disso e começássemos a confiar em nós mesmos para enfrentar as situações em que nos vemos, poderíamos aproveitar a experiência um pouco mais.

Em vez de ficarmos tensos e olharmos por cima do ombro a cada potencial revés, podemos começar a nos acomodar e surfar nas ondas quando elas vêm. Alguns de nós passearemos melhor do que outros. Podemos cair da prancha de forma espetacular, mas podemos rir de nós mesmos e aprender com isso, em vez de nos envergonharmos por parecermos tolos. É aí que você pode escolher tratar a si mesmo com bondade ao levar um caixote.

No fim das contas, estamos todos fazendo o melhor que podemos. Dedicar a nós mesmos um pouco de boa vontade em cada onda na qual navegamos (porque cada uma delas é diferente) pode ser o recado. Se algo começar a fervilhar em você ao longo deste livro, espero que seja um sincero reconhecimento de que não há problema em ser gentil consigo mesmo. Sua ansiedade pode ter lhe dito durante anos que você precisa ser severo, intransigente e insensível consigo mesmo. Pode ter lhe dito que, sem aquela brutalidade autodefensiva, você irá desmoronar.

Eu estou aqui para lhe dizer que isso não precisa ser assim. Se você quiser se recostar e abraçar seu eu interno, sei que passará a ver que a vida é muito mais fácil quando você flutua ao longo dos altos e baixos do que quando cerra os dentes e faz força para baixo a qualquer pequeno balanço. Estou do seu lado. Mais importante: *você* está do seu lado.

## CAPÍTULO DOIS

# QUANDO AS ÁGUAS DA ANSIEDADE ESTÃO POR TODA PARTE

Quando Nikita apareceu em minha tela do Zoom, eu mal podia ver seus olhos porque sua cabeça pendia muito para baixo. Ela estava assustada por iniciar a terapia, já que nunca fizera isso antes e tudo o que tinha para se basear era o que havia visto em programas de TV e filmes. Identificando-se na época como mulher cisgênero, heterossexual, cristã e negra, ela estava tremendo de medo de me dizer o que a estava incomodando. Compartilhei com ela que meu objetivo como terapeuta era criar um espaço totalmente sem julgamentos e que nada que ela dissesse poderia me chocar. Ao ouvir isso, ela começou a se abrir; como me diria mais tarde, nunca antes tivera um espaço seguro para explorar totalmente quem era.

Ela revelou que havia anos que vinha lutando contra vícios em *vape*, bebidas e compras online. Após enfrentar cada dia longo, esse ciclo era a maneira de Nikita amortecer o mundo para não ter de conviver com todo o peso da dor. Com o passar do tempo, isso a levou a se sentir sem força, uma vez que perdeu a confiança em sua capacidade de se sentir no controle de sua vida. Com milhares de dólares em dívidas em refis de *vape*, bebidas e profusão de compras, ela já não confiava em si mesma. Sentia-se como se fosse vítima da própria mente e do próprio corpo, e tinha sérias dúvidas de que poderia mudar o ciclo de comportamentos viciantes que estava tomando suas noites e arruinando suas manhãs.

Você provavelmente sabe como é isso se experimentou algum tipo de vício: você se endireita no início do dia, prometendo a si mesmo que dessa vez será diferente, só para se decepcionar quando os mesmos padrões ocorrem naquela noite. Você vai dormir se sentindo envergonhado, mas promete a si mesmo que amanhã fará uma mudança. Era assim que o ciclo parecia para Nikita — entra dia, sai dia.

Nikita, como muitos de nós, sentia o peso do mundo nos ombros. Lutar para encontrar um trabalho que a inspirasse e ainda pagasse suas contas, sentir-se julgada pela família por não ser mais "bem-sucedida" e tentar entender melhor a si mesma em meio à ansiedade faziam parte de suas preocupações diárias. Sem falar que seu cérebro era sacudido por um ciclo de notícias constante que a fazia sentir medo de dirigir o carro, de caminhar de volta a seu apartamento e de sair para um encontro. Basicamente, parecia atemorizante simplesmente estar viva, ela me diria.

Se você se identifica com a interminável lista de temores de Nikita (e se tem alguns com seu próprio sabor especial), pode se sentar aqui conosco.

Enquanto estamos assistindo à destruição do planeta por meio do aquecimento global, estamos vendo Millennials, como Nikita, e a Geração Z se debatendo com a ansiedade como nunca antes. Eu não ficaria surpresa em ver a Geração Alfa (nascida entre 2010 e 2024) seguindo nossos passos, considerando que um evento significativo na infância dessas pessoas foi a crise da Covid-19.

Infelizmente, as águas em que estamos sempre foram turvas. Cada geração tem seu marco, seus eventos definidores e, em vez de experimentar uma cura coletiva em que podemos nos reconectar com um sentimento de esperança, experimentamos um trauma geracional que pode nos levar a perder a fé na humanidade e em nosso papel pessoal nela.

Para entender melhor a dor que estamos experimentando agora, precisamos primeiro identificar o que nos trouxe aqui. Numa pesquisa fascinante — o Generational Power Index (Índice de Poder Geracional) [GPI] —, feita pela Visual Capitalist, perguntaram à Geração Silenciosa (nascida entre 1928 e 1945), à geração do Baby Boom (nascida entre 1946 e 1964), à Geração X (nascida entre 1965 e 1980) e aos Millennials (nascidos entre 1981 e 1996) o que elas pensavam ser os dez maiores momentos históricos definidores ocorridos durante seus períodos de vida. Compartilharei os dados com você em um instante.

Antes de prosseguir, porém, acho que pode ser útil a você refletir sobre o que acredita que sejam os momentos históricos mais definidores para sua geração. Fiz esse exercício com Nikita também. Considerando que ela continuou se culpando por não ser "resiliente o bastante" para administrar sua ansiedade, pensei que era importante ajudá-la a pôr sua ansiedade em contexto. A realidade é que, quando consideramos toda a dor que aconteceu em anos recentes, e nas centenas de anos anteriores que levaram até este ponto, faz muito mais sentido que estejamos mais estressados e assustados do que nunca. Não é que não sejamos fortes o bastante — é que o que aconteceu foi *demais*. Estamos nos afogando nisso. Nikita certamente estava — a bebida, o *vape* e as compras online eram maneiras com que ela simplesmente tentava se distrair e amortecer a dor.

Se você fica se culpando por não ser forte o bastante, como fazia Nikita, talvez seja hora de considerar como todos os eventos ao longo de sua vida podem estar tendo um impacto sobre você. Com frequência, nem sequer percebemos o quanto a devastação diária que testemunhamos ou da qual ficamos sabendo tem uma correlação com nossa saúde mental. Portanto, vamos ligar os pontos. Quando você olha lá atrás na sua vida, quais são as manchetes de notícias ou mudanças transformadoras que foram significativas, que foram momentos que modificaram a cultura ou viraram a maré? Tenha em mente que algumas dessas experiências podem ser positivas — não precisa ser só coisa ruim. Além disso, pare um pouco para anotar os dez maiores momentos definidores em sua própria vida — incluindo os bons e ruins. Anotar os momentos monumentais de nossas vidas, bem como de nossa geração, pode nos dar dados úteis para entendermos melhor por que podemos estar nos sentindo da forma como nos sentimos (e por sua vez, por que podemos estar tão ansiosos).

**QUAIS VOCÊ DIRIA QUE SÃO OS DEZ MAIORES MOMENTOS OU MOVIMENTOS DEFINIDORES DE SUA GERAÇÃO?**

1. _____
2. _____
3. _____
4. _____
5. _____
6. _____
7. _____
8. _____
9. _____
10. _____

**QUAIS VOCÊ DIRIA QUE FORAM OS DEZ MAIORES MOMENTOS OU MARCOS DEFINIDORES DE SUA VIDA PESSOAL?**

1. _____
2. _____
3. _____
4. _____
5. _____
6. _____

7. _____
8. _____
9. _____
10. _____

    Ao olhar essas listas, você vê algum tema em comum? Você vê algum momento ou balizador central que moldou sua perspectiva? Pergunte a si mesmo como essas experiências fundamentais têm um impacto sobre você hoje. Talvez tenham levado a uma mudança repentina em que você imediatamente viu o mundo através de lentes diferentes, ou talvez tenha sido uma alteração gradual durante a qual você nem sequer notou as mudanças quando estavam acontecendo. Reunir nossa história, tanto pessoal quanto coletiva, é fundamental quando narramos nossas jornadas — em especial quando se trata de nossa relação com a ansiedade. Quando sentimos que mal conseguimos ver direito por causa de nosso estresse, é útil entender como esse estresse chegou a esse ponto em primeiro lugar.

    Vamos comparar sua lista com o que o GPI encontrou. Deve-se observar também que o movimento #MeToo, a Covid-19 e os assassinatos de George Floyd e Breonna Taylor (entre muitos outros) aconteceram depois que essa pesquisa foi concluída, mas eu diria que é provável que essas experiências significativas, entre outras, estariam agora na lista de muita gente.

    Curiosamente, quando pediram a representantes de cada geração para citar os dez maiores eventos ou movimentos ocorridos em seus períodos de vida que acreditavam que tiveram maior impacto, eles citaram unanimemente o 11 de Setembro de 2001. Depois disso, as respostas variaram, com a Geração Silenciosa citando a Segunda Guerra Mundial e o assassinato de JFK, este último citado pela geração do Baby Boom como o segundo evento mais impactante. A Geração X e os Millennials consideraram a eleição de Barack Obama o segundo evento histórico mais impactante.

Os Millennials também notaram os seguintes eventos significativos nesta ordem: as guerras do Iraque e do Afeganistão, a legalização do casamento gay, a revolução tecnológica, o tiroteio na boate em Orlando, o furacão Katrina, o tiroteio de Columbine, a morte de Osama bin Laden e o tiroteio em Sandy Hook.[21]

De acordo com a pesquisa Stress in America, da American Psychological Association,[22] quando perguntaram a representantes da Geração Z o que eles consideravam significativo para sua geração, os tiroteios em massa ficaram no topo da lista. De fato, 75% das pessoas pesquisadas notaram que a violência armada era um fator de estresse significativo em suas vidas. Cinquenta e sete por cento delas também endossaram o estresse com a separação e deportação de famílias de imigrantes, algo que antes não fazia parte da lista no GPI.

Não sei você, mas, quando olho essas listas, parece bem compreensível que estejamos mais ansiosos do que nunca. Embora haja alguns eventos positivos nessa lista, como ver Barack Obama se tornar o primeiro presidente negro a assumir o poder e ver nossos amigos LGBTQIA+ se casarem, também há perdas tremendas. Quer estejamos vendo um homem dar seu último suspiro depois de oito minutos sob o joelho de um policial ou sabendo que vinte crianças e seis funcionários foram mortos no que deveria ter sido um dia de dezembro normal em Newtown, Connecticut, nossas almas podem se sentir debilitantemente esmagadas. É quase paralisante.

Certamente, quando Nikita, que se identifica como mulher negra, percorreu a lista de eventos históricos definidores de sua vida, tornou-se ainda mais explicitamente claro como a violência contra pessoas negras, os tiroteios em massa e a pandemia estavam contribuindo para sua ansiedade esmagadora e para tornar muito mais difícil sentir-se confortável saindo de casa. Em vez de continuar a se trancar por não conseguir "enfrentar" melhor, ela aos poucos começou a mencionar como esses problemas sistêmicos estavam fora de seu imediato controle quando ela diminuía o zoom. Depois de perceber que esses eventos monumentais quase diários estavam inegavelmente exercendo um impacto sobre seu bem-estar (e como poderiam não fazer isso), ela começou a se permitir não mais se culpar quando se tratava das origens de suas ansiedades. Em vez disso, reconheceu que vinha fazendo o melhor para superar aqueles obstáculos diários, e, na maioria dos dias, isso era mais do que suficiente. Pela primeira vez, ela podia ver como sua força refletia de volta nela. Uma vez que identificou isso, não havia volta.

O que acontece com você ao olhar sua própria narrativa? Você se envergonha por não ser mais forte, mesmo apesar do que passou? Quando olho essas constatações sobre esses eventos geracionais, não consigo deixar de notar que há um fio comum por trás dos motivos pelos quais estamos mais ansiosos do que nunca antes. O que é isso? Sem uma mudança de perspectiva...

Nós nos sentimos completamente sem poder.

Nós nos sentimos fora de controle.

Nós sentimos que nunca haverá uma mudança.

É difícil sentir esperança nos Estados Unidos quando as armas se tornaram a principal causa de mortalidade infantil em 2020 e muitos de seus representantes no poder basicamente se recusam a fazer mudanças na legislação porque os votos deles são protegidos por lobistas de armas.[23] É enlouquecedor quando eles dizem que a violência armada é "um problema de saúde mental", mas não se dispõem a eliminar os meios que permitem que essa violência aconteça.

É difícil acreditar que as coisas podem melhorar quando você acorda e, mais uma vez, o noticiário mostra um vídeo de um policial atirando contra um homem negro pelas costas ou quando ele estava sentado em seu carro. Ou você fica sabendo que uma avó chinesa foi brutalmente atacada quando estava esperando para atravessar a rua porque alguém acredita que foi por "culpa dela" que a pandemia da Covid-19 aconteceu. Outro dia, outro rosto, outro nome para agora dizermos — em vez de uma pessoa para conhecermos — porque eles se foram.

Você começa a duvidar que as coisas serão diferentes quando precisa deixar sua casa pela terceira vez no ano porque há um incêndio (em dezembro). Talvez dessa vez você não tenha tanta sorte e volte para uma casa reduzida a cinzas. E ainda assim você ouve pessoas negando que a mudança do clima é real, e há uma recusa a aprovar uma medida que poderia ajudar a proteger o planeta.

É assustador estar em seu corpo quando você fica sabendo que aquilo que pode fazer com ele já não está totalmente em suas mãos quando nove pessoas podem decidir que já não acreditam que você deve ter esse direito, mesmo depois de cinquenta anos de precedentes mantidos. E então você se preocupa que outros direitos seus sejam retirados.

É difícil ter esperança quando você está financeiramente pior comparado a seus pais, mal consegue arcar com o aluguel e tem um trabalho que odeia e mal paga seus empréstimos estudantis. De fato, os Millennials são considerados a primeira geração que não está ultrapassando a renda e o status de trabalho dos pais.[24] Incapazes de arcarmos com uma casa e ainda pressionados a ter ensino superior, ficamos com uma sensação de pavor, pensando: "Não foi para isso que me inscrevi."

Eu poderia continuar essa lista, mas acho que você entendeu a ideia geral. Não importa o quanto tentemos que nos ouçam, nossos gritos parecem cair em ouvidos moucos e, talvez mais importante, em canetas vazias.

Estamos cansados. Temos dúvida de que alguma coisa possa fazer diferença. O desgaste da ansiedade ao longo dos anos desenvolveu um tártaro emocional que nos deixou endurecidos. Nosso ceticismo nos deixou isolados em nossas redes sociais e telas de Netflix. Embora todos nós estejamos sofrendo coletivamente, podemos sentir como se ninguém entendesse nossa dor. Era aí que Nikita estava quando saiu de seu túnel para me contar sua história. Ela sentia como se ninguém pudesse entender sua batalha, inclusive eu, alguém que parecia muito diferente dela.

## COMO PODEMOS NOS UNIR QUANDO NOS SENTIMOS SOZINHOS DEMAIS

Embora eu nunca tenha estado no lugar de Nikita, quis estar ao seu lado. Demorou para desenvolvermos confiança. Para Nikita, compartilhar nunca foi uma expectativa ou uma obrigação. Eu queria que ela soubesse que, fosse eu ou outra pessoa, ela precisava decidir com quem se abrir. Era sua história que seria contada, e ninguém além dela tinha o direito de fazer isso.

À medida que compartilhávamos um espaço juntas semana após semana, começamos a criar comunidade por meio da tela. Embora talvez isso seja considerado um tabu pela doutrina terapêutica dos antigos, compartilhei partes de minha identidade com Nikita. Normalmente, somos instruídos a não dizer nada sobre nós mesmos aos clientes. Você pode ter experimentado isso quando fez uma pergunta simples a seu terapeuta sobre a identidade dele e ele respondeu reservadamente com "O que faz você querer saber?".

Muitos clientes compartilham que acham difícil se abrir com alguém sobre quem nada sabem, e Nikita não foi exceção. Ela quis saber quem estava recebendo sua narrativa antes de dá-la voluntariamente.

Eu disse a Nikita que eu me identificava como cristã. Falamos sobre o que nossa fé significava e como experimentávamos nossa identificação religiosa. Embora tenhamos compartilhado essa estrutura de crença, também exploramos as possíveis variações em nossas ideologias e como pode haver espaço para interpretação em nossa fé vivida, em especial quando se trata de quem amamos (mais sobre isso logo adiante). Quando Nikita passou a saber mais sobre mim, permitiu-me saber mais sobre ela. Foi ao se permitir ser vista por quem ela era que Nikita começou a se permitir ver a si mesma totalmente pela primeira vez.

Vi por meio de nosso trabalho juntas que a cura não tem uma só direção. É uma via de mão dupla. Assim como eu havia esperado ajudar Nikita convidando-a inteiramente para o espaço, envolvendo todas as partes de sua identidade com as quais ela se debatia, ela também me ensinou o poder da comunidade. Compartilhamos uma conexão de coração para coração, e não uma experiência puramente psicoeducacional (como a psicoterapia pode às vezes ser). Vimos como nos unir, simplesmente como duas pessoas que antes eram estranhas, foi um alívio e tanto para a dor pessoal e geracional que nós duas experimentávamos de maneiras singulares.

Superficialmente, éramos duas mulheres muito diferentes. Tínhamos aparências diferentes e experiências de vida muito diferentes. E, ainda assim, quando abrimos nossos corações uma à outra, dando espaço para as lágrimas, para o silêncio e para a confusão que vem quando não temos todas as respostas, começamos a nos ver verdadeiramente. E com essa visão veio um sentimento de proximidade que, acredito, trouxe uma profunda paz para nós duas. Isso não diminuiu a intensidade e a dor do mundo externo — na verdade, deu-nos mais capacidade mental. Como antes vínhamos prendendo a respiração, a terapia se tornou um espaço onde expirar era possível.

Convido você a começar a encontrar-se com outras pessoas também — pessoas que são totalmente diferentes de você, pessoas que passariam por você na rua ou sentariam ao seu lado num avião e às quais você não prestaria atenção. Todos nós estamos em nossas pequenas bolhas, olhando para nossos telefones em vez de vermos as faces uns dos outros — as faces bem diante de nós. Sim, somos muito diferentes um do outro e ninguém vai entender exatamente o que você passou. Podemos nos sentir sozinhos bem rapidamente dizendo a nós mesmos que "ninguém entende". E, claro, ninguém teve a experiência vivida por você. Mas temos uma coisa em comum: estamos todos vivendo juntos neste mundo, *agora*. Estamos todos tentando enfrentar as novas realidades que cada dia traz. Não precisamos fazer isso sozinhos.

Nossa capacidade de sentir empatia pode variar, mas acredito que a maioria das pessoas quer apoiar as pessoas à sua volta. Em vez de dizer a si mesmo que ninguém se importa com você ou que as pessoas só lhe magoarão (de fato, algumas farão isso), desafio você a ter esperança de que há pessoas — pessoas que você nem sequer conhece ainda — que querem estar a seu lado. Há pessoas que querem entender. Existem pessoas que se importam por você estar sofrendo. Elas querem lhe dar apoio seja lá como puderem. E talvez você possa apoiar alguém também. Você não precisa saber todas as respostas ou dizer todas as coisas "certas" para mostrar amor por nossos companheiros seres humanos. Às vezes, só precisamos estar presentes e escutar. Sua presença por si só pode ser seu poder de curar a si mesmo e de ajudar a oferecer a cura a alguém.

**PARA ENTRAR EM UMA NOVA ONDA:**
Quais seriam algumas maneiras de você ficar mais conectado à sua comunidade e às pessoas à sua volta? O que o impede de se aproximar e como você pode romper esse medo?

## UMA NOVA NARRATIVA

Quando nós duas aprendemos a conviver no espaço, algo forte aconteceu com Nikita. Sabendo que somente ela poderia fazer parte de uma mudança positiva, ela já não estava presa a um ciclo interminável e inútil. Ela se sentiu capaz de recuperar seu poder quando viu que ela era suficiente. Já não assistia ao noticiário apenas — tornou-se parte do noticiário mostrando como sua voz podia fazer diferença. Começou a orientar crianças do seu bairro, aproximou-se de mentores para entender melhor sua trajetória profissional e protestou por causas com as quais se importava. Vi sua ansiedade diminuir à medida que deu passos ousados em direção ao futuro. Ela já não estava esperando a permissão de alguém.

Você também pode recuperar seu poder. Sim, nossa geração pode parecer definida por nossa ansiedade, mas, no fim das contas, nossa história não precisa ser escrita assim. Podemos pegar a caneta de volta e pôr um pouco de tinta nela desta vez.

Como fazemos isso?

Bem, o conteúdo de todo este livro é sobre isso. Mas eis por onde temos que começar: temos que nos unir. Sim, somos uma geração de ansiedade, mas, e se fôssemos uma geração de comunidade? E se nos tornássemos amigos na vida real de novo? E se fôssemos uma geração disposta a se conectar de forma vulnerável? Pode ser que não necessariamente tenhamos sido ensinados a fazer isso (com frequência, nos ensinam de forma subversiva a competir, e não a nos unir) e as condições podem não ser favoráveis, mas sei que isso é possível.

Já estou vendo isso acontecer. Quando vejo pessoas como X González, David Hogg e seus colegas de sala, sobreviventes do tiroteio na Marjory Stoneman Douglas High School, reunindo mais de 1 milhão de pessoas no encontro Marcha por Nossas Vidas, fico cheia de esperança. Quando vejo Greta Thunberg falando sobre mudança climática, sou inspirada. Sou ainda mais inspirada quando ela passa o microfone para outros ativistas e mulheres de minorias, como Disha Ravi, da Índia, Vanessa Nakate, de Uganda, e Mitzi Jonelle Tan, das Filipinas, que infelizmente, mas não surpreendentemente, tiveram seu tempo de transmissão roubado durante a conversa.[25]

Fico igualmente animada quando vejo meus clientes se empenhando e se dedicando. Seja chamando a atenção de um membro da família quando ele faz um comentário racista disfarçado de "piada", usando um biquíni quando se sente constrangido por não ter um corpo "perfeito" como no filtro do Instagram, ou indo para o hospital por sentir que não consegue se manter segura — tudo isso conta como fazer o trabalho.

Vi Nikita fazendo o trabalho quando ela decidiu se aceitar totalmente. Quando começamos a romper os limites do que ela via como "bem" e "não bem", ela percebeu que ainda podia se identificar como cristã e expandir sua sexualidade. Durante anos, sua fé a impedira de aceitar pessoas pelas quais se sentia verdadeiramente atraída e, como resultado, ela namorava vários homens com os quais não sentia nenhuma conexão. Começamos a explorar diferentes identidades, e, com o passar do tempo, ela se assumiu como homossexual. Reconhecendo totalmente quem era, ela já não tinha vergonha ou temor. Tinha orgulho. A Nikita cuja cabeça pendia para baixo foi substituída por uma mulher que a mantinha erguida. Ela começou a namorar pessoas — pessoas que realmente a interessavam e não apenas porque achava que "devia" estar com elas. Logo, ela estava fumando menos, bebendo menos e gastando menos dinheiro porque estava ocupada demais apreciando conhecer pessoas novas. Nós duas sentimos o poder em nosso espaço quando ela me disse um dia: "Lauren... eu estou realmente feliz." Isso era inegável — mesmo para ela própria.

É preciso coragem para fazer uma escolha diferente como Nikita fez — para se tornar dona de sua história. É mais fácil ficar em casa e dizer a nós mesmos que isso é difícil demais. Começamos a pensar que não merecemos esperar que melhore. Era aí que Nikita estava quando a vi pela primeira vez. Mas com o tempo, esse lugar de desespero nos leva a nos perguntarmos se pode haver uma saída. Começamos a considerar que nossa dor pode, na verdade, nos oferecer um caminho à frente. Fazer uma mudança em nossas vidas pode ser tão terrivelmente desconfortável e assustador que às vezes nossa ansiedade precisa chegar a um grau de febre para nos importarmos o bastante em tentar algo diferente.

Portanto, talvez ao ler isto você esteja em seu ponto de ruptura. Esteja cansado dos ataques de pânico que o deixam tremendo, enjoado e exausto. Esteja esgotado pela preocupação incessante com seu futuro, suas finanças, seu corpo, sua vida afetiva, seu trabalho, suas notas — seu o que quer que seja. Esteja farto. Eu sei que dói. Eu mesma estive aí nesse lugar.

Mas é o seguinte: você pode estar em seu ponto de virada. *Agora*.

Não estou prometendo que alguns dos fatores de estresse em sua vida irão desaparecer, mas posso ajudar você a recuperar seu cérebro. E tudo isso vai começar com as escolhas que você fizer. Olhar as notícias e lamentar diante da tela não vai adiantar. Se queremos que as coisas sejam diferentes, temos que começar a nos mostrar de forma diferente. Vou dizer de novo: **é hora de recuperar seu poder**. Seja começando a se tornar vegetariano para ajudar a proteger o planeta, passando um tempo intencionalmente no campo porque isso ajuda sua saúde mental, ou simplesmente sorrindo para alguém que não tem casa em vez de virar o rosto, temos que começar a nos envolver outra vez.

E devo lhe dizer, não será confortável ou fácil, mas, como muitas coisas na vida, o que é bom raramente vem sem alguma dor e sacrifício. Nós nos acostumamos muito a ficar em espaços fechados, tornando o mundo menor para nós porque achamos que isso nos mantém em segurança. Claramente, isso não acontece.

Temos que começar a nos expandir de novo. Precisamos começar a fazer perguntas sobre preconceitos inconscientes, mesmo que isso signifique aprender que temos as nossas próprias e nos sentimos envergonhados (e, sim, todos nós temos preconceitos, quer queiramos admitir ou não). Precisamos começar a dar um feedback a nossos gerentes e empresas sobre como eles podem incorporar mais apoio à saúde mental, mesmo que temamos que eles nos julguem por defendermos nosso bem-estar. Precisamos nos dispor a conversar com pessoas diferentes de nós, mesmo que nós ou elas digamos algo errado e nos atrapalhemos por isso. É melhor ao menos nos mostrar do que continuar a não participar.

Temos que nos voltar uns para os outros. Temos que começar a cuidar uns dos outros de novo.

A ansiedade pessoal diminui quando nos tornamos donos de nossa vida como Nikita fez. É quando aceitamos o que é — e damos um passo à frente mesmo assim. Isso pode acontecer num nível singular quando vivemos uma vida alinhada com nossos valores (mais sobre isso no próximo capítulo). Quer seja fazer uma viagem embora tenhamos ansiedade de voar, ou fazer nossas consultas médicas embora tenhamos medo de ir ao médico, é assim que vencemos a batalha em nossos cérebros. Cada uma de nossas dificuldades é única, mas a estratégia é a mesma: encará-la.

Mas como superar a ansiedade coletiva que tomou conta de nós num nível social? É aceitando o que é e nos unindo ainda mais firmemente. É voltando a juntar nossas raízes e *conhecendo* uns aos outros de novo. Começamos a fazer escolhas diferentes porque nos importamos. Porque vemos uns aos outros totalmente.

Chamo isso de *aceitação empoderada*. É um nível de aceitação supercarregado. Abastece a luta para melhorar as coisas num nível sistêmico. É o poder de comportar não apenas nossa dor, mas a dor de nossas comunidades, que nos permite conviver com o desconforto de uma nova maneira. Aceitação empoderada é empatia incorporada e aplicada.

E é o seguinte: comunidade não precisa significar coisas em comum (algo que acredito que muitos de nós podemos esquecer). Não precisamos concordar. Na verdade, a disparidade de opinião pode nos fazer avaliar melhor e alcançar uma abordagem mais sutil daqueles problemas muito complexos que podem estar sendo simplificados demais. Analiso isso no capítulo 4.

Sei que isso pode parecer assoberbante. Você pode estar pensando: "Eu mal consigo lidar com meus problemas. Como posso lidar com os de outra pessoa?" E é isso que a ansiedade nos faz pensar. Ela toma conta de todo o espaço de nosso cérebro.

E uma advertência: agora vou dizer algo de que você pode não gostar. **Sua ansiedade está tornando você egoísta.** Sua ansiedade está tornando você obcecado com o que as pessoas pensaram sobre sua roupa na noite passada e se a piada que contou foi engraçada. Ela impediu você de ver que sua amiga estava indicando que estava num momento difícil no trabalho ou estava com dificuldade de engravidar. Você estava preocupado demais para notar. Esqueceu até de perguntar como ela estava.

Sua ansiedade está lhe dizendo que as pessoas lhe julgarão se você discordar delas, então você evita falar sobre políticas de imigração ou sobre como melhorar a cultura no seu trabalho. Você não fala com seu pai, embora esteja perdendo o sono à noite preocupado com o modo como ele tem bebido. Você não quer irritá-lo. Então, em vez disso, você fala sobre o clima e sobre ir ao mais novo restaurante da moda, tudo porque não quer ficar desconfortável e arriscar que alguém fique chateado com você.

Sua ansiedade está fazendo você ruminar constantemente sobre se está fazendo as escolhas "certas". Se esse é o "melhor" trabalho em que poderia estar, se agora é o momento "perfeito" para ter um bebê e se "devia" ter mais amigos. Isso está impedindo que veja (e talvez que se importe com) as dores de seus colegas, seus amigos e das pessoas que encontra diariamente.

Isso não é culpa sua. Não estou tentando envergonhar você. É apenas assim que uma ansiedade forte é. Ela nos puxa com força para baixo e nos faz sentir cada vez mais sozinhos em nossas cabeças. Ela nos diz que não somos fortes o bastante, inteligentes o bastante, especiais o bastante ou corajosos o bastante, então precisamos manter as coisas tão seguras e simples quanto possível. Mas tudo isso é uma mentira.

A resposta é sair do buraco onde você está e estender a mão para pedir ajuda. E, embora você possa sentir que não tem força para isso, está estendendo a sua mão para outra pessoa para ajudá-la também. Quando você consegue ir além do nevoeiro de sua dor, pode ver que há uma cura em ser parte da solução para outra pessoa.

Esses problemas que todos nós estamos enfrentando são muito maiores do que nós mesmos, e será preciso que todos nós nos juntemos para resolvê-los. Teremos que nos comprometer, e pode ser que nem sempre gostemos do resultado. Mas nossa cura está realmente em nossa disposição para sentar ao lado um do outro novamente. Precisamos sair de nossas cabeças juntos e talvez, como Forrest Gump, começar a comer uma caixa de chocolates juntos num banco de parque e a contar um ao outro nossas histórias. Como Nikita me contou.

Não precisamos fazer isso sozinho, nem deveríamos. Nossa cura vem de nosso cuidar coletivo que nos impulsiona para a frente. Isso é aceitação empoderada. Experimente.

## CAPÍTULO TRÊS

# ABRACE AS ONDAS

### APRENDA A SURFAR EM VEZ DE AFUNDAR EM SUAS MARÉS

Vou ser franca: com alguns clientes é um pouco mais difícil se conectar. Isso pode acontecer por diversas razões. Clientes podem ter defesas que os fazem parecer porcos-espinhos com todos aqueles espinhos para cima. Às vezes é um sortimento de piadas quando as coisas começam a ficar sérias, ou um desejo inegável do cliente de *não* estar na terapia, em que ele oferece notáveis silêncios que até o terapeuta acha embaraçoso. Outras vezes isso pode acontecer quando os clientes parecem se fechar para o processo, parecendo se desligar de suas emoções e oferecendo respostas artificiais como "Eu não sei" vinte vezes seguidas. Jacob era assim no início.

Identificando-se como homem cisgênero, heterossexual, branco, ele estava perto dos trinta anos e estivera duas vezes no Afeganistão antes de arrumar um trabalho corporativo. Eu podia ver o quanto ele parecia exausto. Com bolsas sob os olhos, era como se pudesse cair no sono a qualquer momento em meu consultório. Seu silêncio entorpecido entregava tudo. Ele passara do ponto de se emocionar. Chegara a um estágio de torpor em que os olhos ficavam embotados e a expressão era vazia.

Quando eu perguntava o que estava sentindo, com frequência ele dizia, "Nada", e o silêncio se impunha entre nós.

À medida que o tempo passou, tornou-se claro que Jacob me procurara porque estava numa encruzilhada. Estava mental e emocionalmente se afogando. Estava consumido pela culpa — ele pedira a mão da namorada e os planos para o casamento estavam a todo vapor. Só havia um problema... Ele não tinha certeza se queria se casar com ela.

Quando lhe perguntei como ele fora parar ali, ele me disse:

— Eu me sinto como um pai nessa relação, administro todas as nossas finanças. Resolvo tudo para ela. Faço todos os nossos planos. Ela não diz sequer "Obrigada".

Então respondi com a clássica pergunta de terapia que em muitos casos é realmente necessária:

— E como você se sente com isso, Jacob?

— Eu me sinto como se nunca fizesse o bastante. Estou me vendo ressentido com ela. E ainda assim... estou preso. É tarde demais para fazer uma mudança.

Respondi calmamente:

— Talvez nunca seja verdadeiramente tarde demais para sair de uma situação que não está funcionando.

E assim começou nossa exploração de como Jacob fora parar na situação difícil em que estava — e do que ele poderia fazer para encontrar outro caminho, se assim desejasse. Nesses casos, deixo claro que não faço nenhum julgamento sobre o que o cliente escolhe fazer no fim das contas — a decisão é dele e somente dele.

O que ficamos sabendo foi que, com o estilo de apego ansioso de Jacob (em que a pessoa tende a temer exageradamente ser abandonada e ficar sozinha), ele temia sair de um relacionamento que durava anos após investir tanto tempo e trabalho. Ele se perguntava, preocupado: O que isso diria sobre mim se eu saísse desse relacionamento? Jacob era uma vítima da falácia do custo aplicado — depois de já ter investido tanto tempo, ele queria acreditar que se investisse "só um pouco mais", aquilo poderia melhorar.[26]

Eu podia ver que ele estava mentalmente se esforçando. Enquanto tentava ardentemente afastar pensamentos, imagens e sentimentos de que no fim das contas não queria aquele relacionamento, ele estava completamente esgotado. Aprendera a ignorar as dicas de seu corpo e seu cérebro de que estava em sofrimento. Com frequência, ficava olhado para o espaço, às vezes durante horas a fio. Tinha dificuldade de dormir, comia sem parar e evitava fazer sexo com a noiva. Enquanto ela continuava pressionando para que o relacionamento dos dois progredisse para o casamento, ele estava cada vez mais em conflito sobre o que fazer.

À medida que isso continuou mês após mês, e, com o tempo, ano após ano, ele sucumbiu à crença de que aquele era seu "novo normal". Na verdade, ele esquecera como era se sentir feliz. Quando perguntei o que lhe dava alegria, ele respondeu com "Já nem sei mais".

Seu cérebro o alimentava com uma dose constante de mitos, incluindo o de que ele era um fracasso, o de que sua dificuldade de relacionamento era inteiramente culpa sua e o de que se fosse um parceiro melhor e trabalhasse com mais afinco, seu relacionamento melhoraria. Em seu íntimo, ele acreditava que não podia ser amado. Estava abordando seu relacionamento com a mentalidade de que nunca encontraria alguém com quem sentisse ter realmente uma conexão.

Isso lhe parece familiar? Como acontece com frequência com a ansiedade, nós nos conformamos com a mediocridade porque pensamos sermos sortudos por termos alguma coisa. Muitos de nós, assim como Jacob, ficamos exaustos com um fluxo interminável de pensamentos negativos como esse. Talvez você tenha se identificado com os exemplos da mentalidade de Jacob compartilhados, mas, caso precise de mais alguns, aqui estão mais algumas coisas que você pode estar mentalmente enfrentando:

- Pensamentos de que você é um fracasso ou é péssimo no trabalho.
- Imagens de você se constrangendo ou perdendo o controle de alguma forma (por exemplo, ficando enjoado em público, quebrando

ou derramando alguma coisa e as pessoas olhando para você, ou deixando algo rasgar sem querer).
- Sentimentos de inadequação em suas relações e acreditar que é só uma questão de tempo para todos se afastarem de você.
- Acreditar que você está "arruinado" porque se sente ansioso ou deprimido.
- Ruminar sobre o futuro e sobre sua percebida incapacidade de enfrentar.

Alguma dessas coisas se encaixa em você? Começamos a entrar em parafuso por causa das mensagens que nossos cérebros nos enviam. E, sim, eu disse *enviam*. Quer você goste ou não, o cérebro tem um sistema de envio automático pelo qual às vezes lhe manda informações úteis e outras vezes não manda nada a não ser spam. Onde ele se confunde é na tentativa de filtrar os dados úteis na pilha de lixo, já que o entregador do cérebro entrega tudo simultaneamente. Nosso cérebro ansioso pode ficar sobrecarregado com isso, e podemos tentar bloquear completamente o processo.

O termo elegante para isso é "dissociação". Dissociação é quando podemos nos sentir desconectados de nossas mentes, corpos, sentimentos, memórias e identidade.[27] Você pode ter experimentado isso momentaneamente quando seus olhos têm dificuldade de focar ou quando se sente como se estivesse fora de seu corpo por alguns instantes. Para alguns, isso pode durar um período de tempo mais longo, evoluindo para um transtorno de despersonalização/desrealização, em que as pessoas se sentem desconectadas de sua fisicalidade ou de seu ambiente durante horas, dias, meses ou mais.

É o seguinte, porém: assim como você não consegue controlar sua pasta de spam que está enchendo, você não é responsável pelos pensamentos ou imagens que surgem em seu cérebro. Às vezes, a mente nos dá ideias ou imagens que preferiríamos não ter. Algumas têm raízes na realidade, como a possibilidade, para Jacob, de seu relacionamento terminar, e algumas são absurdas e altamente improváveis. Por exemplo — e prepare-se para isso —, estou supondo que você não quer se imaginar urinando nas calças em público. Ou seu animal de estimação sendo atingido por um carro. Ou você sendo demitido de seu emprego esta semana.

Está bem, vou parar antes que você comece a me odiar. Mas, honestamente, essa foi a versão liberada para menores de idade. Aposto que sua mente pode inventar coisas muito piores.

Digo isso porque há chances de que seu cérebro já venha lhe dando esses pensamentos e imagens. Isso é diferente para cada pessoa, mas, no fim das contas, nossos cérebros adoram todo tipo de pensamento e imagem maluca, desagradável e do pior cenário possível que nos faz duvidar de nós mesmos. Simplesmente é isso que o cérebro faz. Embora haja constatações indicando uma ampla variação do número de pensamentos que temos num determinado dia, no mínimo, o cérebro produz cerca de 6 mil pensamentos por dia.[28] Melhor ainda: a maioria desses pensamentos é considerada negativa em natureza e repetitiva em contexto.

É assim que o cérebro exerce poder sobre você. Toda vez que uma ideia ou imagem perturbadora surge, você pode dizer a si mesmo: "O que há de errado com você?! Você é tão [repulsivo, estranho, estúpido, desajustado] — como pode ter pensado isso?" Você começa a se preocupar que *só* você tenha esses pensamentos, e, antes que perceba, tornou-se um caso clássico do que chamamos de metapreocupação.

O que é metapreocupação? É quando você começa a se preocupar com o quanto se preocupa. Parece familiar? Você nota que está obcecado por aquela entrevista, aquele encontro ou aquela conversa (de sete anos atrás) e, antes que perceba, está enlouquecido porque não deveria estar tão enlouquecido... Certo?

Então começam as dicas mentais. "Mas por que estou tão preocupado?" "O que significa estar tão preocupado?" "Isso é um sinal porque estou muito preocupado?" Ou o melhor: "Estou notando que não tenho me preocupado ultimamente. Eu deveria me preocupar, talvez, por..."

Note a palavra-chave aqui: "deveria."

Dizem que quando se trata de ansiedade, muitos de nós ficamos nos "deveriando". Internamente, nós nos repreendemos por algo sobre o qual literalmente não temos nenhum controle — nossas mentes.

Não quero com isso deixar você nervoso. Digo isso para ajudar a aterrar você. Porque quando você sabe que não é por culpa sua que se sente ansioso, ou que às vezes tem pensamentos desconfortáveis, assustadores ou grosseiros, é que você assume o comando de novo. É quando começa a sentir que tem algum controle sobre sua vida de novo.

O cérebro é um agente louco e livre. Inventa todo tipo de pensamento estranho, peculiar, frustrante. Mas isso é apenas o cérebro sendo o eu verdadeiro dele. Na realidade, o cérebro adora inventar o pior cenário possível, em que perdemos nosso emprego, em que descobrimos que nosso parceiro está nos traindo e em que todos nós morreremos quando um imenso meteoro atingir a Terra. Está bem, vou parar com os exemplos.

A boa notícia é que não somos a soma de nossos pensamentos. Se fôssemos, francamente não faríamos muito sentido. Um pensamento é simplesmente um pensamento — não significa que tenha uma verdade real.

Vou dizer de novo, caso você tenha perdido: *um pensamento é apenas um pensamento*.

Não significa que é válido, real ou preciso. Pode ser — mas também pode não ser. Começar a ficar curioso (e até um pouco cauteloso) com os dados que o cérebro está tentando lhe dar vai ajudar você a permanecer em atividade em suas águas por muito mais tempo. Quanto mais cedo percebermos isso, mais livres ficamos para nos envolver com nossas experiências e relações. Já não somos uma vítima da mente e do que ela está tentando nos dizer. Em outras palavras, a farsa acabou e o cérebro pode ir se acostumando, porque você não está acreditando mais em bobagens.

## POR QUE O PENSAMENTO POSITIVO PODE IR EMBORA

Falando em bobagens, estou chamando atenção para pensar positivo, mudar seus pensamentos ou "treinar" seu cérebro. Porque por mais que queiramos controlar nossas mentes, nossos cérebros podem ser insubordinados. É por isso, por exemplo, que a atenção plena, ou *mindfulness*, é uma prática para desenvolver consciência sobre nossos pensamentos — e nunca um ato de domínio.

Você pode ficar especialmente frustrado porque tentou todos os "brain hacks"[*] para mudar seus pensamentos, e isso não está funcionando. As pessoas podem entrar em alguns territórios perigosos porque lhes disseram que, se pudessem "pensar positivamente", sentiriam-se melhor. Ou lhes disseram que elas podem rezar para afastar pensamentos, ignorá-los ou mudá-los (e você sabe como isso acontece graças à metapreocupação). Isso tende apenas a amplificar os pensamentos e o sofrimento correspondente, quando, na verdade, não podemos mudar nossos pensamentos.

Portanto, vou dizer isto em alto e bom som: não há nada de errado com você se tem pensamentos ansiosos ou obsessivos. Todos nós os temos de vez em quando. Para alguns, simplesmente acontece de isso ser um pouco (ou muito) mais frequente. Também não é uma casualidade. Existem literalmente mecanismos no cérebro que contribuem para as pessoas terem pensamentos ruminantes. Especificamente no TOC, vemos hiperatividade no Córtex Orbitofrontal (COF), no Córtex Cingulado Anterior (CCA) e no núcleo caudado.[29] Portanto, embora você possa estar se sentindo como se fosse responsável por dar a si mesmo esses pensamentos perturbadores que parecem não ir embora, na verdade, é seu cérebro fazendo o trabalho para você. Quanta gentileza.

Agora, eu sei. Vou ser direta: isso é *muito ruim*. É a parte do trabalho de aceitação que é difícil. Muitos de nós passamos por um período em que nos ressentimos por nossas mentes, nos comparamos com os outros e dizemos, "Por que eu? Por que os outros parecem não ser importunados por suas mentes e eu estou aqui perdendo o sono, desconfiando de tudo e me sentindo péssimo?" Se você acha injusto, é porque é. Assim como algumas pessoas não conseguem usar as pernas para correr ou os olhos para ver, algumas têm mentes que se autopovoam de indecisão,

---

[*] Técnicas ou tecnologias usadas para afetar o estado mental ou os processos cognitivos de uma pessoa, aplicadas com frequência para facilitar o aprendizado. (N. do T.)

morbidez e catástrofe. Mas assim como uma pessoa não tem escolha em relação a suas pernas ou olhos, o mesmo acontece também com as funções cerebrais. Felizmente há atitudes que podemos adotar para responder a esses pensamentos, mas, como ponto de partida, temos que reconhecer e aceitar quando o cérebro parece um tirano implacável dentro de nós.

Quando nos reconciliamos com a realidade, é comum passar por um processo de sofrimento. Vi isso em muitos clientes meus, em especial naqueles que tiveram décadas de batalha contra a ansiedade e/ou a depressão. Faz sentido sentirmos essa tristeza. Se pudéssemos fazer a ansiedade ir embora, era o que faríamos, não? E tentamos corajosamente também. Só em 2019, gastamos US$ 225 bilhões em serviços de saúde mental, um aumento de 52% em relação a 2009.[30] Muitos de nós passamos por um ciclo de terapeutas, medicações e a última novidade em tratamento, esperando que nos "cure" finalmente.

Mas ter dificuldades às vezes é o que significa ser humano — o que significa ter um cérebro. Quando conseguimos nos permitir sentir a tristeza que o cérebro propicia, conseguimos aprender a lidar com ela. Já não estamos num espaço de negação onde duvidamos de nós mesmos. Em vez disso, estamos reconhecendo-o como é.

Agora, no começo isso pode parecer uma derrota. Pode parecer que, aceitando sua ansiedade, você está perdendo a batalha em seu cérebro. Mas, na verdade, isso é vencer a guerra.

Entendo muito bem como é isso. A ansiedade tentou comandar minha vida de muitas maneiras, mas eu diria sobretudo em minha decisão sobre iniciar uma família. A ansiedade me disse: "Você não seria uma boa mãe — não tem experiência nenhuma." Também tentou me dizer: "Você gosta demais de controle. Bebês são a definição de falta de controle." E o meu favorito: "Um bebê mudaria tudo. Por que você iria querer estragar tudo?" Divertido estar dentro de minha cabeça, certo?

Não ajuda o fato de minha experiência com emetofobia ter acrescentado algumas boas desculpas para eu jamais poder me tornar mãe. Afinal de contas, quando você basicamente morre de medo de vomitar, quem iria querer entrar em potenciais nove meses de enjoo matinal (sim, você sabe que pesquisei sobre hiperêmese gravídica, que é quando você basicamente põe tudo para fora todos os dias de sua gravidez e às vezes é hospitalizada porque isso é muito ruim) para depois ter um filho que pode lançar jatos de vômito em você a qualquer momento? Portanto, você pode ver que, como agora tenho mais de trinta anos, essa fita já toca há algum tempo.

Com esses pensamentos boiando em minha cabeça e remexendo meu estômago, tudo se torna muito confuso.

Mais confuso ainda é que a ansiedade com frequência nos faz querer ser tudo para todos. Ela nos diz para nos conformarmos — para nos anularmos completamente. Nos diz para não nos levantarmos, não falarmos, não compartilharmos nossas verdadeiras identidades. Nos diz que só somos amados e aceitos quando concordamos e fazemos como todo mundo está fazendo. Como alguém que atravessou a ponte, posso dizer que é muito melhor estar do lado onde você se aceita totalmente. E contraintuitivamente, as pessoas tendem a se conectar com você ainda mais quando veem que está se permitindo ser verdadeiro consigo mesmo.

Não há problema em assumir e aceitar quem você é. Eu sei que sua ansiedade (e em especial seu perfeccionismo) pode ter lhe dito durante anos que ninguém o ama, que você é feio ou que é um idiota. Isso não significa que haja validade nesses pensamentos. Quando rompemos essa associação, a culpa e a vergonha podem começar a ir embora. Começamos a aprender que você pode ter o pensamento de que é estúpido, mas que isso não significa que de fato é. Você pode ter o pensamento de que não é criativo, mas isso não significa que não o seja realmente.

Você pode estar perguntando: "Mas, Lauren... e se meu pensamento for realmente verdadeiro?" Claro, não estou dizendo para você se invalidar completamente. Mas será que você está sendo mais duro consigo mesmo do que seria com qualquer outra pessoa? Haveria provas de que você pode não ser, de fato, o fracassado ou perdedor completo que disse a si mesmo que é? Você tem que decidir sobre aquilo em que acredita, quem quer ser e como quer viver sua vida. Não há nenhuma quantidade de pensamentos ansiosos em seu cérebro que o possa impedir de ser a pessoa que você quer se tornar. Portanto, embora não possa controlar os pensamentos, você pode controlar o que faz com eles. Como responder a seus pensamentos é onde você recupera seu poder.

Esse conceito foi o que mudou o jogo para Jacob. Quando começou a entender que esses pensamentos sobre não poder ser amado e sobre ser incapaz de fazer mudanças não eram verdades absolutas, ele conseguiu recuperar o controle em suas águas. Já não era uma vítima das marés da mente. Ele foi capaz de começar a responder de maneiras completamente novas que o aterraram depois de anos se sentindo perdido no mar. Algumas coisas bem fortes estavam prestes a acontecer.

**PARA ENTRAR EM UMA NOVA ONDA:**
Quem é essa pessoa que você quer ser? O que você vestiria, diria, escutaria e faria se a ansiedade não o estivesse impedindo?

## VOCÊ NÃO PRECISA LUTAR TANTO

Suponho que este livro já tenha lhe mostrado um bocado de coisas, e que ler até aqui pode ter sido exaustivo. Talvez você já estivesse se sentindo mentalmente esgotado antes de pegar este livro. Talvez tenha tentado praticamente de tudo — terapia, medicação, retiros, consultas médicas — e a ansiedade ainda esteja aí. Muitos de nós pomos a vida em pausa, esperando que a ansiedade vá embora num passe de mágica. Era isso que Jacob fazia, ao manter-se num relacionamento estagnado por quase uma década. Podemos desperdiçar anos, perdendo oportunidades em nossas carreiras, em nossas vidas afetivas e em nossas amizades porque esperamos que, *com o tempo*, nos sentiremos melhor.

É aqui que eu lamento dizer a você: ficar em casa esperando não vai resolver o problema. Na verdade, vai torná-lo pior. Toda vez que recuamos, damos um centavo à ansiedade. Esses centavos vão se somando. Antes que possamos perceber, a ansiedade já está rica no banco e nós estamos pobres em ânimo (e talvez até mesmo em dinheiro, por gastá-lo em nossos problemas). Nós nos sentimos cada vez mais fracos toda vez que a ansiedade vence. Em pouco tempo, ela nos convence de que *não estamos prontos* para sair dali.

Portanto, vou lhe dizer diretamente: **você nunca estará pronto**.

Você nunca se sentirá preparado o bastante para sair com aquela pessoa. Nunca se sentirá qualificado o bastante para se candidatar àquele emprego. Nunca achará que tem dinheiro suficiente para ter um bebê. Nunca acreditará que tem seguidores o bastante para sentir que as pessoas se importam com o que você tem a dizer.

A verdade é que ninguém nunca está completamente pronto, mas posso garantir que você está mais pronto do que percebe. Não estou dizendo para você fingir totalmente até conseguir, mas estou dizendo que talvez seja a hora de começar a se expor antes de se sentir 100% preparado.

Uma das melhores maneiras de romper o peso da ansiedade é ter coragem suficiente para pedir o que queremos. É quando nos dispomos a pedir um aumento, a convidar alguém para sair e a nos candidatar àquele cargo que parece ser uma aposta difícil.

Vi isso acontecer em minha própria vida. Olhe, se tem uma coisa a que tento me apegar, mesmo com ansiedade, é a um sentimento de destemor — em especial quando se trata de pessoas. Isso não significa que eu não tenha medo, só significa que tento me importar menos com o medo do que com meu futuro. Um exemplo disso: quem você acha que chamou o agora marido para sair pela primeira vez? Eu mesma. Treze anos depois, fico feliz por ter feito isso.

Muita coisa pode acontecer em sua vida quando você se dispõe a ficar desconfortável. A ansiedade lhe dirá a cada momento crítico que você não consegue — que deveria agir com cautela. Mas segurança raramente garante a vida que você está esperando viver.

Espero que ao ler isto você se anime a enfrentar o mundo lá fora. Dane-se não estar totalmente preparado. Ninguém jamais está. O que importa é tentar. Confie que você descobrirá ao longo do caminho. Não estou lhe pedindo para ir até a linha de chegada, só estou pedindo para começar. A linha de chegada virá no momento certo, mas você não a alcançará se não se dispuser a dar o primeiro passo.

Para Jacob, o primeiro passo o moveu numa direção diferente. Sua coragem pareceu lhe dizer em voz alta pela primeira vez (embora já fizesse muito tempo que ele estivesse pensando nisso): "Acho que não quero mais estar nesse relacionamento." Segundos depois, a coragem se tornou transformadora, e ele viu sua ansiedade diminuir pela primeira vez em anos. É esse o poder que encarar o medo de frente pode ter. Muda a vida, de verdade.

**PARA ENTRAR EM UMA NOVA ONDA:**
Qual o primeiro passo a dar? Para o que você vem dizendo que não está pronto quando, na verdade, pode estar?

## O TEMIDO TRAMPOLIM

Sei que isso tudo é muito assustador. A ideia desse tipo de vulnerabilidade pode deixar você suando neste momento. É provável que esteja dizendo: "Isso parece bom, mas você não entende. Eu não estou pronto." E este pode ser o caso. Temos que respeitar onde estamos. Mas podemos nos cutucar suavemente para dar um passo? Ou um salto? Eis uma de minhas metáforas favoritas que gosto de usar em sessão com meus clientes. À medida que você ler, pense em onde você está no contexto desse exemplo.

Quero que você se imagine olhando para um trampolim de dez metros de altura. Você pode sentir o estômago já se remexendo, mas começa a subir a escada. Você pode notar que os joelhos estão fraquejando, as mãos estão úmidas e está começando a parecer difícil respirar. Ao chegar ao topo do trampolim, você olha para baixo e começa a se sentir cambaleando um pouco. Você talvez resmungue um ou dois palavrões baixinho porque, caramba, é mais alto do que você imaginava. Ao se posicionar à beira do trampolim, você olha a água lá embaixo.

Esse é o momento.

Você pula? Dá um voto de confiança? Ou dá um passo para trás e sente o trampolim balançar?

Quer você já tenha ou não se posicionado num trampolim de mergulho, todos nós já estivemos ali, figurativamente falando. É aquele sentimento que temos pouco antes de entrar num palco para fazer um pronunciamento, antes de dizermos a uma pessoa que gostamos dela ou antes de dizer a uma pessoa que ela nos magoou. Para Jacob, foi o momento em que ele disse em voz alta que queria romper com a noiva.

Em cada salto, percebemos algo profundo. Aprendemos que podemos nadar. Aprendemos, ao atingirmos a água, que somos capazes. Vemos que já não somos uma vítima de nosso medo. Também começamos a ver que o sentimento de vulnerabilidade não dura para sempre. Quando vamos em frente, há uma sensação de coragem que ninguém jamais pode nos tirar. Vemos nesse momento que somos muito mais poderosos do que nossa ansiedade.

Então, onde está você nessa narrativa? Está saltando ou recuando devagar da beira do trampolim?

O problema é que, em se tratando de ansiedade, muitos de nós ficamos na borda olhando para baixo. Nós nos perguntamos: "E se eu não conseguir nadar?" "E se eu bater a cabeça?" "E se for assustador?" "E se a água estiver gelada?"

Aqui está a tradução: "E se ele me rejeitar?" "E se eu falhar?" "E se eu parecer um idiota?"

E se? E se? E se? Vamos quebrar esses "e se" e ressignificá-los como o que podem realmente representar:

- **E se me rejeitarem?**
    - **A ressignificação:** a rejeição é, na verdade, um grande presente e nos poupa tempo. Nos ajuda a identificar as pessoas e experiências que podem não ser para nós para que possamos prosseguir e encontrar as oportunidades e conexões certas.
- **E se eu falhar?**
    - **A ressignificação:** você colherá informações inestimáveis cada vez que falhar. Isso irá aprimorar suas habilidades para a próxima vez. "Falhar" é um sinal de que você está encarando sua vida e se expondo para poder aprender.
- **E se eu parecer um idiota?**
    - **A ressignificação:** se uma pessoa o julga por você se expor, isso diz mais sobre as inseguranças dela própria. Sim, ser um iniciante

pode significar que você parece tolo ou até ignorante. Confie que os outros terão compaixão por seu processo de aprendizado e lhe darão um crédito maior por se dedicar ao processo de crescimento.

Se você está se sentindo estagnado, precisa fazer a si mesmo esta pergunta: "Quando revisito minha vida, eu queria ter vivido corajosamente, saltando de meu trampolim, ou queria ter ficado onde estava?"

Quando pensamos em onde estamos, isso é, no fim das contas, destacar a diferença entre cinco segundos de coragem e cinco minutos ou cinco anos de arrependimento.

Todos nós já estivemos aí. Quer você tenha literalmente subido num trampolim e dado meia-volta ou tenha deixado passar uma oportunidade potencialmente boa, você pode se ver perguntando: "E se eu tivesse tido coragem?" Não é irônico que a pergunta do "e se" esteja retornando?

Então... e se? E se você foi ousado o bastante para acreditar que tinha uma chance? E se você foi atrás dela? E se viu o que havia do outro lado?

Vi Jacob subir em seu trampolim metafórico em nosso trabalho juntos. Ele começou tremendo, com medo do que encontraria. Mas foi quando deu aquele voto de confiança, quando disse a sua noiva que iria sair do apartamento, que ele relatou uma imensa onda de alívio passando sobre ele. Sim, ele se sentiu triste por seu relacionamento não ter funcionado, porém, mais do que qualquer coisa, ele teve uma profunda sensação de paz quando foi capaz de finalmente tomar uma atitude. Algo incrível aconteceu depois disso também: Jacob começou a sentir um novo choque de confiança que não sentia desde a faculdade. Um Jacob totalmente novo estava prestes a existir, na sessão e fora dela.

## AS MOLAS QUE AJUDAM A SALTAR

Pessoalmente, não quero jamais que os "e se" me comandem. É por isso que sou tão comprometida em não deixar a ansiedade mandar em minha vida — nem na sua, aliás.

Uma das melhores maneiras de conviver com nossa ansiedade é saber o que valorizamos. Saber o que importa para você é o aterramento de que você precisa quando suas pernas estão bambas e tudo em sua mente está dizendo: "Volte atrás agora."

Precisamos de nossos valores não apenas para nos guiar, mas para nos ajudar a atravessar a dor da vida. É muito mais fácil ficar em casa, continuar no relacionamento chato e manter a monotonia, mesmo que isso não esteja funcionando. Quando está nos faltando uma definição clara de quais são nossos valores, podemos nos ver dando todo tipo de desculpa para por que "agora não é uma boa hora". A vida continua nos dando oportunidades e, em vez de escutar as ofertas, sua ansiedade lhe diz não todas as vezes.

Mas é o seguinte: a dor, com frequência, tem um tremendo valor. Embora desconfortável, ela não é algo de que precisamos ter medo e fugir para sempre. É doloroso romper com seu parceiro de dez anos? Caramba, sim. É difícil deixar seu emprego e buscar uma nova carreira? Certamente. É terrível admitir que sua amizade já não está funcionando e é hora de encerrá-la? Claro que sim. Mas vale a pena fazer essas mudanças? Diretamente da boca de uma terapeuta que ouviu isso de centenas de clientes: SIM. Vou dizer isto em alto e bom som: **precisamos escolher a indução de valores, e não a redução da dor**.

Você *pode* conviver com a dor. Confie em mim. Sei que não acredita nisso — mas, na maioria das vezes, pode. E é por isso que saber quais são os seus valores é tudo. Se você tiver clareza sobre as coisas com as quais se importar, será capaz de suportar a dor da mudança porque sabe que isso o estará conduzindo à vida que deseja ter. Quando você tem clareza sobre o que é essencial para você, a dor não é apenas suportável; pode até valer a pena.

Vamos pôr isso em contexto. Digamos que você valorize a intimidade, a conexão e a paixão, e está num relacionamento que parece bom no papel, mas no qual estão faltando esses valores essenciais. Embora vá doer pra caramba quando você terminar o relacionamento porque seus valores não estão sendo satisfeitos, esses mesmos valores vão aterrá-lo quando você estiver chorando em seu carro, perguntando-se como irá superar o sofrimento. Tudo ainda será terrível, mas você sentirá orgulho de si mesmo por escolher seus valores, e não a conveniência ou a reputação. Se você valoriza a criatividade, a independência e a liderança, será capaz de suportar uma conversa dura com seu chefe para dizer a ele que esse trabalho já não está funcionando para você. Se você valoriza o humor, o risco e a diversão, mas tem um forte caso de ansiedade social, estará muito mais inclinado a subir no palco para sua apresentação de stand-up porque sabe o que mais importa para você.

Valores podem ser a bússola que nos ajuda a saber o que fazer quando temos uma decisão difícil a tomar. Quer você esteja indeciso (o que é uma das características da ansiedade), inclinado a tomar decisões para satisfazer os outros (alô, vocês que gostam de agradar às pessoas!) ou tome decisões apressadas porque a expectativa é demais para você, seus valores podem recentralizar você. Quando você tem uma escolha a fazer sobre iniciar um novo trabalho, mudar-se para outra cidade ou, sim, até mesmo adquirir um animal de estimação, pergunte a si mesmo honestamente: "Como meus valores se alinham com essa decisão que estou considerando?" Se seus valores estão fora da opção que você está planejando, isso lhe dá alguns dados úteis de que a ansiedade pode estar se inserindo na narrativa como "valor".

Agora, alguns de vocês podem estar pensando: "Mas e quando meus valores estão em conflito?! E quando eu valorizo desafios, mas também valorizo segurança e conforto? E se eu valorizo confiabilidade, mas também busco espontaneidade? E se estou considerando aceitar uma nova promoção, mas também quero proteger minha saúde mental e o autocuidado? E se quero iniciar uma família, mas estou começando a dar o próximo passo em minha carreira?"

Tenho duas coisas para você aqui.

Uma, implemente a regra 10/10/10. Pergunte a si mesmo: "Se eu decidisse assim, como me sentiria daqui a dez minutos? E daqui a dez meses? E daqui a dez anos?" Note se sentimentos de arrependimento, curiosidade, expectativa ou qualquer outra coisa surgem em você. Isso pode lhe ajudar a ter uma visão mais ampla para avaliar se seus valores estão integrados ou se a ansiedade está tentando roubar o show.

O outro ponto que quero enfatizar pode surpreender você: **a vida pode ser longa.**

Eu sei — provavelmente você não estava esperando isso. Sempre nos dizem que a vida é curta e que precisamos aproveitá-la ao máximo. Infelizmente, nós ansiosos levamos essa mensagem muuuuuito a sério. Sentimos que precisamos fazer tudo AGORA e fazer o melhor possível. Deixamos de dormir, de comer e de nos relacionar para chegar ao resultado final de nosso próximo objetivo.

Com sorte, porém, temos muita vida para viver. Você não precisa fazer tudo aos vinte, trinta ou quarenta anos. Não precisa ser um sucesso incrível antes de terminar a faculdade. Chocante: você não precisa ser um sucesso incrível nunca, porque talvez — apenas talvez — seu valor não seja definido por suas realizações. A vida é mais do que tarefas cumpridas. As pessoas que mais lhe importam não são tópicos que podem ser acrescentados a seu currículo.

Portanto, considerando isso, pergunte a si mesmo o que mais importa para você no longo prazo, em especial quando você está em conflito. Quando você olha para trás, como espera ter passado seu tempo? Sim, você pode estar em dúvida se deve avançar em sua carreira ou focar em ter um filho. Mas talvez possam ser as duas coisas. Talvez haja um momento e um tempo para cada uma. Talvez elas possam coexistir — embora isso não seja perfeito (e tudo bem!).

Se não pode haver espaço para as duas coisas, será que podemos integrar alguma aceitação à nossa escolha sabendo que nossa decisão, embora imperfeita e dolorosa, tem raízes profundas naquilo com o que mais nos importamos — nossos valores?

A vida pode ficar muito confusa e, quando somos bombardeados de escolhas, podemos nos sentir paralisados. Nossos valores podem ser tão firmes que talvez sejam suficientes para nos fazer superar a ansiedade que turva nossas águas. Eles são o impulso que nos conduz em meio a toda a preocupação e dúvida.

Não há muitas regras em se tratando de valores. De fato, sempre digo que não existem "valores ruins", desde que não causem danos físicos a você ou outra pessoa. Isso pode significar que seus valores podem causar danos emocionais a alguém (um exemplo: terminar um relacionamento que não está se alinhando com seus valores, mesmo que isso vá perturbar a outra pessoa). Portanto, enquanto avançamos na história de Jacob, convido você a observar qualquer preconceito ou julgamento que possa lhe ocorrer e tratá-lo com curiosidade complacente enquanto tenta ter empatia pela perspectiva de Jacob.

Quando alguém está tendo dificuldade de identificar seus valores, pode ser útil começar com a história de uma pessoa e como ela se identifica de forma intersecional. Com Jacob, olhamos como sua vida de homem cisgênero, heterossexual, criado na Louisiana numa família religiosa e conservadora estava informando sua perspectiva. Exploramos como ele mantinha algumas ideias tradicionalistas de masculinidade e religiosidade que o estavam fazendo se sentir culpado por não estar "ainda mais comprometido" com o relacionamento do que já era. Embora tivesse feito de tudo e estivesse sofrendo enquanto isso, ele sentia que, como homem adulto, "devia" continuar em seu relacionamento infeliz por honra e respeito pela parceira — ainda que não houvesse amor. Também pudemos notar como sua história de fuzileiro naval contribuía para seus valores de lealdade e dedicação, a qualquer custo. Quando exploramos isso, pudemos identificar quais eram os valores "devia" de Jacob, em oposição a seus valores reais.

Nossos valores "devia" são, com frequência, sociais por natureza. Mantemos as opiniões de nossos pais, professores e até de estranhos sobre o que "devemos" valorizar como o padrão a ser buscado na vida. Jacob sentia que "devia" valorizar o compromisso, a honra e a dedicação — em particular em seu relacionamento —, e era por isso que se arrastava havia anos numa parceria sem graça apenas para manter a fachada da aprovação pública e familiar.

Mas, com o tempo, conseguimos entender o que Jacob realmente valorizava. Ele notou que a vulnerabilidade, a reciprocidade e o respeito num relacionamento eram cruciais para ele — e estavam faltando no presente. Foi por meio dessa percepção de que muitos de seus verdadeiros valores estavam ausentes, incluindo a felicidade pessoal, que ele encontrou coragem para pedir à noiva para cancelar o casamento. O alívio que sentiu ao dar esse passo foi tremendo; ao mesmo tempo, ele reconheceu que se sentia péssimo por sua noiva estar, compreensivelmente, chateada. Embora isso tenha sido uma grande mudança em sua vida, ele teve uma sensação de alinhamento — que estivera ausente durante anos — porque esclareceu seus valores pela primeira vez.

Agora, você pode ter notado seus próprios sentimentos virem à tona ao ler sobre o que aconteceu com Jacob. Pode ter sentido que Jacob "desistiu" do relacionamento ou que ele é um babaca egoísta, já que pôs sua felicidade acima do compromisso com a noiva. Isso pode ser uma indicação de que o compromisso é um valor importante para você. Todos nós temos valores diferentes que importam mais para nós, e tudo bem. O importante é sermos honestos uns com os outros em relação a onde nos situamos e ao mesmo tempo ainda respeitarmos os valores que os outros mantêm.

Quando somos desonestos (ou mentimos para nós mesmos) em relação ao que valorizamos, podemos entrar num território obscuro. E também machucar muito os outros. Jacob reconheceu que minimizando seus valores e tentando permanecer no relacionamento, estava, na verdade, desrespeitando e desonrando a noiva ainda mais. O que percebeu, porém, foi que era melhor ser verdadeiro com os dois *agora* do que esperar anos, coexistindo num relacionamento infeliz só para manter a paz.

Parte do motivo pelo qual acabamos magoando a nós mesmos e aos outros é que muitos de nós simplesmente não sabemos quais são nossos valores. Podemos ouvir o termo "valores" surgir em conversas com frequência, mas é raro sermos orientados por meio de um processo a definir quais são realmente nossos valores pessoais. Dessa maneira podemos nos sentir como se estivéssemos sendo apanhados numa correnteza em nossas vidas, porque não temos valores para nos servir de farol.

Uma das coisas que mais gosto de fazer com os clientes é um exercício de escolha de cartas de valores para ajudá-los a esclarecer quais são seus dez valores principais. Estamos prestes a fazer algo semelhante. Quando você olhar a lista de palavras que se segue, provavelmente dirá que gosta da maioria delas. Afinal de contas, a maioria dos valores tem algum tipo de conotação positiva a eles associada. Mas, ao percorrer a lista, pergunte a si mesmo: "Quais são os valores sem os quais não consigo viver? Quais são os valores que dão à minha vida uma sensação de significado? Quais são os valores com os quais quero me alinhar, de forma que até mesmo os outros seriam capazes de reconhecê-los em mim?"

**COMECE FAZENDO UM CÍRCULO NOS VINTE VALORES PRINCIPAIS COM OS QUAIS VOCÊ SE IDENTIFICA:**

| | | |
|---|---|---|
| Aceitação | Empatia | Liderança |
| Aconselhamento | Esperança | Moderação |
| Ambição | Espiritualidade | Ordem |
| Afeição | Espontaneidade | Originalidade |
| Amor | Estabilidade | Paciência |
| Aprender | Estética | Paixão |
| Aptidão | Excitação | Patriotismo |
| Autenticidade | Exploração | Paz |
| Autoaperfeiçoamento | Fama | Perdão |
| Autocontrole | Família | Pertencer |
| Aventura | Fidelidade | Poder |
| Brincar | Flexibilidade | Popularidade |
| Comprometimento | Forma física | Praticidade |
| Comunidade | Franqueza | Prazer |
| Confiabilidade | Generosidade | Proporcionar |
| Conforto | Gratidão | Proteção |
| Conhecimento | Habilidade | Sabedoria |
| Cooperação | Honestidade | Saúde física |
| Coragem | Humildade | Segurança |
| Correr risco | Humor | Servir |
| Cortesia | Imaginação | Sinceridade |
| Credibilidade | Independência | Sucesso |
| Crescimento | Integridade | Sucesso financeiro |
| Criatividade | Intimidade | Racionalidade |
| Cultivar | Inovação | Realização |
| Curiosidade | Justiça | Resiliência |
| Dedicação | Justiça social | Responsabilidade |
| Desafio | Lazer | Romance |
| Dever | Legado | Tolerância |
| Eficiência | Liberdade | Tradição |

ACRESCENTE VALORES COM OS QUAIS VOCÊ SE IDENTIFICA QUE NÃO ESTÃO LISTADOS ACIMA:

_____
_____
_____
_____
_____
_____

LISTE QUAISQUER VALORES QUE TENHAM UMA CONOTAÇÃO NEGATIVA PARA VOCÊ E ESCREVA POR QUÊ:

_____
_____
_____
_____
_____
_____

HÁ VALORES QUE VOCÊ SENTE QUE OUTRAS PESSOAS OU A SOCIEDADE ESTÃO DIZENDO QUE VOCÊ "DEVIA" TER, EMBORA VOCÊ NÃO SE IDENTIFIQUE COM ELES? SE SIM, LISTE-OS AQUI E EXPLIQUE:

_____
_____
_____
_____
_____
_____

**COM BASE NAS VINTE PALAVRAS QUE VOCÊ MARCOU, CLASSIFIQUE SEUS DEZ VALORES PRINCIPAIS E O MOTIVO PELO QUAL CADA VALOR É IMPORTANTE PARA VOCÊ:**

1. _____
2. _____
3. _____
4. _____
5. _____
6. _____
7. _____
8. _____
9. _____
10. _____

Agora, é o seguinte: vejo muitas situações em que as pessoas deixam sua ansiedade vencer e seus valores perderem. Em que elas dizem a si mesmas que *não vale a pena* ir a um encontro às escuras, confrontar um membro racista da família ou ir a um bom restaurante novo sozinhas porque não querem se sentir desconfortáveis. Esses exemplos variam muito, mas há um tema comum.

Esses são aqueles dias em que o time da ansiedade proclama vitória e nossos valores sofrem uma derrota. Não estou aqui para isso.

Quando penso nisso no contexto de me tornar mãe, penso em como a ansiedade poderia facilmente vencer essa batalha em minha vida. O temor de meu filho vomitar no meu cabelo quando eu estiver dirigindo ou a ideia de passar nove meses — na verdade dez — em permanentes cuidados poderia facilmente ser suficiente para eu desistir.

Mas estarei ferrada se minha ansiedade tomar essa decisão por mim. Posso não me tornar mãe por decidir que quero dedicar mais tempo a minha carreira, ou viajar mais, ou por simplesmente não querer, mas não deixarei minha ansiedade fazer essa escolha por mim. Deixar meu medo, em especial meu medo irracional com minha fobia, determinar o resultado de algo tão monumental quanto ter filhos em minha vida não é algo com o qual eu me disponha a concordar. Para mim, uma vida corajosa alinhada com meus valores é aquela em que quero sempre escolher, e não a vida endividada com a evitação da ansiedade.

Coisas fortes aconteceram com Jacob quando ele reavaliou seus verdadeiros valores. Explicando de maneira simples: comecei a ver Jacob se tornar plenamente vivo. Mais do que tudo, vi seus olhos brilharem pela primeira vez. Aquele olhar vazio que ele tinha no começo se transformou num rosto animado que estava vendo o mundo claramente pela primeira vez em muito tempo. Jacob estava começando a ver em cores.

## O QUE ACONTECE QUANDO VOCÊ SALTA... OU NÃO

Pense em todas as vezes em que você teve coragem o bastante para dar um salto. Eu garanto, cada vez que você fez uma escolha na vida com coragem, e não com medo, algo transformador aconteceu. Uma pessoa incrível pode ter entrado em sua vida. Você pode ter criado algo magnífico para outros aproveitarem. Pode ter aprendido algo inestimável que ninguém jamais poderá lhe tirar. Bônus maior: aquela ansiedade que estava tentando impedi-lo provavelmente se tornou muito menor. Toda vez que enfrentamos o medo, a ansiedade perde seu poder, tijolo por tijolo.

Todos nós conhecemos o sentimento oposto, porém. É aquele sentimento quando não saltamos do trampolim e damos meia-volta para descer a escada. Mas vamos ser francos, quando nos arrastamos de volta, internamente, a sensação é muito boa por um segundo, não? Aquele alívio por evitar algo é tremendo. É aquela mensagem em que cancelamos nossos planos para a noite, o dia em que telefonamos para o trabalho para dizer que não iremos porque estamos doentes quando estamos totalmente bem, e aquele momento em que dizemos: "Não conte comigo." A sensação pode ser gloriosa.

Mas e depois desse momento inicial de alívio? Começamos a ouvir aquela vozinha na cabeça dizendo: "Mas e se você tivesse feito? *E se* tivesse saltado na piscina?" Aí está aquele maldito "e se" de novo.

Mas, às vezes, nunca saberemos. Alguns de nós tentamos passar pela vida sem nunca entrar na piscina. Convencemos a nós mesmos de que não conseguimos nadar.

Agora, não estou tentando culpar ou envergonhar você. Às vezes temos que recuar. Às vezes o trampolim é alto demais e, se dermos o salto, acabaremos com uma perna quebrada. É aí que você precisa ter alguma autocompaixão. Às vezes você precisa dizer não e se afastar do trampolim. Não tem problema nenhum. Temos que fazer uma pausa às vezes, e, quando você recuar, seja gentil consigo mesmo nesse processo. Ser corajoso e vulnerável exige muita energia mental (e física), e às vezes simplesmente não a temos. Envergonhar-se não tornará mais fácil saltar na piscina na próxima vez.

Mas, precisamos voltar ao trampolim quando pudermos (e provavelmente antes de estarmos totalmente prontos). Não quer dizer que será fácil. Temos que dar intencionalmente em nós mesmos aquela pequena cutucada para subir a escada, porque, a cada vez que recuamos, fica mais difícil saltar.

Tome como exemplo alguém que quer encontrar um parceiro e está ativamente saindo para encontros. No início, parece assustador perguntar a uma pessoa se você pode beijá-la, certo? Ela pode rejeitar você e pode ser constrangedor se ela não estiver na mesma onda que você. Mas se você deixa esse medo detê-lo, o nível de exigência diminui a cada vez. Antes que perceba, você está assustado demais até para entrar num aplicativo de encontros e simplesmente enviar uma mensagem para alguém. Começamos a duvidar de nossas habilidades e, mais cedo ou mais tarde, estamos num relacionamento longo com a Netflix, o iFood e as compras online.

Você pode ver o efeito cascata disso rapidamente, porque o medo pode ter esse tipo de poder sobre nossas vidas. Pode ser contagioso, e pode fazer nos sentirmos fracos. Quando nos afastamos de nós mesmos, escolhemos o conforto e a familiaridade, e não o crescimento que vem com o desconhecido. Foi isso o que aconteceu com Jacob quando ele ficou anos num relacionamento infeliz porque não queria suportar o potencial desconforto de fazer uma mudança.

E nossos cérebros podem ser bons em inventar desculpas. A evitação é sorrateira assim, mas eu lhe asseguro que com pequenos passos você acabará se tornando cada vez mais corajoso. Você pode lidar com um trampolim cada vez mais alto. Isso porque começa a aprender que a cada vez que salta, pode nadar e navegar nas águas em que está. Você pode lidar com a vulnerabilidade numa queda livre porque sabe que isso levará você para o destino que lhe importa. Levará você de volta a seus valores e o conectará à vida que quer viver. Isso faz o salto valer a pena a cada vez. E antes que perceba, você será aquela criança que não consegue parar de subir a escada e saltar do trampolim porque você está se divertindo tanto que praticamente esquece que tem medo.

Isso não quer dizer que sempre será fácil. No caso de Jacob, ele ainda temia que seus antigos padrões voltassem no novo relacionamento em que estava. Sentia uma culpa esmagadora por ter saído daquele antigo relacionamento, e tivemos que continuar a processar isso durante meses depois. Afinal de contas, com a indução de valores vem, com frequência, a dor. Eu estaria mentindo se dissesse que o progresso para Jacob foi linear — nunca é para nenhum de nós. Mas o importante foi que ele percebeu o que importava para ele. Ele começou a viver sua vida de uma maneira que lhe parecia verdadeira. Finalmente saltou na piscina — e estava vendo que, afinal de contas, podia nadar. Quero que você saiba que também pode.

## CAPÍTULO QUATRO

# SEGUINDO MESMO QUANDO SEU OCEANO É FRIO E ASSUSTADOR

Não é incomum clientes novos trazerem um membro da família ou um amigo em suas primeiras sessões de terapia (convido você a fazer o mesmo se estiver hesitante). Luís trouxe a irmã, e foi difícil dizer quem estava mais nervoso. Com gotas de suor brotando na testa, ele ergueu os olhos quando chamei seu nome na sala de espera. Identificando-se como cisgênero, mexicano, católico e gay, ele me disse que não estava certo sobre essa coisa de terapia. Tentei da melhor forma aliviar suas preocupações, mas podia ver que o ciclo da vergonha vinha girando havia muito tempo para Luís. Ele parecia constrangido por estar ali — como se tivesse fracassado por ter marcado a consulta. Eu via isso como o oposto. Sempre fico inspirada quando clientes têm força para tomar a iniciativa. Eu esperava ter a chance de ajudá-lo a ver isso.

À medida que aquela primeira sessão se desenrolava, tornou-se claro que Luís vinha enfrentando o TOC havia algum tempo. Embora uma pessoa possa ter apenas obsessões ou compulsões para atender aos critérios do diagnóstico, Luís estava tendo ambos. E embora alguns clientes tenham um conjunto específico de gatilhos, Luís tinha uma série de sintomas, desde dar a volta no quarteirão para se certificar de que não tinha batido com o carro em alguém até o medo de germes no assento do vaso sanitário e o pensamento obsessivo (aviso de conteúdo sensível) de esfaquear o pai.

Se você está tendo uma forte reação ao ler isso, é compreensível. Mas imagine seu cérebro sendo atacado por esses pensamentos e imagens indesejados diariamente e o tempo todo — isso é TOC em poucas palavras. Sei que para muitos de vocês que estão lendo este livro, não é preciso imaginar isso. O que descrevi é real demais para vocês. Ouvi muitos clientes dizerem que é como se o cérebro estivesse "pegando fogo". Talvez o seu esteja também, e você esteja procurando o extintor de incêndio.

O TOC sempre me corta o coração. Pode ser incrivelmente doloroso, e eu podia ver que Luís estava exausto em sua batalha. Além dos temores já listados, ele também morria de medo de dizer algo "errado". Rolava a tela do telefone meticulosamente, temendo dizer ou fazer algo que o incriminasse, que o fizesse perder o emprego ou que o apartasse da sociedade. Analisava conversas com amigos e evitava até compartilhar sua opinião por temer que alguém discordasse e se enfurecesse com ele. Embora não pudesse pensar em nada que prejudicasse sua reputação (e ele era verdadeiramente uma das almas mais gentis e afáveis que se poderia conhecer), ele ficava aflito com a possibilidade de fazer algo que atrapalhasse sua vida.

Agora, quer você esteja ou não encontrando uma relação com a experiência de Luís, acredito que este conteúdo provavelmente ainda seja de valor — diagnóstico de TOC ou não. Embora o TOC esteja numa seção do *Manual Diagnóstico e Estatístico de Transtornos Mentais* (*DSM-5*, na sigla em inglês) separada de outros transtornos de ansiedade, a maioria de nós pode encontrar uma relação com a experiência de pensamentos obsessivos em algum grau, e com querer ter alguns comportamentos compulsivos para se sentir melhor. Para atender plenamente aos critérios do diagnóstico, uma pessoa precisa ter obsessões ou compulsões durante pelo menos uma hora todos os dias e/ou experimentar significativo sofrimento socialmente, em sua ocupação ou em outras áreas de atividade.[31]

Embora apenas aproximadamente 1% da população dos Estados Unidos atenda plenamente aos critérios de TOC (o que corresponde a 2 a 3 milhões de adultos em qualquer momento considerado), cada um de nós pode se identificar — ou ter empatia — com a forma como as obsessões e compulsões funcionam.[32]

O TOC pode ter diversas aparências e pode ser sentido de muitas maneiras diferentes. Não é apenas a típica "germofobia" a que as pessoas se referem. É diferente do transtorno de personalidade obsessivo-compulsiva, em que vemos pessoas fixadas em organização, ordem e perfeccionismo de um modo que parece necessário para elas. O TOC é o que chamamos de egodistônico, o que significa que a pessoa tipicamente *não* gosta de ter os sintomas e quer desesperadamente que eles desapareçam. Embora muita gente possa dizer "Eu tenho muito TOC" quando está expressando o desejo de ter um espaço ou agenda bem organizados, quem tem TOC de verdade geralmente acha seus sintomas incrivelmente aflitivos e até debilitantes. De fato, a pessoa com TOC sente uma tremenda vergonha de revelar seus pensamentos ou uma necessidade de verificar repetidamente com os outros para validar se eles estão "bem".

O TOC pode se manifestar de muitas maneiras também. Pode incluir um tema particular no qual a pessoa se fixa, embora não seja incomum as pessoas terem diversos gatilhos que podem mudar com o passar do tempo, à medida que os fatores de estresse e as situações evoluem.

Vamos abordar alguns deles. Nada disso tem a intenção de ser um diagnóstico, e esses subconjuntos também não são observados no *DSM-5*. Isso é uma ferramenta para proporcionar mais clareza e ajudar você a saber que não está sozinho, caso tenha algum desses pensamentos e/ou compulsões.

## MEDOS COMUNS NO TOC:

- **Baseado em danos:** isso inclui pensamentos violentos e um medo de realizar ações violentas. Embora todos nós tenhamos pensamentos e imagens perturbadores de vez em quando, em geral, podemos afastá-los, dizendo a nós mesmos: "Bem, isso foi estranho...", e seguir adiante. Com essa forma de TOC, porém, você pode se fixar nessas obsessões baseadas em danos e ruminar sobre "o que significa" ter esses pensamentos ou imagens. Você pode se perguntar: "E se eu realmente matei aquela pessoa e não sei?" Não é incomum perguntar à família ou a amigos sobre seu comportamento (por exemplo, "Você tem certeza de que eu não fiz nada de errado?"), e você pode evitar pessoas às quais teme causar danos.

- **Orientação sexual/identificação de gênero:** neste subconjunto de TOC, você pode se perguntar se é "realmente" gay ou heterossexual ou trans ou cisgênero, entre outras identidades. Nem sempre é a orientação sexual ou identificação de gênero diferente que é aflitiva (embora possa ser isso para aquela pessoa específica); é mais a incapacidade de se encaixar. Essa falta de 100% de certeza é geralmente o que causa o sofrimento. Como resultado, você pode evitar olhar para pessoas ou se envolver com pessoas que possam ativar o pensamento obsessivo. Ou então você pode "testar isso" olhando para a pessoa que é o gatilho para ver se nota em si mesmo uma resposta física. Grande parte do tratamento é trabalhar para desestigmatizar a identidade (se isso é parte do sofrimento), mas também desenvolver tolerância à incerteza.
- **Pedofilia:** muito estigmatizada, pode ser uma das formas mais dolorosas de TOC. É quando a pessoa teme que *possa* ser pedófila, embora nunca tenha tido um comportamento característico. Como a pedofilia é um crime sério, aqueles que têm essa forma de TOC podem experimentar um grande sofrimento e ter dificuldade de buscar apoio por causa do alto nível de vergonha associado a isso.
- **Baseado em relacionamento:** isso pode incluir se perguntar se o parceiro é a pessoa "certa" para você, temer que ele possa deixar você ou duvidar se ele realmente ama você. Essa forma de TOC pode ser como se sentir como uma criança numa loja de doces: é difícil decidir o que escolher no cardápio e, quando você faz isso, mesmo

que goste do que come, pergunta a si mesmo se deveria ter pedido algo que tivesse um sabor *um pouquinho* melhor.
- "O certo": isso pode se manifestar de várias maneiras diferentes, mas acaba se reduzindo a uma necessidade de que coisas — quer seja seu armário, sua caixa de mensagens ou sua casa — estejam "certinhas". Pode estar associado a um perfeccionismo em que você precisa fazer algo repetidamente até que fique exatamente como você gosta.
- Contaminação: talvez seja o mais conhecido. É quando alguém é obcecado por ficar doente ou infectar os outros. Pode ser, por exemplo, um medo intenso de adquirir HIV/Aids, de comer frango malcozido e ter uma intoxicação alimentar, ou de infectar uma pessoa com uma doença ao abraçá-la. Um sintoma comum é a limpeza excessiva, em especial lavar as mãos (que podem ficar feridas e sangrar), bem como evitar certos lugares (hospitais, restaurantes, parques de diversão etc.) ou pessoas (crianças e/ou idosos).
- Escrupulosidade/religiosidade: tem raízes morais. É quando você teme ter pecado ou agido de forma errada com alguém em grave violação ética. Como resultado, você pode rezar compulsivamente para aliviar a culpa, ou procurar líderes culturais e religiosos para confessar e "checar" se seu comportamento e/ou pensamentos foram redimidos.
- Eventos reais: é quando você fica obcecado por algo do seu passado, ruminando sobre uma conversa que teve ou uma atitude que tomou. Você pode temer ter ofendido alguém, temer que essa pessoa aja contra você e você seja punido ou constrangido pelo que fez. Um exemplo disso pode incluir enviar uma mensagem de flerte a alguém com quem você está saindo e temer ser mal interpretado pelo que disse. Como resultado, você pode checar o telefone excessivamente.
- O (Obsessivo) puro: isso pode incluir qualquer um dos pensamentos obsessivos listados acima; não inclui comportamentos compulsivos aparentes (embora contar, rezar e checar mentalmente sejam comportamentos compulsivos que podem não se manifestar como ações físicas). Um exemplo é a ruminação frequente, às vezes atra-

vés de uma lente filosófica, em que você pode se perguntar qual o sentido da vida, se é verdadeiramente feliz ou se está tomando a decisão "certa".[33]

Você se identificou com algum desses tópicos? Entendo que isso possa estar deixando você muito desconfortável. Muitos deles se referem a tabus com frequência indizíveis — mas não impensáveis. É por isso que o TOC é tão perturbador. É o cérebro nos dando os pensamentos e imagens mais indesejados e descontroladamente colando-os repetidamente num hospedeiro que não os quer. Era exatamente isso o que estava acontecendo com Luís. Sem seu consentimento, sua mente estava lhe dando o que ele sentia como se fossem as imagens e os temores mais repulsivos, mas ele não conseguia impedir isso. Sentindo-se muito envergonhado, Luís estava perdido. Ele compartilhou que, em sua família, preocupações com a saúde mental raramente eram mencionadas. Ele temia que a família não entendesse sua experiência. Também compartilhou que eles não o apoiariam se uma medicação fosse um tratamento recomendado. Então, durante anos, ele vinha enfrentando privadamente os demônios em sua mente, sentindo que não podia contar a ninguém.

Embora muito hesitante em compartilhar, Luís revelou que se identificava com os subconjuntos de TOC baseado em danos, contaminação e eventos reais. O passo seguinte foi entender seu nível de percepção dos sintomas. Alguns clientes têm uma percepção boa ou razoável, em que têm consciência de que estão tendo pensamentos obsessivos e/ou comportamentos compulsivos. Eles sabem que seus comportamentos compulsivos não têm um impacto direto sobre seus temores se tornarem verdade ou não, embora possa ser difícil impedi-los. Outros clientes têm uma percepção fraca, o que significa que eles têm dificuldade de identificar que seus pensamentos e comportamentos estão ligados a um diagnóstico de TOC. Esses clientes experimentam um sofrimento maior porque ruminam, preocupando-se, "O que há de errado comigo que estou tendo esses pensamentos?". Por exemplo, com frequência eles acreditam que é só uma questão de tempo para que realmente causem danos a alguém, porque seus pensamentos são muito fortes — embora desesperadamente não queiram causar danos. Eles também podem acreditar desesperadamente que *precisam* ter esses comportamentos compulsivos, do contrário seus piores temores iriam, de fato, tornar-se realidade.

Pessoas com TOC se martirizam até o fundo da mente. Elas dizem a si mesmas: "Eu devo ser uma pessoa terrível, horrorosa ou grosseira por estar pensando isso." O que não percebem é que não podem controlar esses pensamentos. Na verdade, quanto mais tentam *não* pensar em suas obsessões, mais a mente irradia sobre o padrão cognitivo aflitivo. Lamentavelmente, essa percepção fraca tem impacto sobre 21% a 36% dos clientes, sendo que em 4% a percepção é ausente ou eles têm crenças ilusórias sobre seus sintomas.[34] E infelizmente para Luís, ele demonstrou percepção fraca de seus sintomas — não por culpa dele. Ele tinha dificuldade de entender que estava experimentando ativamente o TOC, e acreditava que havia verdadeiramente algo de errado com ele. Pensava que estava arruinado. Duvidava de si mesmo porque temia que seus pensamentos fossem verdade.

Por isso é tão importante aprendermos sobre o TOC — e nos educarmos. Quando podemos reconhecer um pensamento do TOC como ele é, em vez de acreditar nele, podemos entender muito mais rapidamente o que é mais importante. Isso significa que, embora não possamos impedir que o pensamento obsessivo aconteça (como você se lembrará, não podemos controlar grande parte do que o cérebro envia para a pasta de spam), podemos escolher em que pilha colocamos essa correspondência mental. Por exemplo, se você está tendo o pensamento obsessivo de que seu parceiro não o ama e precisa checar o telefone dele para se assegurar de que ele não o está traindo, é aí que você tem uma escolha. Em vez de entrar totalmente no pensamento obsessivo e tomá-lo como verdade, você pode dizer: "Estou notando que estou tendo o mesmo pensamento obsessivo sobre meu parceiro me traindo. Isso é meu cérebro fazendo a coisa do TOC. Eu posso escolher como responder. Escolho não checar o telefone dele, embora isso possa fazer eu me sentir desconfortável."

O que está em jogo aqui? É aquela aceitação empoderada de novo. Você aceita que está tendo um pensamento obsessivo. Seu empoderamento vem quando você *escolhe* não se ocupar do pensamento compulsivo. Isso é pegar o fora de controle (a obsessão) e responder com uma ação no controle. Às vezes chamamos isso de "ação positiva", quando você faz uma escolha intencional de fazer o oposto do que o pensamento compulsivo quer que você faça.[35]

Percebo que é muito mais fácil dizer isso do que fazer. Quando nos sentimos ansiosos, nossas mentes se sentem muito fora de controle. Nós nos sentimos transtornados. O que é cruel é que pensamos que adotando comportamentos compulsivos, como lavar as mãos em excesso ou evitar certas pessoas, nos sentiremos melhor. Momentaneamente, nos sentimos melhor. Aquela suave onda de alívio que nos envolve quando checamos ou buscamos confirmação é viciante. Mas, no fim das contas, está nos fazendo sentir pior. Você pode pensar que quando adota comportamentos compulsivos está dando uma boia a si mesmo, mas, na verdade, é uma âncora que está puxando você cada vez mais para o fundo.

É quando aprendemos a conviver com isso — com nossos pensamentos, nossos sentimentos e nossos corpos — que podemos nos sentir aterrados de novo. Não quer dizer que seja confortável. Ninguém quer olhar diretamente para seu pensamento obsessivo. Mas é quando o encaramos totalmente, em vez de fugir, que vemos nosso medo e nossa dor como eles são. Aprendemos que podemos viver com isso.

Em terapia, o termo elegante para isso é o que chamamos de terapia de Exposição e Prevenção de Resposta, ou EPR.[36] Considerada uma intervenção de primeira linha para o TOC (e para muitas outras formas de ansiedade, como ansiedade social, transtorno de pânico e fobia, entre outras), a EPR consiste em nos ajudar a nos expor ao que tememos e não adotar comportamentos compulsivos que previamente — embora temporariamente — aliviaram nosso sofrimento. Um exemplo seria ter o pensamento de que você pode estar desenvolvendo uma psicose (um pensamento comum que vejo em pessoas que têm membros da família com psicose e/ou mania) e escolher não procurar no Google informações sobre potenciais sintomas iniciais de psicose pela terceira vez no dia. Outro exemplo é confirmar uma vez que você trancou a porta, e não cinco vezes, quando você sai para trabalhar.

Se isso parece difícil, é porque é. A EPR pode ser muito desafiadora, mas é uma das modalidades mais eficazes. Eis por quê: quando você escolhe conviver com o desconforto de enfrentar seus pensamentos obsessivos, aprende que eles já não precisam exercer poder sobre você. Com o tempo, você começa a ver que seus pensamentos compulsivos já não são necessários para fazer você se sentir melhor. Por quê? Porque você está aprendendo a confiar em si mesmo. Toda vez que você *não* checa, lava ou põe as coisas em ordem, vê que o tempo passa e você sobreviveu. O mundo não desmoronou. Você está aprendendo que pode viver com a ansiedade, mesmo que as águas em que você está estejam geladas.

É aqui que eu adoro trazer algumas habilidades da Terapia Comportamental Dialética, ou TCD. Desenvolvida inicialmente pela doutora Marsha Linehan para o tratamento de transtorno de personalidade limítrofe, um dos princípios centrais da TCD são as "habilidades de tolerância ao sofrimento", em que aprendemos a ficar confortáveis estando desconfortáveis.[37] Sim, é tão simples (e difícil) quanto parece. Quando entendemos que não precisamos fugir de nossa dor, aprendemos que a dor, com frequência, não é tão ruim quanto nossos cérebros estabeleceram que é. Começamos a ver que sobrevivemos a tirar sangue quando temos fobia de agulha, a desapontar um amigo quando temos ansiedade social ou, sim, até a um ataque de pânico. Esses momentos não são bons, mas, ainda assim, podemos aguentar, por mais que nossa ansiedade goste que acreditemos que não.

Isso foi algo contra o qual Luís realmente lutou no início. Ele tinha medo de largar seus comportamentos compulsivos porque sentia que eles estavam mantendo uma camada protetora sobre ele. Temia que sem lavar as mãos excessivamente, sem circundar o quarteirão e sem checar as mensagens de texto, as coisas realmente desmoronariam. Eu lhe disse para ir devagar.

Se você está começando a fazer esse trabalho, sugiro que vá devagar também. É por isso que recomendo criar uma hierarquia de ansiedade como plano de jogo.[38] É aqui que você escreve diferentes exposições com base na intensidade de seu medo e aos poucos desenvolve seu caminho numa escala de 0 a 100 (sendo 100 o nível mais intenso de desconforto).

Uma das maneiras como medimos a intensidade da exposição é utilizando o que é chamado de Escala de Unidades Subjetivas de Sofrimento, ou Suds (na sigla em inglês).[39] Assim, por exemplo, digamos que você tenha medo de falar em público. Você começaria pequeno, como fazendo uma pergunta a quem está sentado ao seu lado ou levantando a mão num grupo pequeno. Isso pode ser um nível 20 ou 30 para você. A partir daí você evoluiria compartilhando uma ideia numa sala maior cheia de gente e prosseguiria fazendo um pronunciamento para um grupo. Isso pode ser considerado como um nível de Suds de 70 ou 80. A chave é não iniciar suas intervenções fazendo um pronunciamento para duzentas pessoas. Se a exposição for intensa demais, é provável que você tenha uma experiência negativa que reforçará o sentimento de incompetência. Confirmará que é tão assustador quanto você imaginava. Em vez disso, comece pequeno para, aos poucos, desenvolver sua confiança. Com o tempo, você repete essas exposições várias vezes até seus níveis de Suds diminuírem. Isso não significa que um dia você atingirá o nível 0, mas certamente você pode ver seu nível de ativação baixar.

Luís e eu desenvolvemos sua hierarquia de ansiedade para que ele pudesse identificar sua lista de exposições de forma a ajudá-lo a evoluir gradualmente em seu trabalho. Compartilharei seu trabalho como exemplo (embora eu o tenha alterado para manter a confidencialidade). Tenha em mente que algumas exposições são imagéticas, já que não podem ser realizadas pessoalmente nem deveriam ser.

Aqui está a hierarquia de ansiedade do Luís (lembre-se de não comparar a si mesmo, já que todos nós temos níveis variáveis de medo para diferentes circunstâncias).

**HIERARQUIA DE ANSIEDADE DO LUÍS:**

**0:** Ir ao cinema, brincar com seu cachorro

**10:** Curtir a postagem de um amigo na mídia social

**20:** Passar um tempo com o pai no sofá; não higienizar alimentos

**30:** Estar no carro com o pai dirigindo; sair com amigos e ir além da conversa superficial

**40:** Tomar banho apenas uma vez por dia; cozinhar perto do pai (já que Luís teria uma faca à mão)

**50:** Postar na mídia social uma opinião da qual outros podem discordar e não checar a postagem durante pelo menos uma hora para ver quais foram as respostas das pessoas

**60:** Não dar a volta no quarteirão dirigindo para checar se bateu o carro em alguém; lavar as mãos uma vez, e não três, antes de cozinhar

**70:** Cozinhar com facas com o pai na cozinha; não checar o telefone para ver se disse algo errado

**80:** Lavar as mãos uma vez, e não quatro, depois de ir ao banheiro; não checar com os amigos para saber se os chateou

**90:** Iniciar uma discordância de alguém; não usar o antisséptico para mãos vinte vezes por dia

**100:** Imaginar o que aconteceria se, de fato, matasse o pai; imaginar a própria morte se morresse de uma infecção causada por não lavar as mãos

Como você pode ver, essa lista é bastante pessoal. As hierarquias de ansiedade de duas pessoas nunca são parecidas. E quer tenha TOC ou não, pode ser útil para você se tornar mais intencional em relação a identificar seus medos e, então, estabelecer a forma de enfrentá-los.

Vamos criar nossa própria hierarquia de ansiedade. Use isso como uma oportunidade de identificar algo que faz você se sentir temeroso e estabelecer algumas intervenções que lhe ajudariam a encarar essa preocupação de forma gradual. Tudo isso é pular do trampolim, mas queremos começar pequenos, e não ir diretamente para um mergulho do alto.

**QUAIS SÃO OS MEDOS CONTRA OS QUAIS VOCÊ ESTÁ LUTANDO ATUALMENTE? QUAIS SÃO AS INTERVENÇÕES, EM UMA PONTUAÇÃO DE SUDS ATÉ 100, PARA AJUDAR VOCÊ A ENFRENTAR ESSES MEDOS?**

0: _____

10: _____

20: _____

30: _____

40: _____

50: _____

60: _____

70: _____

80: _____

90: _____

100: _____

Se essa lista que você criou parece assoberbante, eu entendo. É por isso que você quer começar pequeno e evoluir aos poucos. Sei que esse plano parece contraintuitivo. De fato, cada vez que você enfrentar uma exposição, provavelmente sentirá uma onda de ansiedade. Seu coração pode acelerar, você pode se sentir atordoado e seu nervosismo provavelmente aumentará. É aí que você pode notar seu nível de Suds saltar de um 20 para um 60. É nesse momento que sentimos o puxão mais forte para evitar a exposição, ou para adotar um comportamento compulsivo a fim de aliviar o sofrimento. Com frequência, isso é feito de maneira inócua. Continuamos com esses comportamentos porque eles aliviam a ansiedade momentaneamente.

O problema é que toda vez que fazemos essa dança de evitar, checar ou qualquer outro comportamento compulsivo, a onda de nossa ansiedade aumenta até nos sentirmos como se fosse impossível passear na onda.

Em pouco tempo, queremos sair completamente da água. Queremos ficar em casa, abandonar os amigos e nos manter seguros eliminando tantos gatilhos quanto possível. Antes que possamos perceber, estamos lutando contra uma agorafobia, em que não conseguimos sair de casa e nossos amigos desistiram de nos convidar para sair.

Felizmente, há uma saída. A terapia EPR trabalha a ideia de habituação. Eis como funciona: embora a onda de sua ansiedade aumente quando você encara um medo pela primeira vez, os níveis de ansiedade acabam diminuindo quando você enfrenta esse medo repetidamente. A cada exposição, vemos que o pico da onda diminui. Começamos a ficar menos sensíveis à ameaça. Isso funciona num nível comportamental. Quando testemunhamos por nós mesmos que podemos sobreviver à nossa ansiedade antecipada e às nossas situações temidas, o cérebro começa a acreditar que podemos ser capazes de administrá-la. Por isso é tão importante mostrarmos a nós mesmos que podemos conviver com o desconforto de nosso sofrimento. Isso nos lembra de que, com frequência, somos bem mais resilientes do que percebemos.

Fiz eu mesma esse trabalho e entendo como essa dança é delicada. É por isso que recomendo muito trabalhar com um profissional especializado em EPR para orientar você durante esse processo. Vi como a EPR pode mudar a vida, e vi também como pode ser traumatizante quando não é bem-feita. Depois de enfrentar durante anos uma emetofobia, decidi tentar a EPR. Embora soubesse que seria desconfortável, eu estava enjoada (trocadilho intencional) de ruminar sobre ter uma intoxicação alimentar depois de comer, de examinar as ruas para ver se havia vômito sempre que caminhávamos ao ar livre e de evitar lugares como bares, porque eu poderia ver alguém passar mal. O maior impacto que isso teve sobre mim foi impedir completamente minha decisão de pensar claramente sobre engravidar algum dia.

Agora, tenho completa empatia se você está hesitante em começar esse tipo de terapia — sei que eu estava: "Você quer dizer que tenho que enfrentar ativamente meu maior medo? Não, acho que não." Mas meu sofrimento era grande demais. Saiba, se já esteve aí (ou se está aí neste momento), que você pode chegar a um ponto em que se dispõe a ficar desconfortável se isso significa que o alívio pode estar bem do outro lado. Era aí que eu estava quando decidi iniciar a EPR.

Trabalhei com minha terapeuta para criar minha hierarquia de ansiedade. Comecei com coisas simples, como olhar fotos de vômito e limpar o vômito de Mochi. A coisa ficou mais difícil quando trabalhamos para assistir a vídeos de pessoas vomitando. Minha terapeuta se sentava ao meu lado na sessão e assistíamos a vídeos ridículos no YouTube em que pessoas bebiam leite tingido de azul e começavam a pôr tudo para fora. Embora esse trabalho tenha sido um desafio, acabei constatando que ajudou. Eu já não checava as ruas à procura de vômito e podia ver filmes em que as pessoas vomitavam — embora você ainda não vá me ver tão cedo assistindo facilmente a *Se brincar o bicho morde* (aquela cena do parque de diversões — se você viu, sabe).

Com o tempo, à medida que trabalhamos nosso caminho subindo na hierarquia da ansiedade, minha terapeuta pensou que se eu me fizesse vomitar, isso me ajudaria. Achei que era uma intervenção questionável. Parecia que eu estava à beira de automutilação se me fizesse ficar enjoada, mas eu quis mostrar que era uma "boa" cliente. Aprendi muito sobre meu desejo de agradar aos outros ao longo desse processo: eu disse a ela que estava pronta para esse desafio quando, na verdade, não estava — nem precisava estar.

Decidimos que eu tomaria o antigripal e descongestionante NyQuil (isso com frequência me fizera vomitar). Eu me lembro de ter jantado com uma sensação de pavor, sabendo que muito em breve aquela comida poderia estar olhando de volta para mim. Fui dormir tonta e acordei no meio da noite me sentindo nauseada e nervosa. No fim das contas, aquela noite me levou ao pior ataque de pânico que tive na vida. Eu nunca havia tremido violentamente, chorado ou me sentido como se estivesse rastejando para fora de minha pele como dessa vez. Meu nível de Suds foi 100. Foi demais. Tudo isso e eu nem sequer vomitei! Aprendi muitas coisas com essa experiência, mas superar meu medo pessoal de vomitar não foi uma delas. Na verdade, aquilo apenas me traumatizou mais.

Depois de ter passado por isso, sou hoje excepcionalmente cautelosa ao expor o cliente a situações. Considerando que esses medos estão, com frequência, profundamente arraigados, e podem ter raízes em traumas do passado, o cliente tem que estar no controle durante o processo. O vínculo terapeuta-cliente precisa ser muito sólido para que o cliente possa expressar se a intervenção é desafiadora demais ou se ele se sente desconfortável. Você precisa ir num passo lento e firme. Suas exposições não devem jamais causar danos diretos a você mesmo ou a outros, para enfrentar um medo — e se você tem um profissional que esteja lhe incentivando a fazer isso, é hora de falar.

Quando você está trabalhando com um terapeuta, há um diferencial de poder inerente. Você confia que o profissional trabalha para o seu bem. Embora eu não acredite que minha terapeuta pretendesse me induzir a danos, também sou muito consciente, como cliente, de como é fácil querer fazer o que somos solicitados a fazer em nome de um plano de tratamento. Mas, ouça, nunca há problema nenhum em dizer: "Não, esse exercício de exposição é difícil demais para mim." Expressar seus limites é fazer um bom trabalho. Você está enfrentando a ansiedade de agradar às pessoas quando se defende. Lembre-se, você está no banco do motorista e ninguém deve jamais lhe forçar a seguir numa velocidade que faça você se sentir inseguro ou desconfortável demais.

Por isso era tão crucial que Luís desse seu total consentimento durante o processo. Tínhamos uma palavra de segurança que ele podia usar sempre que os exercícios ficassem difíceis demais. Durante uma exposição, eu sempre queria que ele se sentisse desafiado para poder sentir uma mudança, mas nunca quis que se sentisse como se estivesse se afogando em ansiedade.

Quando seus mecanismos para lidar com a ansiedade estavam funcionando — incluindo técnicas de respiração e habilidades de tolerância ao sofrimento —, ele estava pronto. No início, Luís se saiu bem com os exercícios tangíveis. Quando pôde fazer uma mudança de comportamento, como não lavar as mãos com tanta frequência ou não dar a volta no quarteirão, ele conseguiu agir de maneira a se sentir com mais poder.

Como pretende a EPR, começamos a ver sua ansiedade em torno desses medos diminuir. Quando viu que seus piores medos não se tornavam realidade, ele aprendeu que seus comportamentos compulsivos não precisavam dominar sua vida.

Mas ele esbarrou em dificuldade nas obsessões. Diferentemente das compulsões, que com frequência podem ser atingidas por meio de comportamento (ou você age ou não — a não ser que sejam compulsões mentais, como fazer contagem ou rezar, que podem ser mais difíceis de controlar), Luís teve dificuldade de reavaliar a validade de suas obsessões. Eis por quê:

## MAS ISSO NÃO É TÃO SIMPLES

Quando estamos lutando contra o TOC, ou qualquer forma de ansiedade, queremos algo simples: *respostas*. Na hora de saber se seus piores medos se tornariam realidade ou não, Luís quis desesperadamente que eu lhe desse as respostas, e eu não podia, em são consciência. Com frequência, queremos saber, com total certeza, se algo vai acontecer ou não. Queremos saber ao certo se vamos adoecer ou não. "Me diga se meu parceiro vai me deixar ou vai ficar." "Me assegure se vou ser demitido ou não." Vi olhos suplicantes em muitos clientes.

É claro que a resposta honesta a todas essas perguntas é "Eu não sei".

Sei que esta é a última coisa que você quer ouvir. Para Luís, certamente era quando ele disse: "Quer dizer que você não pode garantir que não vou machucar meu pai?!" Pude ver a angústia em seus olhos.

Conviver com a incerteza da vida pode ser suficiente para nos enervarmos totalmente, se permitirmos. Ter que manter esse espaço intermediário em vez de receber um redondo "sim" ou "não" pode nos paralisar. Mas mesmo que alguém nos faça uma promessa, nada jamais está garantido. Eu poderia fazer uma falsa promessa a Luís, mas, no fim das contas, isso apenas permitiria que sua ansiedade se perpetuasse. Ele também estaria internalizando que precisava de mim como a juíza de seu futuro. Se ele aprendesse que outros determinavam as escolhas que fazia, e não ele próprio, isso apenas iria desempoderá-lo mais.

Você pode ver como isso acontece no TOC. Tome como exemplo o modo como Luís temia desesperadamente adoecer. Agora, era possível que ele adquirisse listeriose ingerindo melão? Sim. De fato, 1.600 de nós terão essa infecção este ano e 260 morrerão dela.[40] Mas quando você considera que — no momento em que estou escrevendo — temos 329,5 milhões de pessoas vivendo nos Estados Unidos, isso significa que você tem — prepare-se para isso — uma chance de 0,00000486% de contrair essa doença transmitida por alimentos. Assustador? Claro. Improvável? Muito.

No TOC, pensamos que as chances estão amontoadas contra nós. Temos dificuldade de pesar as probabilidades lógicas. A *chance* de algo "ruim" acontecer parece avassaladora. É esse "talvez" que nos desestabiliza completamente. Parece difícil demais viver num mundo que não funciona completamente sobre princípios de tudo ou nada. Com frequência, é por isso que ficamos checando comportamentos com os outros. Queremos que alguém nos diga que não vai nos deixar. Queremos que os outros confirmem que não batemos o carro naquele ciclista. Precisamos fazer uma busca no WebMD só mais uma vez. Isso nunca acaba se deixarmos nossa ansiedade agir desenfreadamente assim.

Amigo, essas garantias são falsas. Você só está alimentando mais a fera da ansiedade quando está checando, evitando ou buscando capacitação nos outros. Sei que é difícil conviver com a incerteza. Pode ser que aquele "Eu não sei" seja a melhor resposta que possamos ouvir e dizer a nós mesmos.

Por quê? Por mais que possa doer admitir: *quem realmente sabe?* Aceitar que não temos todas as respostas — e que não *precisamos* ter todas as respostas — pode nos tirar do inferno mental em que todos nós ficamos presos. Esta era uma lição fundamental que Luís estava aprendendo em nosso trabalho juntos. Às vezes, porém, ele ainda acreditava em suas obsessões de machucar o pai.

Foi aí que precisei ser o mais direta possível, para o seu próprio bem. "Luís, quero que você faça duas coisas avançarem. Primeiro, quero que comece a confiar mais em si mesmo. Você é um homem capaz e está no controle de seus comportamentos. Você não quer machucar seu pai e, embora não possamos provar isso com cem por cento de certeza, não há nenhum sinal de que vai machucá-lo. Segundo, quero que você identifique o TOC como ele é. Esses pensamentos de machucar seu pai não estão vindo de um desejo interno de machucá-lo — é o TOC brincando com seu cérebro. Quando você tiver esses pensamentos, quero que os identifique como tal. Declare que eles são o TOC — e não você — e saiba que você não precisa acreditar no que seu cérebro está lhe dando."

Pude ver que ele, com seu jeito discreto, estava absorvendo o que eu estava dizendo. À medida que normalizei os padrões do TOC, compartilhando que o que ele experimentava acontece com muita gente, pude ver que ele estava começando a enxergar que era seu cérebro, e não seus desejos verdadeiros, que vinha lhe causando dor. Ele entendeu que sua vergonha e aversão a si mesmo eram apenas manifestações do TOC. Quando descobriu que isso era o padrão do TOC, e não uma doença singular dentro de si, ele começou a se sentir muito menos sozinho.

**PARA ENTRAR EM UMA NOVA ONDA:**
Você acha que luta contra alguns pensamentos de tudo ou nada? Você anseia por respostas concretas? Quais seriam algumas situações ou questões em sua vida em que você poderia começar a aceitar nem sempre sabendo o que é o "certo"?

## VOCÊ NÃO PRECISA TER TODAS AS RESPOSTAS

No TOC, e em muitas formas de ansiedade, lutamos contra o intermediário. Mas você não precisa se confinar no "certo" ou "errado", no "bom" ou ruim". Às vezes são ambos. Chamamos de pensamento dialético esse conceito, em que mantemos uma mentalidade ambos/e, em vez de ou/ou.[41] Em poucas palavras, essa perspectiva nos permite ampliar a visão, sustentando que podemos pensar e sentir de maneira multidimensional, em vez de confinar nossos pensamentos e sentimentos em categorias singulares. Isso era algo com que Luís tinha dificuldade, uma vez que ele sentia que não podia compartilhar suas opiniões e confiar que seus amigos continuariam a amá-lo, mesmo que discordassem delas.

No TOC, ou em praticamente qualquer forma de ansiedade, adoraríamos que a vida fosse simples. Mas, mesmo uma pessoa "boa" faz coisas ruins às vezes, e pessoas "ruins" podem nos surpreender com sua bondade. Quando rotulamos os outros e nós mesmos, estamos criando algumas expectativas impossíveis uns para os outros. Inevitavelmente, ninguém pode ser "certo" ou "bom" o tempo todo, mas se não temos nenhum espaço no meio para aterrissar, rapidamente transferimos para o "ruim" ou "errado" no instante em que nos descuidamos. Isso não deixa muito espaço de manobra — então é melhor você não fazer bobagem.

É pressão demais.

E, embora isso seja aflitivo para uma pessoa normal, quando o TOC e a ansiedade estão em ação é um nível completamente diferente de desregulação. Porque consideramos "certo" e "bom" como portos seguros que nos protegerão no mundo, queremos desesperadamente alcançar essas marcas. Sei que Luís certamente queria. Ele tentava com todas as forças nunca fazer bobagem. Como resultado, tornou-se uma pessoa fechada, sem opinião, que não gosta nem desgosta de nada e, ouso dizer, uma personalidade calada, o que às vezes dificultava aos outros conectarem-se com ele.

Uma das maiores áreas de foco na terapia com Luís foi ajudá-lo a aprender que ele não precisava ser — e isso de fato era impossível — uma pessoa totalmente agradável e sem defeitos. A verdade é que nunca podemos agradar a todos. As pessoas terão suas opiniões sobre você e, por mais que você tente, isso é algo que nunca será capaz de controlar.

A ansiedade nos faz querer acreditar, porém, que isso pode ser possível. Se formos mais agradáveis da próxima vez, talvez sejam mais simpáticos conosco. Inversamente, se nem sempre defendermos nossas crenças, as pessoas pensarão que não estamos fazendo o bastante. Em pouco tempo, estaremos numa correnteza mental em que tentamos desesperadamente nadar para todos os lados.

Temos que começar a abrir espaço para o ambos/e em nossas vidas. Temos que não ver problema em discordarmos dos amigos e continuarmos capazes de sair com eles, como Luís teve que fazer. É preciso estar bem sendo cristão e homossexual, como agora é para Nikita. Tudo bem valorizar a santidade de um relacionamento e ainda assim cancelar um noivado, como fez Jacob. É comum sentirmos que precisamos cumprir certas tarefas e corresponder a todos os critérios em todas as categorias para pertencermos. Isso não é pertencer — isso é exclusão.

Quando nos permitimos pensar crítica e profundamente sobre nossos sentimentos, valores e identidades e sobre como eles se entrelaçam, somos capazes de sustentar a complexidade que merecem. Em troca, podemos também abrir espaço para relações com outras pessoas que possam ter perspectivas diferentes. Diferença de opinião não precisa ser uma coisa "ruim" ou ameaçadora — mesmo que nossa ansiedade possa gostar que não pensemos assim.

O caminho exige paciência e coragem. Quando somos dominados pelo medo, é comum evitarmos qualquer potencial discordância ou conversa relevante porque isso poderia ser desconfortável. Temexmos fazer alguém ficar com raiva de nós, mesmo que tenhamos as melhores intenções. Podemos temer que os outros nos rejeitem se não fizermos ou dissermos a coisa exatamente "certa". Para pessoas com ansiedade, isso pode ser uma pressão debilitante. De fato, era isso que Luís tanto temia — que da noite para o dia ele fosse excluído por amigos e pela família se desse uma opinião (mesmo que fosse sobre algo tão inócuo quanto um filme).

É o seguinte: somos todos humanos. Cada um de nós. Embora possa ser fácil apontar o dedo e culpar os outros quando fazem bobagem, não somos melhores do que ninguém. Todos nós fazemos bobagem. Sim, às vezes precisamos de uma ferroada metafórica para aprender a lição, mas não queremos machucar tanto uns aos outros de forma que não haja oportunidade de voltar a crescer. Todos nós temos defeitos. E todos nós estamos tentando descobrir como podemos ser humanos mais gentis, mais afetuosos e mais pacientes uns com os outros todos os dias (esperamos).

Foi aí que vi Luís dar um de seus maiores passos. Ele começou a testar o ambos/e em sua vida e a sentir-se bem mesmo não sendo sempre perfeito. O que aconteceria se ele dissesse aos amigos que não gostava de certo tipo de música ou que não queria ir ao restaurante que outros recomendavam? Para sua surpresa, o mundo continuou girando. Na verdade, seus amigos lhe disseram que adoravam saber o que ele pensava. Constatou-se que sua indiferença o estava distanciando — e não protegendo.

Ele até começou a ver isso em sua família. Compartilhou com eles seu diagnóstico de TOC, e explicamos a biologia de seus sintomas. A família começou a apoiá-lo, inclusive aprendendo a não incentivá-lo quando ele demonstrava o comportamento de checar. Para ser clara, a família ainda estava hesitante em relação ao plano de tratamento. Por exemplo, eles não ficaram satisfeitos quando Luís expressou o desejo — e a recomendação clínica do médico — de tomar uma medicação. Porém, como fizera o trabalho de tolerância ao sofrimento, bem como a prática de pensamento dialético, Luís foi capaz de sustentar que a família não precisava concordar com suas decisões médicas para que ele fosse em frente. Ainda assim, ele manteve uma relação significativa com eles, mesmo que não tivessem gostado de sua decisão de tomar um antidepressivo (receitado com frequência para TOC). Ele valorizava a perspectiva deles assim como valorizava sua necessidade de sentir-se melhor.

Fiquei orgulhosa de ver como Luís cresceu com nosso trabalho juntos. Melhor ainda: adorei vê-lo se orgulhar do progresso que fazia. O TOC não desapareceu, mas, pela primeira vez, ele estava aprendendo a viver com isso. O semblante de vergonha que ele tinha no começo se transformou num semblante de esperança. Como Luís constatou, é possível melhorar — e isso começou quando ele se dispôs a ficar confortável estando desconfortável. Outra cliente, Colleen, estava prestes a fazer o mesmo.

## CAPÍTULO CINCO

# O QUE HÁ SOB A SUPERFÍCIE

### O QUE ESTÁ NAS MINHAS ÁGUAS NÃO É O MESMO QUE ESTÁ NAS SUAS

Uma coisa é ler o formulário de admissão de um cliente. Outra coisa completamente diferente é encontrá-lo cara a cara. Quando li o formulário de Colleen, pude ver que estava sofrendo. Ela correspondia a critérios comuns do Inventário de Depressão de Beck (BDI, na sigla em inglês): insônia, dificuldade de comer, sentimento de culpa por qualquer coisa e por tudo. Também confirmou alguma ideação de suicídio passiva, tendo pensamentos como: "Seria mais fácil se eu não estivesse viva." Ela também lutava contra uma ansiedade, observando que se preocupava desesperadamente com seu futuro e se as pessoas gostavam dela ou não.

Vê-la em meu consultório, porém, foi uma história completamente diferente. Identificando-se como mulher taiwanesa, cisgênero e bissexual, ela tinha o cabelo escuro e longo que emoldurava seu rosto. Era impecável em todos os sentidos da palavra — as roupas, as unhas, os sapatos — e parecia imaculada da cabeça aos pés. Mas, quando ergueu os olhos, pude ver lágrimas caindo silenciosamente em seu rosto.

Colleen tinha uma vida cheia de histórias. Fora trazida de Taiwan para os Estados Unidos quando criança, embora não tivesse lembrança consciente dessa mudança. Pouco tempo depois, seus pais a deixaram com uma tia, já que aparentemente nenhum dos dois queria a "obrigação" de cuidar dela. Durante anos, Colleen teve que suportar os fardos emocionais e físicos de morar sob o teto da tia. Pelo simples fato de ter nascido mulher, era tratada como inferior na família. Era menosprezada pelos dois irmãos mais velhos, e enquanto eles jogavam videogame e relaxavam, Colleen fazia todo o serviço doméstico. Quando não fazia as coisas perfeitamente, a tia ralhava e batia nela. Chamava-a de "imprestável" e "um erro". Às vezes, até a trancava no porão, no escuro, durante horas a fio, para puni-la.

Cortou meu coração saber que Colleen vivera nessa tortura durante anos. Ela me disse que punha um sorriso na cara diariamente e agia como se "tudo estivesse bem". A tia a espancava em partes do corpo que as pessoas não viam, então ninguém sabia que estava sendo agredida.

Não bastasse a dor, ela não tinha muitos amigos. Como mulher taiwanesa bissexual, ela me disse que as pessoas na escola com frequência a intimidavam. Em suas palavras, por ter crescido numa comunidade majoritariamente chinesa, ela não se sentia aceita pelos colegas — em especial considerando a história entre Taiwan e a China continental. Um de seus pontos fortes, porém, quando cresceu, era agir do seu modo. Ela não se modificava para atender às expectativas das pessoas. Usava roupas ousadas. Falava o que pensava. Quando não se encaixou no modelo "tradicional" de querer namorar apenas homens, os colegas a excluíram ainda mais. Isso a magoou profundamente, mas, ao mesmo tempo, ela não estava disposta a renunciar ao que era para satisfazer opiniões. Isso era uma das coisas de que eu mais gostava em Colleen.

Embora mostrasse uma face valente ao mundo, os anos de abusos e exclusão tiveram um impacto. Colleen chegou à conclusão de que ninguém a queria. A tia odiava sua feminilidade (embora ela própria fosse mulher) e os pais haviam sumido. Colleen se sentia completamente abandonada, e pude entender por quê.

Como resultado dessa dor, Colleen começara a se cortar na adolescência. Ela me disse que o sentimento da dor física amortecia a dor emocional. Ela começara a beber. Fazer sexo com pessoas aleatórias era outra maneira pela qual tentava esquecer toda a dor da vida. O que Colleen estava constatando, porém, era que quanto mais ela fugia de si mesma, mais perdida se sentia. O que começou como um abandono pelos outros começou a parecer um abandono de si mesma.

Considerando que Colleen temia desesperadamente ser deixada para trás, tivera uma série de relacionamentos instáveis, agia impulsivamente, sentia-se cronicamente vazia e também estava adotando um comportamento de automutilação. Ficou claro que ela correspondia aos critérios de Transtorno de Personalidade Limítrofe (TPL). Isso apareceu também em nosso trabalho juntas, uma vez que ela vacilava entre se envolver profundamente nas sessões e não comparecer quando não sentia vontade. Com ela, era difícil prever. Creio que isso fazia parte de seu mecanismo de defesa. Quando se sentia vulnerável, ela se afastava caso sentisse que as pessoas se aproximavam demais. Ela aprendeu cedo que não podia confiar em ninguém, e às vezes isso me incluía.

Embora eu tenha a transparência como um de meus valores centrais de terapeuta, trabalhando com uma cliente como Colleen isso é algo absolutamente essencial. Eu sempre quis que estivéssemos de acordo, e ela precisava saber que estava no banco do motorista. Dito isso, é útil a um cliente saber em que tipo de estrada estamos. É por isso que, no caso do TPL, que infelizmente ainda é estigmatizado (e não deveria ser), comunico esse diagnóstico de forma muito deliberada. De fato, na maioria das vezes, ainda levo o *DSM-5* para a sessão e examino os sintomas com o cliente para que possamos colaborar para determinar se o diagnóstico parece se encaixar.

Entendo que isso pode surpreender você e, claro, às vezes os clientes não querem saber o diagnóstico, já que sentem que isso lhes põe um rótulo. Respeito isso. Porém, no caso do TPL, vemos que, quando são informadas sobre o diagnóstico, as pessoas têm uma compreensão mais clara de seus sintomas e dos resultados do tratamento. De fato, um estudo constatou que quando terapeutas não revelaram um diagnóstico de TPL aos clientes, 100% desses clientes deixaram o processo de tratamento.[42] Por quê? Eu argumentaria que é porque, mesmo antes de esses clientes irem para a terapia, eles podem perceber que algo parece "fora". Colleen sabia havia anos que se sentia "diferente", mas não conseguia entender por quê. Muitos clientes, como Colleen, querem respostas, e minha crença é de que quando temos uma resposta, devemos dá-la. É uma ruptura de confiança um terapeuta omitir algo tão significativo quanto um diagnóstico de TPL. Conhecimento é poder. Ensinar aos clientes sobre TPL, incluindo se eles correspondem aos critérios do diagnóstico, pode virar a maré.

Quando Colleen aprendeu que o TPL é uma experiência compartilhada por muita gente (estima-se que 1,4% da população experimenta TPL e quase 75% dos casos são de mulheres), sentiu-se muito menos sozinha.[43] Recomendei a ela ingressar num grupo de apoio a pessoas que vivem com TPL, já que com frequência isso pode ajudar, e ela estava exultante quando me contou que ali havia outras pessoas que podiam se conectar com as emoções intensas que ela sentia. Pela primeira vez, ela se sentiu vista por outros.

Gostaria de dizer a você que a história de Colleen é única. Não é. Lamentavelmente, estou certa de que, ao ler isto, você está pensando nas dores de sua própria vida ou no que soube por amigos próximos e membros da família. Ainda assim, você pode estar se perguntando por que estou trazendo o TPL para um livro focado em ansiedade. Eis por quê: ansiedade, TPL, depressão, Transtorno do Estresse Pós-Traumático (TEPT), TOC, distúrbios alimentares — eu poderia continuar —, grande parte desses transtornos é alimentada por *traumas*. Os sintomas podem se manifestar de formas diferentes em cada um de nós, mas a raiz subjacente com frequência está centrada em nossas angústias individuais ou coletivas. A dor de nosso passado nos leva à dor de nosso presente.

Essas dores podem abalar nossos mundos. Elas nos transformam, e muitas vezes não para melhor. (Sim, o crescimento pós-traumático é algo que abordarei em um instante, mas não seria melhor se o trauma nunca tivesse acontecido?)[44] Colleen jamais deveria ter sofrido abusos da tia. Isso foi e sempre será indesculpável. E, embora não seja uma causalidade inevitável, no seu caso, esse trauma provavelmente contribuiu para o desenvolvimento dos sintomas de TPL. Embora de modo algum isso seja um requisito (muitas pessoas com TPL *não* tiveram um trauma), não é incomum que pessoas com TPL tenham, de fato, passado por um trauma em suas vidas. De fato, estimativas de uma série de estudos mostram que 30% a 80% das pessoas com TPL suportaram um trauma em algum momento de suas vidas.[45]

O trauma pode vir de muitas formas diferentes. O *DSM-5* define um evento traumático como uma "exposição à ameaça de morte, lesão grave ou violência sexual"; pode ser experimentado direta ou indiretamente, quando testemunhando outros, sabendo de algo que aconteceu com uma pessoa querida ou enfrentando repetidamente eventos aversivos (como no caso de socorristas).[46] E embora 70% das pessoas experimentem essa definição de trauma em algum momento de suas vidas (com mais de 30% confirmando pelo menos quatro ou mais eventos traumáticos), não é certo que uma pessoa desenvolva TPL, TEPT ou qualquer outro transtorno mental.[47] Há muitos fatores em jogo, incluindo nossos genes, nosso meio ambiente e nossas experiências de vida, que podem ter um impacto sobre termos ou não sintomas.

O trauma aparece de formas diferentes dependendo das circunstâncias. Há uma designação de traumas com "T maiúsculo" e traumas com "T minúsculo", ou "microtraumas".[48,49] Os traumas com T maiúsculo podem incluir eventos singulares como desastres naturais, tiroteios em massa ou acidentes de carro capazes de impactar comunidades, famílias e indivíduos. Já os microtraumas são os cortes diários que crescem com o passar do tempo, incluindo intimidações e microagressões, e levam a uma vida de experiências traumáticas coletivas. Além disso, alguns de nós experimentamos o trauma complexo, em que suportamos traumas com T maiúsculo frequentes, como abusos físicos e sexuais, viver na pobreza, violência do parceiro íntimo ou ser vítima de guerra ou discriminação, entre outros exemplos.[50,51]

No caso de Colleen, aquilo tudo era demais, já que ela estava vivendo um trauma complexo havia anos, desde a infância. Suportar abusos físicos regulares, embora imprevisíveis, pais que a deixaram e amizades instáveis foram mais do que o suficiente para contribuir para sua sintomatologia. Repetidamente, Colleen esperava que os outros fossem cruéis com ela, que o mundo fosse inseguro e que ela não pertencesse.

## POR QUE REALMENTE SOMOS A GERAÇÃO ANSIOSA

A história do trauma de Colleen não começou com ela, porém. O trauma intergeracional é bem real, e precisamos falar mais sobre isso. Embora não tenha conhecido a tia de Colleen, eu me arriscaria a supor fortemente que ela tem suas próprias histórias de trauma, já que teve de deixar seu país e recomeçar a vida nos Estados Unidos. Como escreve a dra. Sandra Wilson, "pessoas magoadas magoam pessoas".[52] (Não que isso seja uma desculpa ou que ser magoado signifique automaticamente que você magoará outros como precursor.) Lamentavelmente, quando essa dor não é resolvida, podemos ser mais magoados pelas pessoas que esperamos que mais nos amem. A tia de Colleen empurrou sua dor para a sobrinha, de mulher para menina, dia após dia.

E o que é igualmente ruim: nossos países, com todas as suas destruições, podem magoar pessoas e famílias além da medida durante séculos. Mesmo que as políticas no papel possam mudar, essas cicatrizes emocionais e físicas são herdadas para além dos corpos que originalmente as receberam. Nos Estados Unidos, quando olhamos nossa história e reconhecemos os impactos duradouros da escravidão, do roubo de terras de tribos indígenas e da remoção de americanos japoneses para campos de concentração, entre muitos outros exemplos horríveis, não há como possamos negar o trauma intergeracional que foi transmitido — e como isso ainda está impactando aqueles que estão vivendo hoje. É compreensível que descendentes de pessoas que sobreviveram a essas atrocidades vivam com medo diariamente e não confiem na imposição da lei, em nossa estrutura econômica e no governo como um todo, sem falar que estão suportando ativamente suas próprias injustiças atuais. Eles não têm sido protegidos e, na verdade, têm sido intencionalmente difamados. Não podemos negar essa realidade, e cabe a cada um de nós ser parte de uma mudança.

Esses crimes podem ter efeitos extensos. Embora possamos não ter vivido diretamente as atrocidades da história de nosso país, nossos corpos podem dizer outra coisa. Podemos ser impactados num nível biológico, microscópico. A investigação dos efeitos de traumas intergeracionais teve início quando pesquisadores começaram a estudar sobreviventes do

Holocausto e notaram que, em alguns casos, os filhos de sobreviventes de campos de concentração pareciam ser mais traumatizados do que os próprios sobreviventes.[53] A partir dos anos 1990, esses estudos foram ainda mais longe, examinando o impacto do trauma geracional sobre a expressão gênica, um campo de estudo conhecido como epigenética. Um estudo significativo constatou que crianças podem ser afetadas pela exposição a traumas parentais não apenas antes de nascerem, mas antes mesmo de serem concebidas.[54] Tudo isso para dizer: nosso DNA pode ser literalmente modificado por causa da dor que nossas mães, pais, avós e gerações anteriores suportaram.

Somos mais do que nossas células, porém. Essas narrativas de trauma estão inseridas profundamente da mesma forma. Com razão, muitos de nós aprendemos com nossas famílias que o mundo não é seguro e que as pessoas não são confiáveis. Como as pessoas testemunharam sucessivos atos de terrível injustiça, seríamos tolos se não aprendêssemos isso. Mas, curiosamente, um estudo constatou que ensinar as crianças a temer — algo que 53% dos pais fazem — estava correlacionado a menos sucesso, menos emprego e satisfação na vida, saúde mais fraca, mais depressão, mais tentativas de suicídio e "menos florescimento".[55] Por outro lado, é muito mais fácil dizer aos filhos que o mundo lhe quer bem quando você esteve num lugar de poder e privilégio a vida toda, assim como estiveram membros de sua família de gerações anteriores. Quando não precisa temer os golpes inexplicáveis e imprevisíveis da vida, você é muito mais *livre* para "florescer".

Considerando isso, faz sentido sermos coletivamente a Geração Ansiedade. Biológica, histórica e emocionalmente, a ansiedade foi gravada em nosso código. Para muitos de nós, foi infundido em nosso chá que não estamos protegidos. De fato, muitos de nossos pais e avós não foram protegidos. Nossas famílias nos alimentaram com manuais para nos manter hiperalertas. Isso foi feito com a melhor das intenções. E embora precisemos integrar essa *sabedoria* intergeracional, há uma parte de mim que pergunta: e se conosco isso pode ser diferente?

Sim, podemos ser uma geração marcada pela ansiedade e pela depressão agora. Algumas pessoas zombam de nós nos chamando de "flocos de neve", fazendo alusão a nossa extrema sensibilidade emocional. Mas o fato de termos a capacidade de sentir profundamente não deveria nos definir negativamente — na verdade, a capacidade de se importar é uma força, não uma fraqueza. Assim como temos a dor em nosso sangue, também temos poder. Ao contrário do modo como alguns possam nos enquadrar, acredito que somos muito mais do que nosso medo. Embora jamais fôssemos escolher a situação com a qual lidamos, podemos pegar o que nos foi dado e fazer algo melhor. Afinal de contas, se nossos genes podem ser mudados com base nos traumas que suportamos, será que eles também não podem ser mudados pelos passos positivos que damos rumo à cura? Quem disse que não podemos ser os garotos e garotas da virada com os genes da virada?

De fato, diversos estudos têm mostrado que mudar é possível. Estamos vendo como a atenção plena, exercícios físicos, comer alimentos ricos em nutrientes, não usar substâncias em excesso (em especial nicotina e álcool) e reduzir o estresse, entre outras ferramentas, podem exercer um papel na mudança do roteiro.[56] O que fazemos com nossos corpos nos transforma num nível celular. Por exemplo, a prática da atenção plena pode ajudar a reduzir o tamanho da amígdala (aquele adorável centro do medo sobre o qual estamos aprendendo), tornando mais espessa a massa cinzenta no córtex pré-frontal, o que nos ajuda a planejar, resolver problemas e viver nossas emoções.[57] Outro exemplo: mudar a dieta e evitar alimentos que induzem inflamações (estou olhando para vocês, alimentos ultraprocessados) têm um impacto sobre o microbioma de nossos intestinos. Quando ingerimos alimentos como salmão, espinafre, couve-flor e morango, eles atuam como agentes protetores contra a depressão.[58,59,60]

Para Colleen, aprender tudo isso foi incrivelmente empoderador. Se antes ela se sentia como se fosse predeterminada a ter os mesmos padrões nocivos de sua tia (de fato, 30% dos filhos que sofrem abuso ou negligência abusam de seus próprios filhos), ela aprendeu que tinha o poder de alterar a narrativa.[61,62] Não era apenas algo para ter esperança: ali estavam os passos que ela podia dar para criar resultados diretos que rompiam o ciclo geracional de abusos.

Em nosso trabalho juntas, Colleen começou a praticar atenção plena regularmente para aprender a responder em vez de reagir, em especial em se tratando de deter comportamentos impulsivos. Ela integrou habilidades de tolerância ao sofrimento quando começou a lidar com seus sentimentos, em vez de fugir deles fazendo cortes nos braços. Desenvolveu um sentimento de confiança saudável em relação aos outros, aprendendo a deixar pessoas que ganhavam seu respeito se aproximarem, em vez de fazer isso somente porque elas lhe davam atenção sexualmente. Colleen estava mudando seus comportamentos com intenção e, aos poucos, mas de forma segura, isso provavelmente estava mudando sua biologia num circuito de biofeedback que estava funcionando da melhor forma para ela.

Mais do que qualquer coisa, não quero que você leia esta seção do livro e acredite que está destinado a ser ansioso. Não é uma predestinação. Não estamos condenados a viver uma vida de pânico e preocupação porque isso está em nossa história. Nossos pais e as gerações antes deles são *parte* de nossa história, mas não são nossa história inteira. No fim das contas, você tem que escrever esse capítulo. Com a caneta à mão, é sua responsabilidade superar-se. Não precisamos sucumbir à narrativa de que tudo isso é demais e está além do nosso poder. É assim que sistemas de dor, trauma e injustiça se perpetuam.

E sim, vamos ser realistas, esses problemas são maiores do que você ou eu. São maiores do que nossos pais e do que os pais deles. Estamos vivendo num mundo construído sobre gerações de dor, em que houve vencedores e perdedores, conquistadores e vítimas. Durante centenas de anos, feridas foram ignoradas. Isso não foi bom e ainda não é.

Se vamos encarar nossa ansiedade e curar esse trauma intergeracional, isso tem que ser feito num nível coletivo. Nossos sistemas — e nossas perspectivas — precisam mudar. Cada um de nós pode exercer um papel na reconstrução desses sistemas defeituosos ajudando mais do que a nós mesmos.

Quando digo que a ansiedade pode nos tornar egoístas, é isso que quero dizer. Nossas preocupações podem nos envolver tão profundamente que tudo o que conseguimos ver somos nós mesmos e nossos problemas. Nossa empatia é destruída porque é encoberta pela nuvem de uma mentalidade de escassez. Pensamos que não temos o bastante para nos manter seguros, por isso raramente olhamos para fora para ver como podemos ajudar um vizinho. Nós nos mantemos pequenos e, como resultado, nossa ansiedade tende a piorar com o tempo. Curiosamente, é quando nos dispomos a expandir e nos pôr no lugar de alguém que podemos finalmente ajudar uns aos outros. No fim, todos nós nos sentimos melhor porque fomos parte da solução, e não do problema. Podemos aprender a cuidar uns dos outros, e não apenas de nós mesmos.

É aí que a aceitação empoderada volta ao primeiro plano. Temos que reconhecer o que deu errado... E então precisamos fazer algo por isso. Podemos escolher melhorar — tanto para nossa própria segurança como para que nosso trauma intergeracional não continue sendo transmitido por necessidade. Saberemos que estamos fazendo progresso quando nossos pais não precisarem se preocupar que essa seja a última vez que verão seus filhos quando os deixarem na escola. Quando as pessoas não precisarem seguir um protocolo diferente por causa de sua raça, caso sejam paradas no trânsito. Quando as pessoas sentirem que podem esperar o metrô em segurança, não importa a idade que tenham, a língua que falem e a aparência que tenham. Quando pessoas como Colleen sentirem que podem pedir ajuda quando sofrerem abuso. Sei que isso tudo parece idealista, mas não vou desistir da esperança. É quando desistimos de nossa esperança que temos o oposto da aceitação empoderada: apatia. Eu me recuso a aceitar *isso*.

## USANDO SUA DOR PARA UM PROPÓSITO

Nossos traumas, tanto no nível individual quanto no coletivo, podem nos mudar. Acabamos de observar como essas feridas podem perdurar — mas isso é uma história mais complicada do que parece. Nem sempre é para pior. Embora poucos de nós fôssemos escolher suportar nossas dores, vemos que o crescimento pós-traumático ocorre em metade a dois terços das pessoas vítimas de traumas.[63] Isso pode incluir um maior sentimento de gratidão pela vida, mais significado nas relações, sentir-se emocionalmente mais forte, maior conexão com valores e um sentido mais profundo de espiritualidade.[64] Passar por uma dor na vida nos leva, com frequência, a ver o mundo através de lentes diferentes. Podemos começar a ver os pequenos momentos como preciosos, e não como irrelevantes.

Isso sempre me faz lembrar de agradecer e de como ser grato pode ser curativo. Não que isso deva ser entendido como um sinal de positividade tóxica, de "só olhar o lado bom". Gratidão é ampliar nossa perspectiva para mais uma vez aderir à dialética. Dor *e* alegria, perda *e* ganho — essas coisas podem estar juntas. Essa perspectiva pode nos aterrar quando estamos perdidos na dor. Quando nosso precioso animal de estimação morre, e isso nos parece traumático, podemos também considerar que foi um tremendo presente conhecer o amor incondicional de um animal. Quando nosso parceiro ou pai ou mãe está doente e nos preocupamos com o que acontecerá com eles, podemos considerar como é especial nos importarmos tão profundamente com alguém. A gratidão nem sempre é um dado básico, mas quando está ali, vamos sorvê-la, como um delicioso pedaço de pão de fermentação natural com um pouco de azeite de oliva.

O emprego de uma prática de gratidão regular é restaurador para a alma, em especial para aqueles de nós que viveram traumas. Sabemos que a gratidão nos ajuda fisicamente, diminuindo a pressão sanguínea e melhorando a função imunológica, e nos ajuda emocionalmente afastando a depressão e a ansiedade enquanto melhora nossa sensação geral de bem-estar.[65] E como nossos cérebros são condicionados a se inclinar para o negativo, temos que nos empenhar muito mais naquilo que está indo bem em nossas vidas. É por isso que gosto que meus clientes pratiquem o que chamo de "Cinco Gratidões Diárias", para ajudá-los a permanecer conscientes do que é bom, em vez de apenas focar no negativo. Quanto mais específico você for, melhor.

Não afirme apenas o que pode ser óbvio para você. Quando nos perguntam pelo que somos gratos, tendemos a identificar o que é mais fácil. Dizemos: "Sou grato por meus amigos, minha família, minha saúde e minha casa." Considerando que muita gente não tem isso, essas são, de fato, coisas pelas quais agradecer se você as tem. Mas são amplas demais, e você sabe que "deve" dizê-las. Uma maneira de experimentar uma conexão mais profunda com a gratidão é ser específico e centrar.

Isso foi algo que integrei a meu trabalho com Colleen. Embora passássemos grande parte do tempo processando o trauma que ela suportava, também usamos nosso tempo para explorar o que estava indo *bem* em sua vida. Isso não era pôr sinais positivos em sua dor. Seu trauma era seu trauma

— não havia nada de bonito ali. Mas eu também queria que Colleen soubesse que seu trauma não precisava roubar seu futuro como roubara seu passado.

Quando Colleen começou a assimilar um sentimento de gratidão, começamos a ver uma diferença impressionante no modo como vivia. Em vez de agir sem dar muita importância a nada, ela começou a notar e, com o tempo, procurar coisas que a faziam sorrir e rir todos os dias — quer fosse uma criança rindo ao seu lado no parque ou uma roupa bonita que via ao passar por uma vitrine. Sua prática de gratidão atenta foi incorporada com atenção plena, e vi que isso a restaurou. Não que ela estivesse ignorando sua dor — só estava abrindo mais espaço para o que era bom e que antes ela não via.

Vamos praticar nossas próprias Gratidões Diárias. Experimente fazer isso durante uma semana e veja se nota alguma mudança no seu humor. Compartilharei as minhas como exemplo. Estou hoje em Nova York, numa viagem a trabalho, enquanto escrevo as minhas:

1. **Ouvir Taylor Swift cantando *Welcome to New York*:** um clichê é sempre bom. Adorei o momento perfeito de estar dentro de um táxi e ver as pessoas caminhando numa tarde de verão em Manhattan. Só faltou ver a própria Taylor.
2. **Roupões de hotéis:** eles imediatamente me deixam de bom humor e *imediatamente* tenho que vestir um.
3. **Encontrar pessoas novas num restaurante novo:** depois da pandemia, encontrar pessoas cara a cara tem algo de especial, principalmente quando as vejo pela primeira vez. É quase como assistir a um filme e depois ver os atores na vida real; o 3-D ganhou uma dimensão inteiramente nova para mim.
4. **Bons livros e uma banheira:** a banheira é meu lugar favorito para me perder num livro.
5. **Nostalgia:** tive uma boa dose de nostalgia quando me vieram todas as lembranças das visitas que fiz a meu marido quando ele estudava Direito. Moramos longe um do outro durante três anos, quando ele morou aqui. Recordo esses momentos bons e isso faz Nova York parecer ainda mais mágica.

Convido você a escrever suas Cinco Gratidões Diárias. Tire cinco minutos para refletir sobre os momentos em que você se viu sorrindo hoje. Mesmo que esteja passando por um período doloroso, você pode usar isso como uma oportunidade de ver vaga-lumes na mais escura das noites. As duas coisas podem estar presentes.

**MINHAS CINCO GRATIDÕES DIÁRIAS**

DATA: _____

1. _____
2. _____
3. _____
4. _____
5. _____

**COMO VOCÊ SE SENTE DEPOIS DE FAZER ESSE EXERCÍCIO?**

_____
_____
_____
_____

Se você quer levar isso para o próximo nível, compartilhe sua gratidão com os amigos e a família. Isso tem um efeito profundo. Somos muito impactados pelos estados emocionais dos outros, e quando compartilhamos nossa alegria com os outros, isso é contagiante. Você pode agradecer aos neurônios-espelhos de seu cérebro por isso. Essas células cerebrais respondem da mesma forma quando você está realizando uma ação e quando você vê alguém realizando uma ação.[66] É por isso que quando vemos alguém chorando, com frequência, também começamos a chorar.

O mesmo acontece com a gratidão — quando ficamos sabendo da alegria de alguém ou quando vemos a alegria de alguém, nossos cérebros sentem esse mesmo efeito internamente. Seu prazer é meu prazer e meu prazer pode ser seu. Talvez até você tenha estampado um sorriso no rosto ao ler meu exemplo. Isso é apenas mais um exemplo de como podemos coletivamente nos conectar e nos curar quando compartilhamos nossa felicidade com os outros.

## PARA A CRIANÇA DENTRO DE NÓS

Mesmo com as ideias de crescimento pós-traumático e gratidão, este capítulo pode ser pesado para você. E embora possamos não nos importar de admitir isso porque minimizamos nossa dor ou parece difícil demais encarar, o trauma que vivemos, em especial quando jovens (como no caso de Colleen), pode nos moldar. Com frequência, não temos memória consciente dessas feridas, mas elas marcam nossos corpos e cérebros mesmo assim. Eu soube que isso era verdade em minha própria vida quando tive que reconhecer como o trauma pelo qual passei na infância me impactava ainda na vida adulta.

Você está familiarizado a esta altura com o modo como lutei contra a emetofobia ao longo de minha vida. Isso me torturou de diversas maneiras enquanto eu crescia e, ainda assim, durante toda a minha infância e até no início da vida adulta, eu nunca soube *por quê*. Só quando estava em minha aula de psicodinâmica na escola de pós-graduação foi que ficou claro.

Era por causa de minha mãe.

Eu sei, eu sei. Um clichê comum em terapia. Mas, nesse caso, era verdade.

Quando eu tinha uns dois anos de idade, minha mãe foi diagnosticada com câncer de mama no estágio três. Constatou-se que ela já estava com um caroço no seio antes de engravidar de mim, mas, mesmo sendo enfermeira, disseram-lhe repetidas vezes que ela era "louca" por acreditar que aos 35 anos pudesse ter câncer de mama. Finalmente, depois de anos vendo o caroço crescer, alguém acreditou nela.

O que aconteceu em seguida foram anos de cirurgias, incluindo uma mastectomia, queda de cabelo, quimioterapia e, claro, vômitos. Com eu era pequena na época, não me lembro de nada disso.

Embora minha memória consciente falhe, fui informada de que minha mãe estava *muito* doente. Sei que ela tentou me proteger de sua dor. De fato, para que eu não a visse tão doente, fui removida fisicamente de minha casa.

O tempo passou e eu nunca juntei os pedaços para entender como o câncer de minha mãe moldou minha maneira de me mostrar no mundo. O trauma foi tão profundo que eu não conseguia vê-lo — só podia senti-lo. Quando você sente algo quase o tempo todo, não percebe que isso pode não ser "normal". Ataques de pânico, ansiedade junto aos colegas e a busca de uma quantidade excessiva de controle faziam parte de minha experiência diária. Sem saber, eu estava vivendo uma vida de frequentes abalos secundários sem conseguir me lembrar de como havia sido o terremoto real.

E então um dia, na sala de aula, aquilo me veio. Tornou-se óbvio, como só acontece depois de você processar algo. Percebi que o vômito representava tudo o que eu temia — a falta de controle, algo que torna você diferente, algo que puxa você para longe e, na pior das hipóteses, para a morte. Para alguém como eu que tenta (às vezes com força demais) apresentar aquela mesma postura impecável de Colleen, enjoar é a antítese de parecer bem. É vulnerabilidade na carne.

Enjoar significava que eu podia perder tudo — que aquilo podia ser o começo do fim. Significava que aos dois anos eu podia perder minha mãe. Que eu nem sequer me lembraria dela se a tivesse perdido na época. A menininha que estava ferida de medo ainda estava se mostrando como uma adulta destroçada por ataques de ansiedade diários.

Avance trinta anos. Sou muito agradecida por dizer a você que não perdi minha mãe na época, e que ainda hoje ela está comigo. Tenho muita sorte até por escrever essa frase.

Mas carrego essas feridas e as sinto agora. Refletir sobre o passado e sobre como ele nos trouxe ao presente não é uma tarefa fácil. Aliás, um dos exercícios mais significativos que faço com muitos de meus clientes é levá-los a escrever uma carta para eles próprios quando eram mais jovens. Não importa o quanto tenhamos crescido, todos nós ainda temos essa pessoinha dentro de nós. Essa pessoa nos lembra de onde estivemos. Essa pessoa se lembra.

Considerando a história de trauma geracional de Colleen, convidei-a a escrever sua carta para a pequena Colleen — aquela que ficava presa no porão, sentada em completa escuridão, num calor sufocante. Essa forma de escrever carta, vista com frequência na terapia narrativa, pode ser uma ferramenta incrivelmente curativa.[67] Quando Colleen fez esse exercício, um dos momentos mais fortes de nosso trabalho juntas foi aquele em que ela leu a carta para si mesma em voz alta. Foi um ato de voltar a si mesma quando ela sentia que muitos a haviam abandonado. Embora alguns possam dizer que isso é um pouco "viagem", escrever ou falar para nós mesmos é um ato aberto de reconhecimento. É a antítese do abandono, já que voltamos para nos revisitarmos quando éramos jovens. Estamos dizendo a nós mesmos: "Eu vejo você. Eu vejo o que aconteceu. Estou aqui para amar você agora da maneira como você deveria ter sido amado naquela época."

E agora convido você a escrever sua carta para sua criança interior. Você pode hesitar em pôr a caneta no papel, mas acho que não é por acaso que está lendo este livro. Não impeça a si mesmo de escrever por temer que lágrimas escorram ou que a raiva aumente. Deixe isso vir à superfície e respire isso. Reserve algum tempo num espaço seguro para dizer o que o seu eu mais jovem poderia ter ouvido naquela época. Se sentir dificuldade de começar, aqui estão alguns lembretes para guiar você:

- Qual é o momento de sua vida em que você se lembra de ter se sentido assustado, sofrendo ou confuso?
- O que você desejaria ter dito à sua criança interior naqueles momentos em que estava ansioso e sofrendo?
- Se você se sentiu abandonado ou a vida pareceu fora de controle, o que você desejaria que tivesse sido feito de forma diferente? Como você faria uma escolha agora como adulto para proteger essa versão mais jovem de si mesmo?

# O QUE HÁ SOB A SUPERFÍCIE

Se você se sente inspirado para continuar a curar sua criança interior, há muitas maneiras de entrar em contato com o eu mais jovem que ainda vive em nós. Muitos de nós nos afastamos dessa versão de nós mesmos — bloqueamos memórias, coisas que amávamos na época e aquele senso infantil de curiosidade e brincadeira porque o sentimento de vulnerabilidade é grande demais. Embora não possamos mudar o passado, podemos começar a ter experiências corretivas de uma maneira segura pela qual aprendemos a re-amar o que nos dava alegria ou a curar o que nos trazia dor. A diferença é que podemos ser pais de nós mesmos — dessa vez, da maneira como gostaríamos que tivesse sido. Diferentemente da infância, quando temos muito pouco controle durante a maior parte do tempo (vamos ser francos, com frequência estamos à mercê dos adultos à nossa volta), como adultos, temos mais poder para escolher os resultados e determinar nossa narrativa.

Aqui estão algumas maneiras de nos reconectarmos com a nossa criança interior e restaurá-la.

- **Olhe fotografias de sua infância.** Pense numa mensagem de cura, ou escreva-a, para a criança que você vê ao se lembrar de você. Emoldure-a e use-a como lembrete de sua dedicação a cuidar dessa criança interior.
- **Pratique um esporte de equipe, faça aulas de dança ou qualquer outra atividade física de que você gostava quando era criança.** Volte àquele estado lúdico. Se essa atividade se tornou excessivamente competitiva ou uma fonte de dor, talvez você possa consertar essa relação tendo uma nova experiência com ela, em particular sem pressão de pais ou treinadores.
- **Faça alguma arte.** Na infância, muitos de nós pintávamos, desenhávamos, coloríamos ou esculpíamos. Reservar um tempo para alguma arte é uma maneira de expressar e processar o que aconteceu em sua infância e também refletir sobre como as coisas mudaram nos anos que se seguiram.

- **Faça um exercício de atenção plena para revisitar seu eu mais jovem.** Retorne a um tempo de sua vida em que você gostaria de dar a si mesmo um sentido de cura. Uma advertência: este exercício pode ter uma carga emocional muito forte, então pode ser que você queira fazê-lo na presença de um terapeuta.
- **Passe um tempo com crianças e brinque com elas.** Quer seja tomando conta de crianças, interagindo com crianças da família ou apenas observando como as crianças reagem ao serem vistas, note a inocência, a curiosidade e a fragilidade delas. Tenha compaixão por si mesmo ao considerar como você existiu no mundo dessa forma em algum momento. Se você constatar que luta contra uma autoculpa ou uma culpa inapropriada, isso pode ser uma maneira de reconsiderar quem era responsável por seu bem-estar na infância. Cuidar de você era uma responsabilidade de outros, e não sua.

## APRENDENDO A SE AMAR EM MEIO A ISSO TUDO

Quando conheci Colleen, ela era muito dura consigo mesma. Um de meus maiores objetivos era que ela passasse a nutrir um sentimento de autocompaixão — não apenas por aquela menininha interna, mas também pela mulher adulta que ela era agora. Minha esperança era de que ela aprendesse que não havia problema em ser gentil consigo mesma — que ela não desmoronaria ainda mais caso se permitisse ser amada por dentro. Muitos de nós acreditamos que temos que ser duros — e até cruéis — com nós mesmos se queremos chegar a algum lugar na vida. Quer sejamos como Colleen, e internalizemos essa voz severa individual (no caso dela, da tia), ou recebamos essa mensagem da sociedade como um todo, muitos de nós somos brutais com nós mesmos, e dizemos: "Você é tão idiota!" Ou: "Não acredito que você disse isso. Vão pensar que você é um imbecil." Temos a falsa impressão de que essas palavras de repressão estão nos tornando melhores.

Surpresa: não estão. Na verdade, essas maneiras rígidas de falarmos com nós mesmos estão nos adoecendo emocional, mental e fisicamente. Antes que possamos perceber, esses pensamentos podem se tornar tão automáticos que parecem inerentes ao senso íntimo do eu. Começamos a nos sentir impotentes e sem esperança de que nossa situação melhore. Isso tem mostrado não apenas que aumenta a probabilidade de termos depressão como amplifica nosso perfeccionismo (o que, na verdade, não é uma coisa boa) e limita nossa capacidade de ver e aproveitar oportunidades que possam nos beneficiar.[68]

Mas a prática da autocompaixão — algo que pode não ser fácil para muitos de nós — produz uma riqueza de benefícios positivos. Explicando de forma simples: autocompaixão é quando nos permitimos ser amigos de nós mesmos. Isso melhora nossa saúde mental geral e aumenta nosso senso de resiliência.[69] É uma das melhores coisas que podemos fazer, mas muitos de nós nos negamos isso.

Para Colleen, era difícil acessar a autocompaixão, já que ela não tinha sequer um bom amigo ou membro da família que fosse um exemplo de como deveria ser tratada. Pior ainda, ela temia que se fosse gentil consigo mesma, *realmente* desmoronasse. Pensava que sua mesquinhez interna fosse a única coisa que a segurava. Pode ser que você também se preocupe que, se for compassivo consigo mesmo, se tornará preguiçoso, tolo ou incapaz. Ao longo dos anos, outros podem ter levado você a acreditar nisso.

Acredite, as rodas não se soltarão da carroça se você for gentil consigo mesmo. De fato, milhares de estudos mostraram que a prática da autocompaixão contribui para relações mais frutíferas, *menos* medo de fracassar, maior motivação para consertar erros e melhor imagem do corpo, entre outros benefícios.[70] E se você estiver hesitando em tentar, pratique a autocompaixão por um dia. Percebo que isso é uma mudança de mentalidade que pode parecer intransponível quando você se acostumou a se punir mentalmente durante anos. Então, em vez disso, molhe um dedo do pé primeiro. Experimente e veja o que acontece. Quando você notar que seu mundo não desmorona como aquela voz interna cruel gostaria que você acreditasse que aconteceria, talvez queira ser mais gentil consigo mesmo por um período mais longo.

Vamos praticar essa mudança juntos. É difícil reestruturar nossos pensamentos se não sabemos o que eles são, para início de conversa.

Comece identificando o que seu crítico interno negativo lhe diz. Se está tendo dificuldade de se concentrar nisso, escute o valentão em seu cérebro que o intimida, insulta e o faz se sentir inadequado. Em seguida, praticaremos mudar nossa resposta. Não se trata necessariamente de mudar sua mentalidade (o que pode parecer impossível no início). Em vez disso, trata-se de reenquadrar sua perspectiva para incluir uma abordagem mais ampla, mais realista, que leve em conta possibilidades, e não incertezas. Lembre-se de que, embora não possamos controlar o crítico interno que surge automaticamente, temos que decidir como responder a ele. Podemos escolher ser gentis com nós mesmos nesses momentos. Seja para si mesmo o pai ou a mãe amorosa que você pode ter desejado ter tido.

**PARA ENTRAR EM UMA NOVA ONDA:**
Você acha que tem dificuldade de sentir autocompaixão? De que maneiras pode praticar ser mais gentil consigo mesmo?

Quando chegou a hora de encerrar meu trabalho com Colleen, ao fim do meu treinamento, senti uma imensa gratidão por eu e ela termos viajado uma ao lado da outra por algum tempo. Despedir-se de clientes nunca é fácil. Quanto mais tempo passo com um cliente, mais difícil pode ser isso. Considerando a história de abandono de Colleen, eu estava nervosa que ela pudesse ver isso como mais uma experiência em que estava sendo deixada para trás.

Eu estava muito errada. Colleen estava bem — mais do que bem, na verdade. Ela decidiu que queria prosseguir com outro terapeuta. Estava disposta a continuar aprendendo e se curando, mesmo que isso significasse desenvolver confiança de novo com outra pessoa. Embora eu estivesse deixando essa parte da jornada dela, ela já não estava deixando a si mesma.

Talvez algumas pessoas em sua vida tenham chegado e partido recentemente. Talvez você seja aquele que precisou nadar em águas diferentes. Às vezes devemos nadar um ao lado do outro por um breve período, outras vezes por muito tempo. Qualquer que seja o tempo que passamos na companhia um do outro, penso que todos possamos aprender um com o outro. Embora eu espere ter ajudado Colleen, sei que ela me ajudou na mesma medida. Ela me ensinou o poder de se mostrar para si mesmo quando ninguém mais fará isso. Ela aprendeu como amar a si mesma e como ser corajosamente quem é. Ainda hoje posso sentir a batida de seu tambor. Ela me incentivou a marchar no ritmo de meu próprio tambor com um pouco mais de confiança. Agora que você nadou ao lado de Colleen, espero que comece a marchar também no seu próprio ritmo.

## CAPÍTULO SEIS

# PARA QUANDO VOCÊ ESTIVER MERGULHANDO COM TUBARÕES

Jordan tinha uma risada ótima. Tinha uma energia contagiante. Só por estar perto dele você sentia seu próprio humor melhorar imediatamente. Ele era uma dessas pessoas. Logo entendi que para ele isso era tanto uma força quanto um mecanismo de defesa. Do alto de seu 1,80m, Jordan era um homem cisgênero, gay, ateu e negro. Nunca fizera terapia e foi parar em meu consultório porque estava "um pouco" estressado.

Com frequência, posso saber quando as pessoas estão sofrendo antes mesmo de elas começarem a falar. Foi assim com Nikita e Mikaela, que tinham olhos cheios de dor, assim como suas histórias. Alguns clientes conseguem compartilhar sem constrangimento os altos e baixos de suas histórias de vida numa sessão inicial de cinquenta minutos.

Esse não era o caso de Jordan. De fato, depois de algumas sessões, eu estava me perguntando por que ele estava em meu consultório. Ele não tinha nenhuma dificuldade de me contar sua vida de advogado, todos os encontros afetivos que estava tendo e como estava se estabelecendo na vida em Los Angeles. Sim, ele tinha uma vida movimentada, mas era também uma borboleta social que parecia estar voando bem. O que estava faltando?

Agora, sou totalmente a favor de construir um bom entendimento e levar um tempo para me conectar com um cliente (de fato, eu diria, e pesquisas mostram que a relação terapêutica é o aspecto mais importante do tratamento).[71] Nunca quero forçar um cliente a revelar algo prematuramente, antes de estar pronto. Semanas estavam se passando, porém, e, embora eu estivesse agora bem versada na vida social e na quantidade de casos de Jordan, eu tinha uma suspeita crescente de que havia mais na história do que Jordan estava me dizendo. Eu sabia que se não dissesse alguma coisa, poderíamos ficar ali cozinhando durante meses. E eu havia visto o suficiente para saber que às vezes um sorriso radiante pode ser um indicativo de dor tanto quanto lágrimas que caem prontamente. Eu tinha que dizer alguma coisa.

Por fim, interrompi:

— Jordan, posso lhe fazer uma pergunta?

— É claro. Conto tudo a você. O que você quer saber?

— Sei que temos nossas sessões toda semana e você me conta tudo o que está acontecendo em sua vida. Superficialmente, tudo parece estar indo extraordinariamente bem com você. Mas não consigo evitar me perguntar se estamos deixando alguma coisa de fora... Está faltando alguma coisa?

O rosto de Jordan caiu. Ele já não estava rindo. Na verdade, eu nunca o tinha visto tão quieto.

Esperei em silêncio — sem querer apressá-lo a sair daquele momento.

Por fim, ele abriu a boca.

— Bem, na verdade, há algo que ainda não lhe contei.

Continuei a esperar e apenas fiz um simples gesto com a cabeça. Nesses momentos, nunca se sabe o que um cliente vai dizer. Calmamente, ele disse:

— No ano passado, eu tentei me matar.

O ar estava parado. Nós dois prendemos a respiração por um instante enquanto esperávamos para ver como o outro responderia. Enquanto permanecíamos sentados ali, Jordan começou a chorar baixinho.

Pude ver nesse momento que aquelas lágrimas representavam muito para ele. Ele as segurara por bastante tempo. Estava chorando pela quantidade de pressão que sentia — a necessidade de estar sempre bem. A pressão para ser *perfeito*. Chorando pelas exigências irreais que lhe foram impostas diariamente e que não pareciam estar levando a lugar nenhum tão cedo. Ele estava chorando pelo menininho que sentia que precisava agradar constantemente e exceder as expectativas de todos. A cada vitória, ele ouvia regularmente que "surpreendia" as pessoas quando se esmerava.

No silêncio, suas lágrimas finalmente estavam livres para sair. Os ornamentos de seu sorriso já não conseguiam conter sua dor.

Quando vi Jordan convivendo com esse sofrimento, pensei em como ele fora forte por tanto tempo. E embora isso me entristecesse, também me irritava. O fato de aquele homem amável sentir que tinha de constantemente entreter, inspirar e agradar aos outros, tanto que tentara tirar a própria vida, tornava extremamente claro o quanto nossa sociedade se tornou uma panela de pressão implacável. Com a infindável monotonia de marcos para alcançar, Jordan cumprira cada etapa e muito mais. Mas, à medida que o tempo passou, sentiu que isso nunca era suficiente — e sentiu como se os outros estivessem sempre esperando mais. Ele me contou que era especialmente difícil para ele, como homem negro, sentir o peso da obrigação não apenas por sua própria vida, mas por sua comunidade, que ele queria orgulhar. Seu maior medo era decepcionar as pessoas.

Embora você possa ou não se identificar com a experiência de vida de Jordan, há um tema comum aqui que leva muitos de nós ao nosso limite: tentamos demais agradar às pessoas. Grande parte de nossa ansiedade tem origem em não querer decepcionar os outros. Suportamos o fardo desde que isso mantenha os outros confortáveis. Abrimos mão de nosso bem-estar porque queremos que as pessoas acreditem que temos tudo sob controle. E por mais que pareça que estamos desestigmatizando a saúde mental, talvez a maior mentira seja o quanto agimos como se estivéssemos bem quando não estamos. Afinal de contas, terapia é bom para os outros, mas não para nós, porque estamos nos saindo muito bem!

(E o tempo todo, estamos silenciosamente morrendo por dentro.) Jordan estava fazendo isso diariamente. Em seu escritório, ele assumia casos para os quais não tinha capacidade. Continuava saindo com parceiros nos quais não estava realmente interessado. Para o resto do mundo, ele era brilhante. Mesmo em nossas sessões de terapia, ele mantinha as coisas leves para que eu não tivesse que conviver com o esforço emocional de sua dor.

Quando vivemos para a felicidade dos outros, nós nos perdemos de nós mesmos enquanto isso. Sim, há algo a ser dito sobre compromisso e trabalho com os outros para assegurar um resultado positivo para todos. Mas se estamos muito ocupados tentando pacificar aqueles à nossa volta, não apenas ficamos esgotados como perdemos todo o respeito próprio, por relutarmos em respeitar nossos limites. Antes de prosseguirmos, vamos desenvolver uma percepção mais pessoal sobre isso. Aqui está uma lista para ajudá-lo a reconhecer quantas tendências de agradar às pessoas você pode ter.[72,73]

**SINAIS DE QUE VOCÊ ESTÁ TENTANDO AGRADAR OS OUTROS:**
1. \_\_\_\_\_ Sinto que preciso dizer sim a cada oportunidade que aparece em meu caminho.
2. \_\_\_\_\_ Com frequência digo "sim" rapidamente e me arrependo imediatamente depois.
3. \_\_\_\_\_ Tenho dificuldade de confrontar os outros quando estou chateado ou preocupado.
4. \_\_\_\_\_ Finjo que concordo quando internamente discordo do que está sendo dito.
5. \_\_\_\_\_ Eu me preocupo que, ao deixar os outros zangados, destruirei a relação completamente.
6. \_\_\_\_\_ Prefiro me ver sobrecarregado a desapontar alguém.
7. \_\_\_\_\_ Tenho dificuldade de romper com parceiros porque não quero ferir seus sentimentos.
8. \_\_\_\_\_ Sou amigo de pessoas com as quais não gosto de estar, porque é mais fácil continuar assim do que terminar uma amizade.

9. \_\_\_\_\_ Com frequência, sou a primeira pessoa a que recorrem quando precisam de ajuda.
10. \_\_\_\_\_ O autocuidado e o tempo pessoal tendem a ficar por último em minha lista.

O que veio à sua mente ao percorrer essa lista? Alguma coisa o surpreendeu? No perfeccionismo, por exemplo, somos com frequência socializados a acreditar que os comportamentos de agradar às pessoas são uma coisa *boa*. Não os conceitualizamos como nocivos. Dizem-nos que se somos prestativos, cordatos e comprometidos, somos cidadãos corretos tornando o mundo um lugar melhor. Se dizemos não, ou discordamos, somos pessoas frias, egoístas e insensíveis às quais falta compaixão pelos outros. Você pode ver como esse pensamento tudo-ou-nada mostra sua cara feia de novo quando separamos as pessoas nas categorias "boas" e "ruins". Trazendo para a dialética: você pode ser gentil e prestativo sem estar disponível o tempo todo.

Você pode estar se perguntando como chegamos aqui. Quando jogamos a ansiedade na mistura — em especial quando há um elemento social —, criamos uma fixação em agradar as pessoas e nos perdemos completamente no processo. Muitos clientes como Jordan sentem que não sabem mais realmente quem são. Perdemos de vista o que nos interessa, quais são nossos valores e quem queremos ter em nossas vidas porque estamos vivendo há muito tempo para aplacar os outros. Com certeza perdemos de vista nossa agenda, já que ela está repleta de obrigações com todos, exceto com nós mesmos. O tempo livre diminui e o ressentimento aumenta, mas continuamos em frente porque adoramos sentir que ajudamos de algum modo.

Esse padrão é reforçado com o passar do tempo também. Por quê? Porque a maioria de nós adora quem agrada às pessoas. Dirigiremos uma hora para almoçar com você para que você não precise sair de casa. Falaremos com você ao telefone às duas da manhã quando você estiver estressado, e não reclamamos se você nunca liga para perguntar como estamos. Somos os primeiros a ajudá-lo a organizar sua festa e os últimos a sair para ajudar na limpeza enquanto você está desmaiado no sofá. Aquele que agrada às pessoas é um ótimo amigo, e você provavelmente nem sequer percebe isso.

E essa é a questão: você provavelmente nem sequer nota que seu amigo está se esforçando para agradar às pessoas porque ele faz a vida parecer muito fácil. Ele pode parecer absolutamente feliz. É o seu amigo quem ri de todas as suas piadas e faz você se sentir adorado, e você provavelmente nunca teve uma briga com ele. Se eu lhe pedisse para descrevê-lo, você diria que ele é "a pessoa mais legal que existe". Provavelmente era assim que muita gente descreveria Jordan.

Uma verdade excepcionalmente difícil, porém? Às vezes esse é o amigo que já *não está* vivo. É o amigo que achava que jamais poderia compartilhar o quanto estava doendo. É o amigo que se dispunha a renunciar à própria felicidade em favor da sua. É o amigo que estava sofrendo muito, mas estava tão ocupado em esconder isso que talvez nem ele próprio soubesse muito bem disso. Esses são os amigos que cometem o que pode parecer um suicídio surpreendente porque não tínhamos "a menor ideia" de o quanto estavam sofrendo... até ser tarde mais.

Agradeço todos os dias por Jordan não estar nessas estatísticas. O fato de ele ainda estar vivo não me passa despercebido. E sei que, ao ler isto, você muito provavelmente está pensando em alguém que conhece cuja morte ou tentativa de suicídio foi um choque total para você. De fato, 50% de nós conhecemos alguém próximo que suicidou-se. Isso é compreensível, considerando que a cada 11 minutos perdemos alguém por suicídio nos Estados Unidos.[74,75] Isso se torna mais complexo, porém, quando aparentemente não havia nenhum sinal. Somos levados a questionar tudo quando aquele amigo ou membro da família — aquele que parecia estar bem — já não está conosco por causa do que fez.

É por isso que quero que você passe por este capítulo sabendo onde se posiciona. Se você se identifica como alguém que agrada às pessoas, minha esperança é de que possa reconhecer os sinais de que estão se aproveitando de você e aprender a se defender. E se não faz parte desse time, quero que aprenda a apoiar aqueles que sofrem por agradar às pessoas, para que você não perpetue, sem saber, os ciclos de limites ultrapassados.

## CONHECENDO SEUS TUBARÕES

É difícil saber como se proteger, porém, se você não sabe do que está se defendendo. Muitos de nós estamos em águas infestadas de tubarões e não sabemos sequer disso. Como somos socializados a sacrificar nossa capacidade mental a fim de ajudar os outros, com frequência nos surpreendemos e nos preocupamos quando constatamos que nossa saúde mental está na sarjeta, como um subproduto. Ficamos confusos, perguntando a nós mesmos: "Se estou assumindo essa liderança de equipe no trabalho (embora não esteja sendo promovido ou tendo um aumento de salário), será que não deveria me sentir grato por estar tendo um impacto positivo e por eles verem meu potencial? Por que me sinto tão exausto e com raiva?" Ou então duvidamos de nós mesmos, dizendo: "Se estou sendo uma boa amiga, ficando acordada várias noites da semana para ajudar minha melhor amiga a processar seu rompimento, por que estou tão ressentida? O que há de errado comigo que não sou uma amiga melhor? Eu deveria estar feliz por ela sentir que pode contar comigo. Ela claramente precisa de mim."

Alerta vermelho. Se você está considerando a suposição de que não está sendo uma boa amiga quando já está se virando do avesso para ajudar, ou de que tem "sorte" por conseguir todo esse trabalho extra sem uma mudança de posição e uma compensação, temos que conversar. Não só você está em águas infestadas de tubarões, como temo que tenha vestido uma fantasia de foca, minha amiga. Pior ainda, se seus amigos, seu parceiro ou seu chefe fazem você acreditar que *ainda* não está fazendo o bastante quando está fazendo tudo o que pode, você agora está oficialmente na gaiola do tubarão, esperando que as grades sejam quebradas. Temos que encontrar uma saída.

É difícil saber como responder, no entanto, se você não tem consciência dos tipos de tubarão com os quais está lidando. Tudo o que sabemos é que nos sentimos péssimos. Muitos de nós vivemos em ansiosa necessidade de aprovação há tanto tempo que sentimos ser normal ter uma agenda superlotada, não dormir e ter um ressentimento abrasador por baixo de nossa incessante atitude de concordar com tudo. Não é isso o que todo mundo faz? Bem, nem tanto.

Vamos, então, identificar os diversos tubarões em nossas águas. Ao fazermos isso, quero que fique atento aos tubarões que parecem mais proeminentes para você.[76]

1. **Nossas próprias mentes:** com frequência, somos nossos próprios piores predadores. Nós nos atacamos com palavras cruéis que nos deixam internamente abalados. Dizemos a nós mesmos que somos "imbecis", que "ninguém gosta de nós" e que não "merecemos" encontrar alegria na vida. Nós nos chamamos de "fracassados". Coisas como a síndrome do impostor (que, por sinal, não é um diagnóstico oficial), em que sentimos que não merecemos estar em certos espaços ou num certo nível, podem estar evidentes aqui quando nos assustamos por acreditar que é "só uma questão de tempo" para que as pessoas descubram "quem realmente somos".
2. **A sociedade como um todo:** por mais triste e enlouquecedor que seja afirmar isso, ainda há muitos tubarões coletivos que nos assombram individual e sistemicamente. Vemos racismo, sexismo, homofobia e etarismo regularmente. Todos os dias, pessoas são vítimas de perseguição religiosa, bem como de discriminação por nacionalidade, status de capacidade, status parental ou posição socioeconômica. Esta nem é uma lista completa. E embora às vezes possamos enxergar esses tubarões a um quilômetro de distância, o que os torna ainda mais assustadores é que eles podem se camuflar como ninguém. Podem estar bem à nossa frente e, ainda assim, não vermos. Quer seja por estarmos nadando perto deles há muito tempo ou por serem muitos, temos que identificar melhor esses tubarões e designá-los pelo que são. Depois disso, temos que lhes dar um bom murro nas guelras para que essas táticas de medo

mudem. Simplesmente não há lugar para esses tubarões em nossas águas. Embora eu tenha bastante respeito por tubarões reais, esses tubarões metafóricos precisam ser extintos.

3. **Pessoas:** sim, vamos falar de pessoas. Algumas pessoas em nossas vidas são tubarões, quer sejam intimidadores na vida real ou pequenos *trolls* na internet que residem em cavernas. Esses tubarões acabam com o humor e nos fazem sentir como se precisássemos vigiar nossas costas permanentemente. E embora isso seja frustrante, pode ser igualmente — ou mais — desgastante quando os tubarões são membros de nossa própria família, amigos ou colegas de trabalho. São pessoas de nossa vida que deveriam nos ajudar a rir e encontrar alegria. Isso é mais doloroso quando as pessoas com as quais queremos ser vulneráveis são aquelas que nos aterrorizam, nos envergonham e nos fazem duvidar de nós mesmos. Ainda mais confuso: às vezes as pessoas que amamos podem ser compassivas, apenas para se voltarem contra nós quando menos esperamos. Ninguém é perfeito, mas é difícil quando a atenção que recebemos dos mais próximos se baseia em contingências ou está arraigada em imprevisibilidade.

**PARA ENTRAR EM UMA NOVA ONDA:**
Ao ler essa lista, quais são os tubarões que você sente que são mais relevantes em suas águas? Como você vê essas pessoas e/ou experiências causando sofrimento a você em sua vida? Além disso, como você está respondendo a esses tubarões? Está impondo limites e nadando para longe deles ou está sendo amistoso nas águas e esperando ter problemas?

Jordan estava lutando contra todo tipo de tubarão em suas águas. Internamente, ele era muito duro e intimidava a si próprio diariamente. Pressionava-se constantemente a ser o melhor. Sentia-se culpado quando se permitia descansar. Temia o que aconteceria se diminuísse o ritmo, e, com o tempo, sua autoestima ficou condicionada a seus êxitos, e não a seu ser inato. Parte de nosso trabalho foi ajudar Jordan a perceber que ele não precisava de um currículo impressionante para ser um ser humano respeitável. Foi difícil perceber isso, porém, já que as suas realizações o faziam se sentir de algum modo protegido dos tubarões do racismo e da homofobia. Ele me disse que, como homem gay e negro, sentia que suas realizações podiam protegê-lo da dor de barreiras sistêmicas. Sentia que, caso se tornasse sócio, comprasse a casa de seus sonhos e dirigisse um carro bonito, as pessoas poderiam deixá-lo em paz. E embora grande parte da terapia possa incluir desafiar padrões de pensamentos falhos, quem era eu para contradizer sua crença? Ambos sabíamos que podia haver uma verdade doentia neles. Esse é outro exemplo de por que "pensar diferente" é uma narrativa falsa. Sim, podemos mudar a perspectiva, mas a percepção de Jordan sobre sua realidade era infelizmente exata.

Antes de eu conhecê-lo, essa pressão para "provar que as pessoas estão erradas" se tornou demais para ele. Quando exploramos por que a tentativa de suicídio acontecera, ele me disse que a constante obrigação de ser tudo para todos estava insustentável. Ele não conseguia ver como conseguiria continuar vivendo assim por mais quarenta anos. Já estava exausto aos 28.

Não ajudava o fato de que os tubarões em suas águas eram às vezes seus próprios pais. Embora inteiramente bem-intencionados, eles queriam *muito* para o filho. Ao longo de toda a sua vida, havia uma pressão constante para ser o melhor. Quer fosse quando Jordan jogava no time de basquete da escola de ensino médio ou quando se mudou para o outro lado do país a fim de ingressar numa excelente faculdade de Direito, eles o aplaudiam toda vez que ele estava no topo das paradas. Ele me disse que se sentia muito amado nesses momentos. Quando não estava vencendo, porém, ou quando decidia parar um pouco, seus pais ficavam completamente quietos. Embora não o estivessem desaprovando abertamente, seus olhares de soslaio silenciosos faziam Jordan sentir como se estivesse decepcionando-os no instante em que expirava. Foi assim que ele aprendeu cedo que descanso era para os "preguiçosos". Embora isso não fosse mencionado, ele queria fazer com que todos os sacrifícios de seus pais valessem a pena. Via como eles trabalhavam duro em diversos empregos, raramente reclamando. Admirava tudo o que haviam feito por ele. Um de seus maiores temores era parecer ingrato por tudo que recebera. Foi assim que acabou fazendo mais e mais — e fazendo com um sorriso no rosto. Com vinte e tantos anos, porém, isso era muito mais do que ele podia suportar, e ele desabou.

Meu coração doía por Jordan. Embora superficialmente tivéssemos muito pouco em comum, eu me identificava com o peso esmagador que ele sentia de sempre fazer mais. Talvez você possa encontrar uma relação também — mesmo que tenha pouco em comum com Jordan ou comigo. É isso: embora todos nós possamos ter perfis diferentes e experiências de vida diferentes, esse mecanismo de ansiedade que nos impele a nos pressionar constantemente pode ser uma experiência compartilhada.

Jamais alegarei saber exatamente como Jordan se sentia, mas sei que posso ter empatia com sua experiência. Minha própria terapeuta expressou uma preocupação semelhante comigo quando refletiu sobre minha tendência a agradar às pessoas. Eu devia saber que me debatia com o hábito de fazer coisas demais quando meu slogan na escola de ensino médio e na faculdade era: "Posso não ser a mais inteligente, mas sou a que trabalha mais duro." Eu me lembro de meu pai me elogiando com veemência por essa frase. Olhando para trás, vejo hoje como isso pode ter sido problemático.

Eu estava fazendo a mim mesma duas afirmações fortes e que não me ajudavam quando repetia com orgulho esse mantra nocivo. Uma, estava dizendo que não era inteligente. Eu sentia que, só com minha inteligência, não tinha o que era preciso ter, então precisava de outras ferramentas para ampará-la. Como vejo acontecer com muitas mulheres jovens, eu me sentia como se tivesse que trabalhar o mais duro possível para me tornar tão atraente quanto possível para ganhar um lugar à mesa. (Também não estou inventando isso — o efeito halo em que percebemos pessoas atraentes como mais inteligentes é real, infelizmente.)[77] Por causa dessa pressão, eu jamais saía em público sem me maquiar, e estava fazendo a dieta dos Vigilantes do Peso antes de me formar no ensino médio. Isso era tudo em que eu conseguia pensar — qual era o meu peso, o que as pessoas pensavam de meu sorriso gengival e como eu correspondia aos padrões dos outros. Era exaustivo me sentir como se nunca fosse "boa o bastante". Eu via como esse modo de vida era insustentável porque estava mais infeliz e ansiosa do que nunca.

Cansei de viver assim. Percebi que a obsessão por um tamanho menor de calça já não valia o sacrifício de minha felicidade. Comecei a comer o que eu queria de novo, e cada vez mais saía em público sem a cara empastada de maquiagem. Percebi que se as pessoas me julgavam pela aparência, isso era uma projeção de minha insegurança.

Ainda assim, depois de mais velha, às vezes, ainda lutava contra o sentimento de que precisava estar "impecável" para as pessoas me escutarem. Dizia a mim mesma que podia pelo menos tentar tirar aquilo da cabeça para cumprir meus objetivos. A equação era simples: cumpra seus objetivos e *depois* você pode ser feliz. Se você "conseguir", aí pode finalmente ter o direito de se amar e receber amor dos outros. Uma estratégia atraente, realmente.

Incansavelmente, eu dizia sim a cada oportunidade que aparecia à minha frente. Vivia e respirava de acordo com minha lista de tarefas. Cada conquista me ajudava a manter afastado o pensamento de que eu não era digna de mim mesma. Logo, eu estava mergulhada na cultura da produtividade, e não via nada de errado nisso. E era fortemente elogiada por isso.

"Como você faz isso?" "Qual é o seu segredo?" "Quero saber como você consegue administrar o tempo!"

Ah, meu segredo? Apenas uma insegurança profundamente entranhada de que não sou nada sem meu currículo, meu título ou meu histórico.

Há outro "segredo" que também precisa ser mencionado: eu tive o privilégio de *ter* tempo para perseguir meus objetivos. Sou veementemente consciente de que muitos não têm tempo ou recursos para ir atrás de seus sonhos mais profundos e tentam sobreviver a cada salário recebido. O tempo é uma das moedas mais lucrativas, e sem ele muitos de nós temos dificuldade de prosperar.

É por isso que quando as pessoas dizem que as celebridades têm as mesmas 24 horas por dia, isso é uma alegação totalmente furada. Claro, logicamente, todos nós temos as mesmas 24 horas por dia, mas a maioria de nós não tem um cozinheiro para nos preparar refeições saudáveis, assistentes para cuidar de tarefas extras e treinadores para nos ajudar a fazer exercícios em salas de ginástica particulares. Muitos de nós não têm esse privilégio de tempo, e o quanto podemos ganhar pode variar ao longo da vida. Sei que tive a sorte de dispor de tempo, embora meu cérebro ansioso tenha tentado atropelá-lo. Quero deixar esse fato bastante claro ao compartilhar minha experiência. Não é só que eu tenha conseguido coisas na vida por trabalhar duro — tive tempo para trabalhar duro em coisas pelas quais sou apaixonada.

Com isso em primeiro plano, aprendi que já não preciso me deixar enganar pela crença de que não sou inteligente e preciso trabalhar duro para conseguir amor. Não tenho que acreditar nesses mitos de que sou preguiçosa se estou descansando e de que não tenho valor se não sou perfeita. Nada disso é verdade. Há lições das quais me lembro todos os dias. Estou ensinando a mim mesma que sou inteligente e que meu valor não se baseia em minha aparência ou no que faço. Também estou aprendendo que não tenho que representar constantemente para me sentir amada. Talvez você possa se identificar com isso — sentir que você só é tão bom quanto sua postagem mais recente no Instagram. O que estou constatando, porém, é que uma vida mais discreta é tão significativa e bonita quanto uma vida mais exposta. Nada disso é necessário para encontrar satisfação na vida. Somos mais do que o número de seguidores, curtidas e compartilhamentos que conseguimos. Um algoritmo não precisa determinar como nos sentimos em relação a nós mesmos.

## TUDO SE RESUME A VENCER A COMPETIÇÃO DE SURFE

Duvido que eu esteja sozinha nessa luta. Eu podia ver Jordan sentindo, à sua maneira, o peso das expectativas, embora as dele parecessem diferentes das minhas. Muitos de meus clientes se debatem com esse mesmo sentimento de autoestima externalizado. Nós nos sentimos como se precisássemos ingressar nas melhores escolas, sair com os melhores potenciais parceiros e conseguir o melhor emprego para as pessoas nos darem atenção — e, ainda por cima, para nos permitirmos ser felizes. Com pais que nos aplaudiam orgulhosos quando estávamos vencendo, aprendemos logo cedo a equiparar alegria e amor a progresso.

E nos perguntamos por que somos a Geração Ansiedade. Nós internalizamos que não podemos parar nunca. Há um sentimento de ávido desespero que nos faz sentir como se precisássemos estar em todos os lugares o tempo todo. Acabamos adoecendo de exaustão, e a única maneira de melhorar é nos permitirmos escutar nossos corpos e mudar esse ciclo de busca interminável. Como me disse certa vez um sábio supervisor, precisamos deixar de ser fazeres humanos para sermos *seres* humanos.

É difícil agir assim, no entanto, quando nossa geração prosperou cumprindo tarefas. Acreditamos que, se atingirmos nossa cota diária, ficaremos satisfeitos. Jordan caíra nessa armadilha, pensando que, se fizesse um pouco mais, finalmente se sentiria em paz. Em vez disso, a ansiedade apenas alimenta nossas intermináveis listas e agendas. Em pouco tempo, passamos a trabalhar até em nossos aniversários e estamos há dois anos sem tirar férias. Jordan não conseguia sequer se lembrar da última vez em que se divertira sozinho.

E embora parte de nosso problema seja tentar agradar aos outros, também estamos tentando agradar a nós mesmos. Achamos que podemos conter nossa ansiedade se nos pressionarmos do nascer ao pôr do sol. Muitos de nossos pais nos ensinaram isso também. Aprendemos que se praticássemos três esportes, fizéssemos aulas de AP* e conseguíssemos uma promoção numa empresa de prestígio, éramos "bons". Se não tivéssemos vários hobbies, não fossemos os melhores alunos da turma e não trabalhássemos para uma empresa conhecida, éramos "ruins". Estávamos

---

* Advanced Placement (Colocação Avançada) é um programa que oferece currículos de nível universitário e exames a estudantes de ensino médio nos Estados Unidos e no Canadá, a fim de facilitar o ingresso em universidades. (N. do T.)

*atrás*. Em geral, isso não era dito em voz alta, mas essas foram as mensagens que muitos de nós absorvemos.

Para falar toda a verdade: não acho que nossos pais faziam isso com intenções maldosas. Eles queriam o melhor para nós. Assim como treinadores, queriam nos ver vencer porque pensavam que isso nos prepararia para o sucesso na vida. Provavelmente, eles pensavam que se vencêssemos em tudo, isso aliviaria nossa ansiedade. Quem poderia saber que isso teria, na verdade, um efeito prejudicial? Assim, aprendemos que só somos bons dependendo das nossas mais recentes conquistas. Sem elas, podemos nos sentir como se nada fôssemos.

Se pretendemos chegar a uma cultura menos direcionada para conquistas, vamos precisar renunciar à nossa tendência a agradar às pessoas. Isso suscita uma pergunta: como seria se você parasse de viver em função da aprovação de seu chefe, de seus pais ou de si mesmo? Você quer descobrir? Seu esforço constante já não precisa privá-lo de sanidade. Tudo bem dizer não.

Esse foi um dos grandes objetivos que trabalhei com Jordan. Como gosto de passar dever de casa para os clientes, incentivei-o a tirar um tempo fora de nossas sessões para refletir sobre como estava vivendo sua vida. Eu queria que ele avaliasse como estava seu autocuidado e, com seriedade, começasse a tirar algum tempo para ele. Sendo o excelente estudante que era, ter essa motivação externa de mim para que cuidasse de si mesmo o fez começar a abrir seus olhos. Ele foi capaz de ver que quando estabelecia limites, seu mundo expandia de maneira totalmente nova enquanto ele finalmente priorizava o que era mais importante para si mesmo. Ele não apenas voltou para o basquete (dessa vez só por diversão), como viajou para a Jamaica e arrumou um cachorrinho. Em vez de ser o primeiro a chegar ao escritório e o último a sair, ele começou a trabalhar em casa de vez em quando. Começou a se exercitar algumas vezes por semana, em vez de faturar por mais uma hora. Jantava com os pais com mais frequência, em vez de encontrá-los por quinze minutos a cada duas semanas. Contava a eles o que realmente estava acontecendo em sua vida, em vez de ficar apenas cantando vitória.

Suas prioridades mudaram. Ele começou a usar o tempo de forma diferente e, quando as pessoas lhe pediam favores, ficava mais atento em relação ao que concordava em fazer. Ele estava respirando. Vi plenamente como as coisas haviam mudado quando certo dia eu o ouvi rindo, e não parecia haver algo por trás daquilo. Seu riso podia ser sincero porque ele finalmente estava se permitindo chorar, sorrir, ter raiva e se assustar — *tudo* era permitido.

## QUANDO VOCÊ TEM O PODER DE ESTABELECER LIMITES

E embora alguns de nós nem sempre tenhamos o luxo de estabelecer limites em nossas vidas, tudo bem manifestá-los com compaixão quando podemos. Em particular, se você enfrenta o hábito de agradar às pessoas, é aí que pode aceitar o desconforto de respeitar a si mesmo. Tire um momento para perceber isso. Há uma triste verdade aí: **quando agradamos às pessoas, é porque respeitamos mais os outros do que nós mesmos.** Ficamos em segundo lugar. Pensamos que estamos sendo egoístas quando nos impomos.

Agora, por que isso? Agradar às pessoas é, no fim das contas, uma forma de evitar. Nesse caso, queremos evitar a possibilidade de os outros ficarem com raiva ou se decepcionarem conosco. Tememos destruir relações se nos defendermos. Nossa ansiedade nos mantém sob controle como bons acomodadores que somos. E é o seguinte: nosso hábito de agradar às pessoas vem sendo reforçado desde o primeiro dia. As pessoas adoram quando fazemos exatamente o que nos pediram e aplaudem nossa disposição de sempre estar presente.

Então por que você iria parar? É tão bom receber um tapinha nas costas. Em pouco tempo, internalizamos que somos *necessários*. Problematicamente, também aprendemos que a melhor maneira de ganhar amor é se dar incessantemente aos outros. Tememos que as pessoas nos rejeitem se nos mostrarmos simplesmente como somos, sem todos os parametros de nossos favores.

Quando percebemos que esse ciclo se tornou tóxico — você sabe, aquele em que as pessoas abusam de toda a sua energia e seu copo de ressentimentos transborda, mas você não consegue parar —, parece que é tarde demais. Tememos que, se fizermos uma mudança e expressarmos nossas opiniões, estaremos perdidos. As pessoas certamente nos deixariam. Ficaríamos sozinhos. Abandonados. De que vale um capacho à porta se não há ninguém para passar por ali?

Não vou mentir para você. Quando você começar a se defender, algumas pessoas em sua vida não vão gostar. Elas estão acostumadas a uma relação em que você tem sido de tudo para elas — motorista de táxi, terapeuta, chef de cozinha (provavelmente, tudo de graça). Quando você começar a exigir respeito, a dizer não às vezes ou a esperar algo em troca, algumas pessoas vão começar a fazer avaliações terríveis de seu restaurante porque você aumentou os preços no cardápio.

E tudo bem. Você sobreviverá.

Quando você estabelecer limites, verá rapidamente quem o ama pelo que você é e quem o ama pelo que você faz por eles. Ou as pessoas vão acatar o respeito que você está requisitando ou vão afrontar você por isso. Isso lhe dará dados inestimáveis, meu amigo.

Muitos de nós tememos obter dados que não desejamos. Ficaremos num lugar de purgatório durante meses ou anos por temermos que as pessoas nos mostrem suas verdadeiras cores. Limites podem mostrar como pessoas que pareciam amar você podiam estar amando apenas o modo como você as fazia se sentir. Não tenha medo de descobrir essa verdade. Você não precisa continuar nadando em águas infestadas de tubarões.

Se você está com medo de nadar em território desconhecido — do tipo em que se afasta dos tubarões de sua vida —, não está sozinho. Jordan estava morrendo de medo de estabelecer limites com as pessoas. Temia ser demitido se não trabalhasse todos os fins de semana. Pensou que ninguém iria querer namorá-lo se não se dispusesse a dirigir uma hora no trânsito de Los Angeles todo fim de semana. Mas quando lhe perguntei se o modo como estava vivendo estava funcionando, ele respondeu concisamente: "Não." Quando lhe perguntei se estava disposto a ver o que aconteceria quando fizesse o que queria, e não o que todos queriam, ele disse com cautela: "Acho que poderia tentar."

Fizemos uma lista para Jordan praticar. Ele se comunicou mais claramente com os colegas sobre sua disponibilidade, em vez de se colocar constantemente de prontidão. Disse aos parceiros com que se encontrava que de vez em quando não poderia dirigir, mas ficaria feliz se eles o visitassem. Embora estivesse nervoso em relação ao que esses experimentos produziriam, ele viu resultados rapidamente. Soube quem eram aqueles que respeitavam seu tempo no trabalho e desenvolveu relações mais fortes com eles. Quanto àqueles que não valorizaram seu tempo, acabou encontrando parceiros que respeitavam seus horários. Em pouco tempo, Jordan estava com fins de semana livres para aproveitar como quisesse. Ele também entendeu que alguns homens que namorava pareciam estar com ele apenas quando ele se dispunha a enfrentar o trânsito, porém, ele foi capaz de encontrar um homem que ficou feliz com o acordo e que também pegava o carro para encontrá-lo. Se não tivesse estabelecido esse limite, ele poderia ter se metido em relacionamentos ainda mais incertos. Como se impôs, Jordan encontrou um homem que o adorava e que ele adorava. O melhor de tudo era que eles tinham tempo para ficar juntos, porque Jordan estava aprendendo a estabelecer limites não apenas em casa, mas no trabalho também.

**PARA ENTRAR EM UMA NOVA ONDA:**
Quais são os limites que você pode começar a estabelecer em sua vida? Como pode permanecer comprometido com esses limites, mesmo que os outros possam reagir com resistência?

## COMO NADAR EM NOVAS ÁGUAS

Como estabelecemos limites para nos proteger? Estamos de volta ao trampolim de onde olhamos para o abismo. É assustador dar o salto. Quando você vive a vida agradando às pessoas, geralmente sabe o resultado. As pessoas ficarão felizes com você, enquanto você (semi)odiará a si mesmo como resultado. A ideia de dizer não às pessoas ou de dizer que não estamos disponíveis é um tanto imprevisível — é vulnerabilidade no nível 10.

Quero que volte à dialética, porém: você pode ter limites e se conectar com os outros. Pode continuar sendo um amigo incrível e ter tempo para si mesmo. Pode ser um filho amoroso para seus pais e, ainda assim, não realizar cada sonho que eles têm para você. Todas essas coisas podem coexistir. Não precisa ser uma ou outra. Na verdade, eu argumentaria que, funcionar em uma ou outra extremidade do espectro, não nos põe em um lugar de saúde.

Eu adoro a estrutura que John e Linda Friel apresentam em seu livro *Adult Children: The Secrets of Dysfunctional Families*.[78] Eles escrevem sobre os três diferentes tipos de limites que podemos estabelecer e, ao descrever cada um deles, convido você a considerar onde se situa:

1. **Difuso:** para aqueles que agradam às pessoas, é quando você é flexível demais com seus limites e diz sim a tudo e a todos. Você se sente sobrecarregado e talvez internamente com raiva, mas luta para se impor. Talvez se sinta como se todo mundo estivesse caminhando em cima de você, mas sua ansiedade pode impedi-lo de mudar o comportamento.
2. **Rígido:** é o oposto do difuso, quando você diz não rapidamente e mantém os outros a distância. Você não confia nos outros e talvez tenha dificuldade de se conectar por acreditar que as pessoas podem estar tentando se aproveitar de você. Você tem tempo para si mesmo, mas também podem lhe faltar relações próximas.
3. **Flexível:** é a maneira ideal de manter limites. Você pode discernir quando dizer sim e quando dizer não. Está sintonizado com seus valores, então se compromete de boa vontade com as oportunidades e pessoas que lhe trazem alegria. Nesse mesmo estado de espírito, você não teme dizer não quando não tem tempo ou quando não está interessado. Como respeita a si mesmo, você é capaz de respeitar os outros de forma apropriada, sendo honesto

em relação ao que quer e ao que não quer fazer. Você se dispõe a se comprometer, sabendo que às vezes pode ser do seu jeito e às vezes não — pode ficar bem com ambos.

Se você se encontra na categoria difusa ou rígida, considere se abrir à possibilidade de responder de forma diferente. Nossas respostas não estão predestinadas. Nossa conduta e nossas relações não vão mudar se não nos dispusermos a fazer algo por isso. Temos que realmente tomar uma atitude e persistir nela. Mudar a mentalidade não é suficiente. Por quê? Porque nossos cérebros são incrivelmente inteligentes. Simplesmente dizer a nós mesmos que nossos piores temores não se tornarão realidade se nos defendermos só resolve em parte. Você tem que realmente mostrar a si mesmo que isso pode ser diferente. Prove a si mesmo que você sobreviveu dizendo não a um "favorzinho" ou que lidou com alguém que ficou zangado quando você recusou algo. Aqui estão algumas maneiras de implementar isso se você tem dificuldade de estabelecer limites:

Para aqueles com limites difusos:
1. **Vá mais devagar:** quer você estabeleça para si mesmo uma regra de esperar 24 horas antes de dar uma resposta ou simplesmente comece dizendo "Eu lhe dou um retorno sobre isso", dê a si mesmo um tempo antes de responder. Pessoas que gostam de agradar aos outros têm uma reação imediata de dizer sim sem realmente considerar como a nova obrigação caberia em suas vidas. Vá devagar.
2. **Deixe de lado a bajulação externa para determinar sua autoestima:** os elogios são nossa fraqueza — em especial quando ligados a um pedido. Como associamos ser necessário a ser gostado, rapidamente mordemos a isca, mesmo que ela nos fira. Antes de se comprometer, pergunte a si mesmo se você realmente quer assumir essa responsabilidade ou está apenas se deleitando com o brilho da validação.
3. **Pratique dizer não:** tente. Quer seja um amigo lhe chamando para jantar e você está absolutamente exausto ou você tenha sido so-

licitado a aceitar um turno extra no trabalho, veja como se sente em seu corpo ao dizer não. Provavelmente você se sentirá inquieto e culpado no início. Dê a si mesmo um dia, porém, para prestar atenção a qualquer onda de alívio que vier em seguida. Você pode se surpreender com o quanto é boa a sensação de se impor. Além disso, o mundo provavelmente não acabou como você imaginou que aconteceria.

Para aqueles com limites rígidos:
1. **Dê às pessoas o benefício da dúvida:** quando estamos fechados, geralmente é porque não confiamos nas pessoas e supomos que elas estejam tentando nos machucar. Em vez disso, considere a perspectiva diferente de que as pessoas podem estar querendo ajudar, e não machucar você. Abra-se para a possibilidade de que algo de bom pode acontecer se você disser sim.
2. **Aceite o desconforto:** com frequência dizemos não porque não queremos sentir nenhuma dor. E embora não precisemos nos fazer sofrer, alguns dos maiores crescimentos acontecem quando nos dispomos a ficar um pouco desconfortáveis, quer seja tentando um novo treinamento físico ou encarando um projeto difícil no trabalho. Experimente a vulnerabilidade do desconforto e veja como você pode mudar para melhor.
3. **Faça a si mesmo a pergunta do arrependimento:** às vezes podemos dizer imediatamente não sem nos perguntar se nos arrependeríamos por não abrir essa nova porta. Embora você possa ser rápido para rejeitar alguém que queira sair com você ou para recusar aquele convite, será que existe uma pequena chance de se arrepender de não descobrir o que há do outro lado? Se existe, talvez você deva dar uma espiada.

Sinais de um estabelecimento de limites saudável:
1. **Pedindo a um amigo uma perspectiva:** você não teme buscar conselhos dos outros porque é consciente de que não tem todas as

respostas. Você se dispõe a admitir quando pode estar errado, e pode integrar perspectivas alternativas mesmo chegando a suas próprias conclusões.

2. **Você está conectado com seus valores:** você terá muitas escolhas diante de si. Pode parecer difícil saber a que dizer sim e o que rejeitar. Estando centrado em seus valores, você estará aterrado num futuro intencional baseado no que mais lhe importa. Lembre-se, indução de valores acima de indução de dor. Você sabe que as pessoas superarão a decepção de sua recusa à oferta delas. Você não sacrifica seu bem-estar para a satisfação de alguém.

3. **Você se dispõe a se comprometer e a mudar sua mente:** nunca sendo estático, você consegue acomodar mudanças quando elas aparecem. Você pode admitir quando está errado, se assumiu coisas demais e precisa recuar ou se foi muito firme e precisa ceder um pouco.

Muitas vezes temos dificuldade de estabelecer limites porque temos uma mentalidade de escassez. Tememos que essa seja nossa "última chance" ou nossa única tentativa de fazer uma "grande mudança", então nos sentimos como se tivéssemos que aceitar cada oportunidade que surge em nosso caminho. Embora queiramos nos desafiar a continuar crescendo, não queremos nos espremer até o bagaço. Quando estamos vivendo com uma mentalidade em que nosso valor é definido pelo que fazemos, e não por quem somos, nossas vidas se tornam um balde furado — nunca é o bastante. Precisamos constantemente de mais e mais para sentirmos que temos algum valor.

Percebo que essa é uma das nozes mais difíceis de quebrar. Crescemos numa sociedade em que julgamos os outros pela escola que frequentaram, pelo número de seguidores que têm e pelo tipo de carro que dirigem. Não nos ensinaram a encontrar valor em tardes tranquilas, conversas longas não programadas e caminhadas em que nossos passos não são contados. Mas não há problema em relaxar e boiar em suas águas. Você ainda pode ter uma vida produtiva e frutífera enraizada em momentos de descanso sem culpa. Essa é uma escolha que você tem que fazer. Talvez seja a hora de você aproveitar a água em vez de se sentir como se sempre tivesse que nadar de um ponto a outro.

Ver Jordan boiar e aproveitar a água à sua volta me fez sentir muito feliz por ele. O homem que conheci estava inundado de pressões na vida — estava vivendo para todo mundo, menos para si mesmo. O homem que terminou a terapia ainda estava trabalhando incrivelmente duro — *e* ao mesmo tempo estava tirando tempo para aproveitar sua vida. Ele aprendera a adotar o ambos/e, e estava se permitindo totalmente curtir o que lhe dava alegria. Não se esqueça de que você pode fazer o mesmo.

## CAPÍTULO SETE

# SAIBA QUEM SÃO SEUS SALVA-VIDAS E ONDE ESTÃO

Às vezes é um dos pais que me procura, e não o cliente. Não é incomum eu receber mensagens de voz de mães e pais preocupados, perguntando se eu poderia atender seu filho (um adulto crescido) assim que possível. Sempre me disponho a marcar uma consulta, mas fico um pouco mais cautelosa nesses casos. Embora às vezes precisemos do apoio de alguém para dar o primeiro passo, estou atenta a o quanto o pai ou a mãe quer ajudar o filho, em vez de o filho querer ajuda para si mesmo.

Conheci minha cliente Casey assim. Ela era uma mulher cisgênero, birracial (metade branca, metade latina), heterossexual. Aos 26 anos, estava no primeiro ano da escola de Medicina e morava com duas colegas. Eu a conheci depois de sua mãe, Jessica, revelar-me o que acontecera recentemente.

Eu soube que o telefonema angustiado da mãe acontecera depois de uma noite durante as recentes férias de primavera de Casey. Pensando que Casey estava se destacando em todas as coisas — cursava uma escola de Medicina, tinha um namorado amoroso e *parecia* feliz —, o mundo de Jessica virou de cabeça para baixo quando a filha teve uma crise nervosa e contou que "odiava" a aparência do próprio corpo e não podia acreditar em como era "feia". Casey disse à mãe: "Só consigo pensar nisso." Jessica não pôde acreditar e ficou chocada ao ver como a filha estava sofrendo. Por isso me procurara.

Vejo esse padrão acontecer com frequência em pessoas ansiosas — em especial aquelas que são perfeccionistas. (Também sou bem familiarizada com isso porque eu mesma fiz essa dança.) Noventa e oito por cento das vezes, ficamos mais ou menos do mesmo jeito. Somos serenos, capazes e aparentemente relaxados. E então, dê-nos o ambiente certo e podemos ter uma descarga de fúria de categoria 5, de proporções desastrosas. Há choro, há gritos, há uma completa lamentação. As pessoas que amamos ficam tipicamente horrorizadas com essa justaposição, e entram em pânico. Elas nos dizem que deveríamos procurar algum apoio. Momentaneamente, aceitamos porque estamos sofrendo muito. Os muros caíram. Isso geralmente dura uma noite.

Mas então, de manhã, estamos magicamente serenos. Voltamos às nossas máscaras pintadas, e é como se nada tivesse acontecido. Os muros do castelo estão erguidos de novo.

Quando pessoas que amamos dizem: "Como está você depois da noite passada?", respondemos com "Ah, aquilo? Eu nem sei do que você está falando. Eu estava cansada." Foi só um abalo momentâneo. Nada para se preocupar.

Então, quando Casey veio me ver com indiferença, eu sabia que seus muros haviam sido erguidos. Mas graças a sua mãe, o segredo já escapara.

Casey nunca fizera terapia, o que não me surpreendeu. De sua perspectiva, ela tinha tudo sob controle. Sua mãe tinha apenas a apanhado num momento de fraqueza (do qual eu agora também sabia). E embora a mãe estivesse tentando cuidar dela e ajudá-la, seria uma batalha difícil, uma vez que Casey não estava convencida de que a terapia ajudaria. Afinal de contas, nós exploraríamos seus sentimentos — algo que ela não estava inclinada a fazer a não ser sob as mais desesperadas circunstâncias. Mas ainda assim, ali estava ela.

Quando estou começando a conhecer um cliente, sempre quero saber a razão subjacente pela qual ele está sofrendo e o que motiva seu comportamento. Alguns diriam que Casey era uma típica personalidade do tipo A. Bastante orientada para conquistas, ela fora diretamente do bacharelado para a pós-graduação em Medicina, e me disse que esperava se tornar a primeira da turma. Embora sua energia a ajudasse em seu desempenho de várias maneiras, essa mesma determinação se aplicava ao modo como comia. O que começou como um desejo de se alimentar de forma "saudável" rapidamente evoluiu para uma ortorexia, na qual ela ficava muito aflita quando não conseguia comer alimentos "limpos".[79] Em pouco tempo, ela se via obcecada diante do espelho durante horas quando comia "alimentos ruins" que "não deveria" comer. Eu a encaminhei a um nutricionista que a ajudasse com seus padrões alimentares e foquei na dismorfia corporal (que, por sinal, está na mesma seção do TOC no *DSM-5*) para que Casey pudesse praticar a aceitação de seu corpo como ele era.

Antes de iniciarmos qualquer intervenção, compartilhei com Casey minha conceitualização depois de concluirmos sua sessão inicial. Havia três coisas acontecendo, de acordo com minha avaliação. Primeiro, como vemos com frequência naqueles que lutam contra a ansiedade, ela tinha uma profunda necessidade de controle. Quer fossem suas notas, sua aparência ou o que comia, ela queria que tudo fosse administrado de forma perfeita. Prestar atenção à aparência do corpo era um hábito regular em seu dia. Ela era obcecada pela aparência de sua pele e pela adequação de suas roupas. Preocupava-se mais com o que os outros pensavam quando a viam entrar na sala de aula do que com o modo como se sentia na própria pele. Estava emocionalmente isolada de si mesma. Contou-me que raramente processava, ou mesmo identificava, o modo como se sentia porque os sentimentos pareciam fora de seu controle. Ela temia que, como um vulcão, pudesse explodir emocionalmente, então mantinha seus sentimentos trancados por tanto tempo quanto possível. Nunca chorava se conseguia evitar (por isso sua mãe ficou tão chocada naquela fatídica noite durante as férias de primavera).

Segundo, Casey tinha uma profunda insegurança dentro de si. Embora atraente, estava sempre preocupada com o modo como as pessoas a percebiam. Temendo não estar na moda o bastante ou magra o bastante, ela sentia que nunca seria incluída por seus colegas. Embora estivesse fazendo muita coisa como médica de talento em treinamento, sua autoestima estava inteiramente arraigada à sua fisicalidade. Certo dia, quando eu disse a ela: "E se sua aparência for, na verdade, a coisa menos interessante em você?", ela respondeu, "Quem dera". Para Casey, não importava o quanto ela era inteligente. Ela só era tão boa quanto o tamanho de sua calça.

Por último, Casey não se conhecia nem confiava em si mesma. Quando eu perguntava do que ela gostava ou o que pensava, tinha dificuldade de responder. Vestia-se na Lululemon todos os dias, e me contou que era complicado escolher o que usar porque tinha muito medo de ser diferente. O julgamento dos outros era seu pior medo. Logo descobri a origem dessa falta de autoconfiança pelas pequenas pistas que ela me dava.

"Não consigo decidir como me maquiar hoje. Vou pedir a minhas amigas para fazer isso para mim."

"Não sei o que devo comer esta semana. Vou pedir a meu namorado para me enviar uma lista dos alimentos que devo comprar."

"Não sei bem em que devo me especializar na faculdade de Medicina. Vou ver em que minha mãe acha que eu seria boa."

Tudo isso dito de maneira muito inocente. Na verdade, Casey pensava que estava ajudando a si mesma ao pedir a colaboração dos outros a cada hora. Conforme discutiríamos em nosso trabalho juntas, porém, há uma diferença entre acessar recursos e inconscientemente buscar a capacitação dos outros para atenuar nossa ansiedade. Quando isso está acontecendo, como no caso de Casey, é uma indicação de que a ansiedade está nos controlando. Estamos dizendo a nós mesmos que não estamos aparelhados para fazer escolhas sozinhos. Ao transferir nosso poder de tomar decisão a outros, estamos subversivamente dizendo que não somos capazes de dar nossos próprios passos — e que não temos resiliência para administrar os resultados. Preferimos pôr nosso destino nas mãos de alguém para não termos que assumir responsabilidades. Portanto, embora Casey tentasse controlar sua vida tanto quanto fosse capaz, logo ficou claro o quanto ela se sentia fora de controle. Estava assustada — e precisava de todos para pavimentar o caminho para ela.

Quando estamos inseguros, é comum ficarmos checando, sem sequer perceber isso. Não vemos nada de errado em recorrer às pessoas que amamos. De fato, como acabamos de abordar no capítulo sobre o hábito de agradar às pessoas, alguns de nossos amigos e familiares *adoram* esse sentimento de serem necessários para nós. Isso os faz se sentirem especiais. E embora não haja nada de errado em pedir opinião ou conselho, queremos receber o retorno deles como verdade absoluta. Quando deixamos a colaboração dos outros determinar nosso caminho, em vez de fazermos nossas escolhas a partir de nosso próprio julgamento, estamos dizendo a nós mesmos que não confiamos em nossa bússola interna. Estamos dizendo que é mais seguro confiar em alguém do que em nós mesmos. Essa é uma mensagem forte para dizer a si mesmo.

De onde normalmente está vindo essa mensagem? De sua inimiga: a ansiedade. A ansiedade está lhe dizendo que seu julgamento é inadequado. Está dizendo que você seria tolo se confiasse em si mesmo. E depois de ter escutado essa voz por tempo suficiente, entrega, sem saber, sua autoconfiança. Ficando rapidamente cada vez mais fora de controle, sua insegurança se espalha e você precisa cada vez mais de validação externa para se mexer. No caso de Casey, ela estava profundamente envolvida e já mal podia se reconhecer. Estava vivendo mais pelo que os outros pensavam que ela devia ser, e não pelo que queria para si mesma. Mas na época em que a conheci, ela já não sabia o que queria.

## SAIBA ONDE ESTÁ SEU SALVA-VIDAS

Não me entenda mal: todos nós precisamos de pessoas que nos apoiem em nossas vidas, porém é preciso estarmos atentos em que ponto da praia estão nossos salva-vidas. Será que as pessoas que você ama estão prestando atenção em você na praia, incentivando você e lhe informando quando veem alguns tubarões nadando por perto? Ou estão num *jet ski* com você na garupa, direcionando cada caminho que você percorre na água? Pode ser que no início você não perceba, mas sua vida continuará a parecer incompleta se você estiver sempre permitindo a alguém, e não a você, dar as ordens. Sei que no momento pode parecer bom ter alguém se apoderando dos resultados de suas decisões. Toda vez que você faz isso, porém, está se privando de sua própria força. Em pouco tempo, você se sentirá fraco demais para nadar sozinho.

É útil notar alguns desses sinais de comportamento facilitador porque, com frequência, eles ocorrem sem que percebamos. À medida que avançamos, quero que você esteja atento a como pode estar pedindo aos outros para acomodar você, ou a como você pode estar se sujeitando aos outros sem perceber. Também ofereço uma maneira de evitar permitir, o que acaba rompendo esse ciclo de comportamento de checagem ansioso.

| QUANDO VOCÊ ESTÁ BUSCANDO FACILITAÇÃO | QUANDO É VOCÊ QUEM FACILITA | UMA ATITUDE DIFERENTE |
|---|---|---|
| Você teme que as coisas não fiquem bem, então pergunta a seu melhor amigo se tudo vai ficar bem. | Você não sabe se as coisas vão ficar bem, mas faz uma falsa promessa a seu amigo e lhe diz que tudo vai ficar bem. | "Eu não sei o que vai acontecer, mas sei que encontraremos uma maneira de passar por isso." |
| Você está com medo de ficar doente, então pergunta a sua mãe se poderia pegar um germe. | Você não tem a menor ideia se ele vai ficar doente, mas quer ajudá-lo a se sentir melhor, então mente e diz que ele não ficará doente. | "Não sei se você ficará doente. Vamos falar sobre o que faríamos se você ficasse doente." |
| Você não sabe se trancou a porta ao sair de casa, embora tenha checado ao sair. Você pede a seu amigo que volte para você poder checar mais uma vez. | Você volta depois de dirigir dez minutos e verifica que a porta está trancada. | Você não volta para checar, se possível. Você responde: "Você se lembra de ter trancado a porta?" Incentive seu amigo a confiar nele e fale sobre como ele pode lidar com seus temores sem adotar um comportamento de checar. |

| QUANDO VOCÊ ESTÁ BUSCANDO FACILITAÇÃO | QUANDO É VOCÊ QUEM FACILITA | UMA ATITUDE DIFERENTE |
| --- | --- | --- |
| Você não sabe ao certo se deve terminar seu relacionamento, então pergunta ao seu melhor amigo o que fazer. | Com base em sua avaliação, você diz a seu amigo se ele deve ou não romper o relacionamento. | A não ser que esteja preocupado com potenciais abusos, você faz perguntas a seu amigo para ajudá-lo a chegar às próprias conclusões. |
| Você diz a seu colega de quarto que se sente estressado. | Você leva uma garrafa de vinho para seu colega de quarto para ajudá-lo a esquecer o que está sentindo. | Você se senta para comer com seu colega de quarto e fala sobre as preocupações dele ultimamente. |
| Você se sente constrangido com seu corpo e teme que sua roupa não fique bem. Você checa com seu amigo se parece que você ganhou peso. | Você jura a seu amigo que ele está incrível e lhe diz que não parece nem um pouco que ele ganhou peso. | Você diz a seu amigo que o peso dele não define o valor dele. Você pode ajudá-lo a escolher uma roupa diferente, mas, no fim das contas, é uma questão de assumir o corpo que se tem. Você lembra a ele que confiança não depende da aparência. |

Quando habilitamos os outros, isso é feito, com frequência, num lugar de amor. Odiamos ver nossos amigos e familiares lutando contra a ansiedade. Queremos ajudá-los a se sentir melhor. De fato, para muitos de nós, parece cruel não ceder ao comportamento de checar. É muito mais fácil dizer "Vai ficar tudo bem" quando nossa melhor amiga está assustada com o diagnóstico de câncer do pai. É muito mais difícil expressar a verdade: "Não sei o que vai acontecer, mas espero que você saiba que estou aqui para você."

Com frequência, também respondemos com máximas de falsa esperança, porque dizer a uma pessoa ansiosa o que ela não quer ouvir é provocar a ansiedade. Ser franco em relação ao fato de que coisas ruins podem acontecer pode criar ondas gigantes. As pessoas podem ficar com raiva ou frustradas, se não podemos prometer segurança a elas. É muito mais fácil seguir o fluxo e responder com uma vaga confiança. As águas se acalmam temporariamente quando você diz: "Nada de ruim vai acontecer. Não se preocupe." Você não percebe, mas isso começa a ficar irritante quando sua tentativa inicial de habilitação não foi suficiente e você tem que ficar consolando repetidamente. Alerta de spoiler: nunca é suficiente.

Eu estava observando esse padrão entre Casey e seu namorado. Ela se agarrava desesperadamente a ele porque ele acalmava seus nervos — ou era isso que ela pensava. Como sentia que precisava muito dele, com frequência, ela se preocupava se ele — vamos chamá-lo de Seth — "realmente" a amava.

Ao longo do dia, ela lhe perguntava com frequência: "Você me ama?" e "Você vai terminar comigo?".

No início, Seth tipicamente respondia com: "É claro que amo você!" e "Nunca vou terminar com você."

Embora essas respostas aliviassem temporariamente a ansiedade de Casey, o ciclo não mudava — era apenas reforçado. Casey estava checando isso cada vez mais, agora várias vezes ao dia. Em pouco tempo, Seth estava farto das perguntas frequentes. Pior: Casey nunca se sentia totalmente satisfeita, e começou a espionar a mídia social dele. Sim, ela fez isso.

Foi aí que eu entrei. Ajudei Casey a identificar o ciclo. Ela estava se sentindo ansiosa e queria confirmações de Seth. Quanto mais checava com ele, mais incerta se sentia. Embora Seth lhe dissesse o que ela queria ouvir, para ela era cada vez mais difícil acreditar nele. Por quê? Porque ela não podia *provar* que ele a amava, e não podia estar *certa* de que ele não romperia com ela. Era um caso clássico de apego ansioso. Aquilo tinha que parar.

Convidei Casey e Seth a começarem a responder de forma diferente. Incentivei Casey a evitar fazer aquelas perguntas em vão para as quais ela não podia obter respostas. Convidei Seth para uma sessão com Casey e o instruí sobre como responder quando Casey estivesse buscando validação. Em vez de dizer o que ela queria ouvir, ele aprendeu a responder com: "Casey, você sabe o que sinto por você. Não vou responder a essa pergunta porque sabemos que isso irá reforçar sua ansiedade."

Compartilhei com Casey que a validação que ela buscava não iria saciá-la no relacionamento — aquilo estava *destruindo* o relacionamento. Em vez disso, ela precisava ver, com o tempo e por meio das atitudes de Seth, que ele de fato a amava. Ela tinha que praticar a confiança nele. Também precisava aceitar uma dura verdade: eles podiam romper algum dia — e tudo bem. "Sempre" e "nunca" são duas palavras que não podem ser prometidas em nenhum relacionamento (mesmo no casamento), já que a vida inevitavelmente está mudando dia a dia. Mesmo com a melhor das intenções, nada é garantido. Uma pílula difícil de engolir, eu sei.

Agora, lembra que eu disse a você que Casey tinha dificuldade de expressar emoção? Sim, depois que tivemos essas sessões, não mais. O vulcão entrou em erupção. Quando compartilhei essas mudanças de comportamento recomendadas, ela *enlouqueceu*. Rosto vermelho, olhos arregalados, mãos trêmulas — ela era uma lava quente. Eu havia virado seu mundo de cabeça para baixo ao não garantir que aquele relacionamento duraria para sempre.

Casey se sobressaltou:

— Então você está me dizendo que eu devia parar de perguntar a meu namorado se ele me ama ou não?

— Sim.

— E está me dizendo que ele deve responder dizendo que eu já sei o que ele sente e que ele me dirá se mudar de ideia?

— Sim. — Fiz uma pausa. — Você acredita que seu namorado ama você?

— Bem... Sim.

— Como você sabe?

— Ele está aqui por mim. Nós nos divertimos muito juntos. O sexo é ótimo. Ele é meu melhor amigo, realmente.

— E você confia que, se ele quisesse terminar o relacionamento, faria isso de maneira respeitosa?

— Acho que sim.

Esperei um instante.

— E vamos ser honestas. Digamos que seu pior temor se tornasse realidade e ele terminasse o relacionamento. O que você faria?

Ela admitiu:

— Eu ficaria triste no início. Arrasada, de fato. Mas também ficaria bem. Afinal de contas, não quero ficar com alguém que não quer ficar comigo.

— Então, você está dizendo que superaria isso?

— Acho que sim.

Aquela foi uma grande pergunta: eu não apenas a estava convidando a interromper o comportamento que ela achava muito reconfortante (temporariamente), como também estava impelindo sua rede de apoio a se comprometer com ela de uma maneira totalmente nova. Minha intenção com isso não era ser maldosa. Queria que ela visse que era muito mais capaz do que percebia. Precisava que soubesse que podia lidar com a dor e a incerteza — ambas inevitáveis na vida. Embora de início ela não acreditasse em mim, eu queria que considerasse que podia ficar bem, mesmo que não tivesse seu salva-vidas ajudando-a a boiar.

Algo poderoso aconteceu depois dessa interação. Casey decidiu começar a nadar sozinha. Em pouco tempo, começou a se maquiar sozinha, a escolher suas roupas e a preparar suas refeições — tudo sem a colaboração de pessoas à sua volta. Isso pode parecer trivial para alguém que não enfrenta essa evolução específica da ansiedade, mas para ela foi importante. Ela não estava telefonando para amigos e familiares várias vezes por dia, pedindo a colaboração deles. Também não foram só mudanças diárias. Depois de avaliar seus valores e interesses, ela escolheu fazer Obstetrícia e Ginecologia, em vez de se valer do que a mãe recomendava a distância.

À medida que fazia progresso, ela não deixou de ser grata pelo apoio que recebia. Ela só não dependia mais dele para funcionar. Ela me disse que suas relações começaram a melhorar porque a dinâmica estava mudando. Consistia menos em pedir ajuda e mais em simplesmente estar junto. Já não havia a desigualdade daquele que ajuda e daquele que é ajudado. Quer fosse com seu namorado, sua mãe ou suas colegas de quarto, Casey estava se mostrando no mesmo nível, e não implorando de joelhos para saber o que deveria fazer com seu dia (ou sutilmente, com sua vida). Estava andando com as próprias pernas.

O problema seguinte, porém, era que Casey não gostava de suas pernas. Ou de sua barriga. Ou de seu rosto. Ou de coisa nenhuma em sua aparência.

## SOMOS A GERAÇÃO ANSIOSA PORQUE SOMOS A GERAÇÃO DAS APARÊNCIAS

Não era por acaso que Casey brigava com sua aparência. Ela se condicionara a se sentir insegura. Especialmente em relação a sua aparência física, ela internalizara cedo, como acontece com muitos de nós, que seu valor estava ligado ao modo como os outros a viam. Talvez você possa se identificar com isso também. De fato, para mim, era crucial incluir um capítulo sobre a interseção de nossa aparência com nossa ansiedade porque estou vendo uma epidemia de insegurança em relação ao corpo e padrões alimentares nada saudáveis. Outros terapeutas compartilharam comigo que estão notando cada vez mais clientes lutando contra o ódio à própria aparência. Pesquisas sustentam isso também, já que estamos observando maiores índices de transtornos alimentares e dismorfia corporal surgindo enquanto o tempo diante da tela, a mídia social e imagens filtradas arrebatam o mundo.[80]

As pessoas não estão erradas sobre o grau de importância que nossa sociedade dá à aparência física. Temos um problema real de discriminação do tamanho do corpo, e precisamos fazer alguma coisa em relação a isso. Há livros inteiros sobre isso e, aliás, recomendo ler em maiores detalhes sobre a interseção entre ansiedade e aparência. Nosso trabalho nesse campo está apenas começando. Continuamos a precisar de uma mudança sistêmica em que notemos nossas tendências e ajamos para impedi-las. A solução não é mudar nosso formato para conquistar pessoas. A resposta não é passar fome, exercitar-se em excesso ou nos fazer vomitar (o que, na verdade, não faz você perder peso no longo prazo, fique sabendo).[81] Embora nossa geração continue assolada por uma praga de filtros e uma pressão cada vez maior para se parecer com os bonecos Barbie e Ken, podemos nos opor a isso.

Nossas vidas dependem disso. Quando passamos fome ou adoecemos a nós mesmos para corresponder a um ideal inalcançável, há consequências. Os transtornos alimentares são a segunda preocupação de saúde mental mais mortal, depois da crise de opioides.[82] De fato, perdemos uma pessoa para um transtorno alimentar a cada 52 minutos.[83] Muita gente também não está obtendo o apoio de que precisa. Pessoas Bipoc* têm uma probabilidade 50% maior de serem diagnosticadas com transtorno alimentar, ou de receberem tratamento para isso, e têm uma probabilidade significativamente menor de até mesmo serem questionadas por um médico sobre algum sintoma.[84] Pessoas LGBTQIA+ também são impactadas —homens gays têm uma probabilidade sete vezes maior de comer desenfreadamente e 12 vezes maior de induzir vômito após as refeições, enquanto universitários transgênero demonstram um índice de transtornos alimentares quatro vezes maior em comparação a cisgêneros.[85,86] E antes de supormos que pessoas que sofrem de transtornos alimentares têm determinada aparência, deve-se saber que menos de 6% das pessoas com esses transtornos são diagnosticadas como "abaixo do peso".[87,88] Os transtornos alimentares e a dismorfia corporal podem impactar qualquer um, e estão ligados à ansiedade. De fato, 71% daqueles que enfrentam um transtorno alimentar recebem outro diagnóstico. O que está no topo de tudo isso, com um índice de comorbidade de 53%? Ansiedade.[89]

Nossa geração lamentavelmente aprendeu que se esforçar para ser atraente é um falso antídoto para essa ansiedade e uma maneira de exercer poder. Mulheres jovens em especial, que podem sentir que lhes falta poder em termos de conhecimento, experiência ou personalidade firme, aprenderam que sua aparência pode lhes propiciar influência social. Isso pôs mulheres contra mulheres. Nós nos comparamos umas com as outras constantemente para saber onde estamos na hierarquia social. Usamos nossa aparência como referência para determinar se devemos nos sentir

---

* Sigla em inglês para "Black, Indigenous and People Of Color" (negros, indígenas e outras minorias). (N. do T.)

confiantes ou inseguras. De fato, é comum clientes me dizerem que uma das primeiras coisas que fazem é examinar um ambiente para ver se se encaixam no aspecto geral. A aparência se tornou uma conquista por seu próprio mérito. Essa é uma lição que precisamos desaprender.

Para ser justa, começamos a ver algumas mudanças no modo de definição da beleza. O ideal ocidentalizado de mulher magra e alta, com a pele clara/bronzeada, cabelo longo, seios grandes, olhos grandes, nariz pequeno e maçãs do rosto pronunciadas está mudando.[90] Marcas como Fenty e Aerie mudaram o jogo, em especial desde os tempos de Victoria's Secret e Abercrombie & Fitch, quando muitas Millennials estavam encontrando seu lugar junto a modelos tamanho 00 e água-de-colônia em excesso. O Índice de Massa Corporal, ou IMC, já não é recomendado como maneira de definir a saúde de alguém, uma vez que desde o início não se utilizavam dados representativos (amostras coletadas em europeus brancos informavam suas categorias).[91] Agora sabemos que o método genérico está ultrapassado. Também estamos aprendendo que peso não necessariamente tem correlação com saúde do corpo em geral. Corpos de tamanhos menores podem ter anormalidades cardiometabólicas, e há uma prevalência de pessoas de corpos mais pesados consideradas metabolicamente saudáveis.[92]

Ainda temos um longo caminho a percorrer. O preconceito em relação ao peso permanece preso à balança. Muitos de nós crescemos com pais que nos disseram que ganhar peso deve ser algo a evitar a qualquer custo. Éramos olhados de soslaio quando comíamos hambúrguer *com* batata frita. Aprendemos na escola que não éramos saudáveis se tínhamos corpos maiores. Até hoje continuamos a censurar e envergonhar pessoas por seu peso, acreditando que são preguiçosas, malsucedidas e não inteligentes, entre outros estereótipos nocivos.[93] Diferentemente de algumas coisas que não podemos mudar, como etnia e idade, acreditamos que as pessoas são irresponsáveis quando não têm uma compleição menor. Em parte, isso pode acontecer porque encontramos índices mais altos de discriminação de peso nos níveis institucional e interpessoal, em comparação à discriminação baseada em gênero ou raça.[94] Consideramos justificada a discriminação com base na aparência porque acreditamos falsamente que isso seja algo que podemos controlar. E como diz nossa clássica estrutura de ansiedade, quanto mais você tenta controlar, mais fora de controle se sente. Não surpreende que nossa geração se sinta para lá de ansiosa em relação a seus corpos. Quando nos dizem que "devíamos" ser capazes de modificar nossa aparência, e não conseguimos ou isso não é suficiente, ficamos desnorteados.

Isso levou a um nível épico de evitações — ao qual a ansiedade com frequência nos induz. Dizemos a nós mesmos que não queremos namorar ninguém enquanto não perdermos quatro quilos. Não queremos sair com os amigos porque não ficamos bem na roupa ou porque temos acne no rosto. Não queremos fazer sexo porque não queremos sentir nossos corpos expostos. Em algum momento temos que dizer chega. Não podemos continuar permitindo que a sociedade dite o sentimento de que não merecemos namorar, sair e fazer sexo se não tivermos determinada aparência. Em algum momento, temos que pular fora e fazer o que queremos — não importa nossa aparência. E se uma pessoa julga a nós ou a nossos corpos? Isso é com elas. Uma coisa é ter preferências pessoais, outra é envergonhar alguém que não se encaixa no modelo estereotípico de beleza. Qualquer que ele seja. Cada um de nós precisa definir beleza de maneira própria. E tem o seguinte: talvez nossa beleza não precise nos definir, para início de conversa. Somos muito mais do que nossa aparência.

## SENDO O DONO DE SUAS ÁGUAS

Como muitos de nós, Casey estava evitando muita coisa na vida porque não gostava de sua aparência. Estava pagando o preço. Como era profundamente insegura, desconfiava de tudo. Hesitava em vestir uma roupa colorida porque isso poderia destacá-la. Estressava-se com as escolhas alimentares porque poderiam ter um impacto sobre a aparência de seu corpo. Embora pessoas riam do termo "básico", ela estava tentando ser o mais básica possível. Por quê? Porque não queria ser diferente. Ser diferente poderia significar que seria excluída ou que as pessoas pensariam que era "estranha". Para ela, não havia sentimento pior. Esse era seu principal ponto de gatilho.

Agora, se um cliente quer se misturar porque isso lhe convém, eu respeito. É por isso que sempre avalio como um cliente se sente em relação a seu comportamento. Na situação de Casey, ela compartilhou comigo que queria ser mais confiante. Ela sentia que estava se mantendo dentro de uma caixa, mas tinha muito medo de sair dali, e quando um cliente me diz que quer se sentir mais seguro de si mesmo, este é o meu sinal para ativar a aceitação empoderada em nosso trabalho juntos. Eis o processo.

Primeiro, temos que reconhecer e aceitar o que é. No caso de Casey, e de muitos de meus clientes que têm dificuldade com a imagem de seu corpo, nós nos voltamos para um trabalho de neutralidade corporal. Sim, você notará que eu não disse "positividade corporal" aqui. Embora o movimento da positividade corporal tenha começado em 1969, com o movimento de aceitação da gordura e, sem dúvida, continua a fazer um trabalho incrível até hoje, outros compartilharam que a mensagem "amo meu corpo" parece impossível de ser compreendida.[95] Embora eu ainda acredite que essa mensagem pode colaborar para se ter autocompaixão, também entendo que a ideia de amor incondicional ao corpo, ainda que pareça boa, pode parecer insincera.

É por isso que a neutralidade corporal — em que você pratica aceitar seu corpo como ele é e pelo que ele pode fazer, e não por sua aparência — pode ser um ponto pelo qual é mais fácil entrar, em especial se você luta contra dismorfia corporal e/ou transtorno alimentar. Adoro o modo como Anuschka Rees, autora e ativista de neutralidade corporal, descreve a diferença de perspectiva em seu livro *Beyond Beautiful*. Ela sugere que enquanto a positividade corporal espera mudar a definição de beleza em nossa sociedade, a neutralidade corporal está centrada em mudar o *valor* da beleza em nossa sociedade.[96] Acho isso incrivelmente poderoso. Pensar em como seria viver num mundo onde nossos corpos podem ser apenas corpos e nosso valor não esteja preso à aparência deles me dá uma descarga de dopamina.

Então foi aí que começamos com Casey. Em vez de incentivá-la a praticar um diálogo interno insincero (por exemplo, "Eu amo a aparência de minha barriga!"), integramos atenção plena para simplesmente desenvolver consciência corporal e o que isso poderia fazer por ela. Um exemplo disso incluiu ajudar Casey a reconhecer como seu estômago a ajuda a digerir alimentos para que ela tenha energia suficiente para atravessar o dia. Mudando esse foco, Casey foi capaz até de integrar um sentimento de gratidão pelo corpo. Isso não significou que ela adorava sua aparência, mas estava começando a entender que seu corpo fazia muito por ela todos os dias. Aqui, de novo, estamos considerando a dialética de ambos/e: você pode apreciar o que seu corpo pode fazer e não amar sua aparência — e tudo bem.

Acredito que seja útil você praticar por si mesmo um pouco de neutralidade corporal. Convido você a listar três partes de seu corpo (talvez identificar algumas partes do corpo que às vezes tem dificuldade de amar) e notar como essas partes o ajudam atualmente ou lhe serviram no passado.

| PARTE DO CORPO: | O QUE ESSA PARTE DO SEU CORPO FEZ POR VOCÊ OU COMO ELA O AJUDA ATUALMENTE? |
|---|---|
| | |
| | |
| | |
| | |

Como você se sentiu fazendo esse exercício? Notou alguma mudança de perspectiva? Se não, tudo bem. Seja paciente consigo mesmo no processo. Se você está odiando seu corpo há anos, é demorado começar a vê-lo através de lentes diferentes. Talvez um ponto para começar seja considerar que poderia ser *possível* você aceitar seu corpo como ele é.

Também comecei a ajudar Casey a separar seu valor de sua aparência — o que foi uma jornada bastante familiar para mim também. Agora, esse é um dos trabalhos mais difíceis que faço com meus clientes porque, vou lhe dizer, nossas crenças sobre beleza em nossa sociedade estão *profundamente* arraigadas. Assim como as pessoas podem ter internalizado a homofobia, o racismo e o capacitismo, entre outras formas de discriminação, muitos de nós internalizamos o preconceito da aparência. Nós nos envergonhamos por termos rugas, celulite, pele flácida, seios grandes, por não termos bunda, por termos quadris largos, músculos fracos, acne — a lista continua e está sempre mudando, dependendo de qual é a tendência. Fazemos uma falsa promessa a nós mesmos de que, se pelo menos fôssemos "bonitos", a vida seria mais fácil.

Em *O mito da beleza*, Naomi Wolf analisa como as mulheres foram socializadas a serem obcecadas pela aparência para que isso nos desviasse de nosso crescente poder. Wolf compartilha como esse esforço impossível para a "beleza impecável" é um recurso para deixar as mulheres presas ao constrangimento e ao autodesprezo.[97] Embora tenha sido publicado em 1990, o livro ainda soa verdadeiro hoje. Eu o via sendo ativamente representado no modo de Casey falar sobre si mesma e se ver.

Para muitos de nós, grande parte de preocupação está associada ao que vemos no espelho. E embora possamos não gostar de admitir, a aparência não é algo que possamos controlar. Não importa quantas dietas, cirurgias, injeções e cremes sejam empurrados para nós, há muitas coisas em nós que são geneticamente inerentes a quem somos — a cor de pele, o tamanho do sutiã, nosso percentual de gordura corporal. Aquilo com o qual nascemos varia muito. Podemos lutar contra ou aceitar (e nem sempre amar) o corpo que vemos nos olhando de volta.

Agora, para ser clara, se há aspectos seus que quer mudar, não vou impedir se isso lhe fizer feliz, porém, penso que devemos nos perguntar *por que* estamos realizando procedimentos estéticos e gastando milhares de dólares em processos que alteram o corpo. É porque fazendo isso nos sentimos mais confiantes? Nosso objetivo é agradar a nós mesmos ou a todos à nossa volta?

Alguns dizem para você fazer todos os procedimentos, maquiagens e tingimentos no cabelo, se isso lhe faz se sentir incrível. Outros são completamente o oposto: não raspe as axilas, não use maquiagem e exiba suas rugas com orgulho. Se isso lhe faz se sentir bem e você está fazendo isso por si mesma, quem somos nós para julgar um ao outro? É quando estamos escolhendo por nós mesmos como queremos nos mostrar — e a ansiedade não está ditando isso — que estamos vencendo a batalha. Essa é a definição de empoderamento.

Grande parte de nosso sofrimento com o corpo tem raízes em nossa preocupação com o modo como as pessoas nos perceberão. Mas por que as opiniões delas deveriam importar? Será que esses estranhos aleatórios, ou mesmo as pessoas mais próximas de você, devem determinar como você se sente em relação a si mesmo? Se a resposta é sim, acho que talvez precisemos reavaliar isso. Quando você tem uma pessoa decidindo sobre sua autoestima com base na avaliação dela sobre sua aparência física, está renunciando inteiramente ao seu poder. Isso é o oposto da aceitação empoderada.

E deixe eu lhe fazer uma pergunta em seguida: por que *você* não merece esse poder?

Por que você não é suficiente para decidir sozinho como se sente com seu corpo e como vive nele? Espero que este livro possa ser uma sacudida que lhe faça perceber que ninguém além de você deve determinar como você se sente em sua pele. Percebo que há forças sistêmicas maiores em jogo que dificultam vencer esses jogos mentais, mas vou lhe dizer o seguinte: o ciclo começa a terminar quando deixamos de acreditar no mito de que precisamos ter determinada aparência. É simples e difícil à beça ao mesmo tempo. Seja como você quer ser. Sem nenhum remorso.

Quando você fizer isso, sua ansiedade provavelmente diminuirá. Quando você não está se preocupando com o que todo mundo pensa (o que, de qualquer modo, você não pode controlar), a ansiedade começa a perder força. As táticas do medo de se preocupar com o modo como os outros percebem você já não se aplicam. Você tem mais o que fazer.

No fim das contas, isso consiste em se permitir ser dono de si mesmo — e isso não precisa depender de sua aparência. Essa é a parte empoderada — e é onde você precisa agir. Você não pode pensar em uma maneira de ser mais confiante. Tem que se mostrar.

Um de meus objetivos com Casey era ajudá-la a ficar mais confortável com seu corpo. Com frequência ela parecia muito tensa na sessão — o tórax para dentro e o sorriso fixo sem mostrar os dentes. Eu podia ver que ela tinha tanto medo de parecer tola que se contraía por nada. Não havia descontração — nenhum elemento de brincadeira — no modo como se apresentava. Mesmo através da tela, ela parecia ter dificuldade de respirar.

Vi isso acontecer em muitos clientes, como se eles trancassem tudo num lugar para impedir que algum potencial tropeço acontecesse. Evitar constrangimento é o principal objetivo deles. Quando vejo clientes chegarem assim, isso me diz que precisamos nos soltar. E daí se sua roupa parece boba? Ou se você sai do banheiro com papel higiênico grudado na sola do sapato? O mundo continua a girar, e você só provou sua condição humana. E acredite ou não, quando você não é perfeito, as pessoas gostam *mais* de você. Isso se chama efeito *pratfall*[*], e a ideia é que é mais fácil gostar de pessoas consideradas mais competentes quando elas também demonstram ser falíveis, seja levando um tombo, derrubando algo ou cometendo uma gafe.[98] Mesmo que as coisas não aconteçam conforme planejado, as pessoas se conectam mais com você quando você mostra que é como todo mundo: imperfeito.

Portanto, recupere seu poder. Seja dono de sua condição humana. Aceite o que é estranho. Quando você percebe que todos nós somos estranhos

---

[*] "Cair de bunda". (N. do T.)

e atrapalhados, não se sente mais diferente. E lembre-se, aqueles que o julgam têm sua própria dor internalizada que está sendo projetada em você. Perfeccionistas, com frequência, criticam outros perfeccionistas, e isso porque veem o mundo com o mesmo olhar severo com que veem a si mesmos. Quando rompe o círculo e percebe que não precisa viver com esse olhar doentio, você se liberta. Comece a dança feliz — e, por favor, não me julgue por meus movimentos.

**PARA ENTRAR EM UMA NOVA ONDA:**
Você nota que sua aparência e o potencial julgamento dos outros têm um impacto sobre sua experiência de ansiedade? Que passos você pode dar para praticar assumir quem você é, integrando aceitação e empoderamento com o modo como se vê?

## DEIXANDO DE SE PESAR PARA SE SENTIR MELHOR

Casey percorreu um longo caminho em nosso trabalho juntas, e comecei a vê-la se permitir desatar o rolo confuso da ansiedade. Porém, como em todas as partes do processo de terapia, às vezes desemaranhar é devastador demais. Eu a adverti: leva tempo para desenvolver as habilidades que acompanham a construção de confiança. É uma prática. Eu podia ver que ela ficava frustrada consigo mesma quando sentia que não estava progredindo rápido o bastante. Também podia ver que ficava aborrecida comigo se eu não a ajudava a melhorar no ritmo que ela desejava. Quando eu não tinha a varinha de condão que ela queria, Casey ficava desapontada.

Nossos padrões de crescimento nunca são lineares. Eles vêm num ritmo lento e constante. Às vezes, quando a ansiedade está aumentando, queremos resolver nossa dor de uma vez por todas. Ficamos fartos quando não funciona assim. Parte do processo de Casey foi aprender a ser paciente consigo mesma enquanto entrava na pessoa que queria se tornar. Ela redefiniu suas prioridades. Já não se tratava de esculpir uma imagem exterior esperando que, assim, as pessoas a amassem. Em vez disso, tratava-se de entender profundamente a pessoa por baixo de seu cabelo, da maquiagem e das roupas. Assim como seu namorado sabia o quanto a amava, ela estava aprendendo o quanto merecia amar a si mesma — independentemente de sua aparência ou de suas conquistas. Isso é uma vitória, na minha opinião.

Mas havia algo mais que eu esperava que Casey levasse de nosso trabalho juntas. Eu queria reconectá-la com sua alegria — algo que eu temia que ela tivesse perdido em algum momento muito anterior, na infância. Como a ansiedade com frequência nos leva a fazer, crescemos rápido demais e deixamos para trás as tolices e diversões porque elas nos parecem frívolas. Falta propósito. E é exatamente por isso que precisamos delas ainda mais.

Talvez você também tenha se afastado da alegria. Não nos permitimos a vulnerabilidade de uma risada ou de lágrimas sentidas porque acreditamos que isso nos deixa indefesos. Vemos a expressão da emoção como uma fraqueza, e não como um momento de conexão. Internalizamos que adultos não brincam, não choram, não riem (a não ser que estejamos embriagados e, portanto, menos passíveis de nos preocuparmos com inibições).

Sei, porém, que a maioria de nós quer se reconectar com a alegria. Parte do motivo pelo qual a nostalgia é tão forte é que ela parece ser um dos poucos canais pelos quais podemos acessar aquele maravilhamento de que sentimos falta. É por isso que adoramos ver bebês, porque eles não se constrangem a se permitir fazer todas as coisas que gostaríamos de poder fazer — rir, chorar, brincar — sem julgamento.

E se você se permitisse se soltar? E se não julgasse a si mesmo por rir tanto a ponto de as pessoas se virarem de costas porque ouviram você? E se você dançasse num casamento e os outros notassem? E se? E se? E se? E a isso eu digo: "E daí. E daí. E daí." Sua ansiedade não precisa prender completamente sua alegria. Permita-se amar o que você ama sem pôr parâmetros nisso.

**VAMOS APROVEITAR UMA OPORTUNIDADE DE DEFINIR ALGUMAS FORMAS DE VOCÊ INCORPORAR MAIS BRINCADEIRAS EM SUA VIDA. O QUE DESPERTA SUA ALEGRIA INFANTIL?**

1. _____
2. _____
3. _____
4. _____
5. _____

    Volte a brincar. Encontre aquelas coisas que você adorava fazer quando era criança e redescubra-as. Encontre coisas novas que despertam seu interesse e se perca nelas. Nem tudo precisa ser feito pelo bem da produtividade. Nem tudo precisa ter um propósito. Perca a noção do tempo e se divirta com algo por prazer. Quando você é capaz de ser livre para viver sua alegria, a ansiedade deixa de ser uma fortaleza em sua vida. Sim, pode ser que você ainda se sinta ansioso às vezes ao tentar algo novo. A chave é não deixar que a ansiedade o impeça completamente. Você está voltando para aquela criança interna que só quer brincar.

## CAPÍTULO OITO

# APOIANDO DE LONGE SEUS COMPANHEIROS SURFISTAS

Às vezes você sabe dizer que um cliente não tem dormido bem há alguns dias. Com Jessie, parecia que ela não dormia havia algumas semanas. Latina, transgênero, agnóstica e queer, ela me disse que mal conseguia descansar algumas horas porque fazia alguns meses que seu melhor amigo da faculdade, que chamaremos de Tony, estava preso por causa de um roubo. De acordo com Jessie, o que para Tony começara como um vício em álcool evoluíra para um problema com cocaína. Ele começara a agir de maneira irregular seis meses antes, e Jessie me contou que andava muito preocupada com ele. Embora sentisse que devia ajudar o amigo, ela disse que a situação degenerou quando soube que ele estava preso por arrombar uma casa e entrar ali com uma arma. Agora que Tony estava preso e não tinha condição de pagar uma fiança, ela não conseguia pensar em outra coisa a não ser nele. Não apenas estava tentando conseguir dinheiro para a fiança como também começara a faltar às aulas, a ignorar seus outros amigos e a dormir mal porque não sabia quando Tony poderia telefonar da prisão. Ela me contou que se sentia péssima, mas não queria "desapontar Tony". Procurou-me na esperança de que eu pudesse ajudá-la a ajudar seu amigo. Eu tinha outro propósito, porém: ajudá-la a ajudar *a si mesma*.

Percebo que muitos de vocês, assim como Jessie, são miniterapeutas em formação. Você poderia ter concluído um estágio a essa altura, com todas as horas de sessão de terapia que já deu às três da manhã. E embora seja muito generoso de sua parte apoiar amigos e familiares assim, isso não é sustentável. É por isso que tive de incluir este capítulo. Estou escrevendo isto não só para que você possa ajudar aqueles à sua volta que estão em dificuldades, mas também para que possa proteger seu próprio bem-estar. Quando você está trabalhando além do horário para pessoas de sua vida, isso é uma via rápida para um esgotamento. E embora tenha começado como salva-vidas, pode rapidamente se afogar, se não tiver cuidado.

Ao ler este capítulo, provavelmente você está pensando em alguém com o qual está preocupado agora. Possivelmente não há dor maior do que ver nossos amigos e familiares sofrendo. Às vezes, isso é pior do que suportar nossos próprios fardos. E quer o comportamento do outro seja intencional ou não, isso nos dilacera por dentro. Para termos alguma impressão de controle, com frequência nos jogamos e agimos porque nos sentimos completamente impotentes vendo a destruição bem diante de nossos olhos.

É o seguinte, porém: não podemos controlar as escolhas que as pessoas fazem em suas vidas. Jessie não pôde impedir que Tony roubasse a casa de alguém ou começasse a usar cocaína. Embora algumas pessoas a tenham julgado por manter a amizade com Tony depois que isso aconteceu, ela se agarrou a algo que muita gente à sua volta tinha dificuldade de ver: o ambos/e. Ela foi capaz de ver que Tony tinha um bom coração, e de não ver apenas as escolhas difíceis que ele fizera. Sabia que ele ainda era uma boa pessoa que tomara algumas decisões questionáveis, mas isso não o tornava uma pessoa completamente ruim. Achei essa compaixão de Jessie uma coisa bonita, em especial quando muitos outros próximos a Tony haviam se afastado dele — e dela também, por continuar sendo amiga dele.

## APOIANDO DE LONGE SEUS COMPANHEIROS SURFISTAS

Porém, fiquei preocupada com Jessie quando vi que estava começando a abandonar seu bem-estar para estar presente para Tony. Ela me disse que pensava que não seria uma boa amiga se não se sacrificasse tanto quanto possível por Tony. Tive que lembrá-la de seu ambos/e: ela podia continuar sendo uma boa amiga e praticar o autocuidado. Porque por mais difícil que fosse para Jessie entender, ela estava percebendo que não podemos controlar o que nossos pais, ou amigos, ou membros da família, fazem. Tudo o que ela podia controlar era a si mesma e como cuidar de seu próprio bem-estar.

Talvez você possa encontrar uma relação. Pode ser que você tenha um pai ou mãe que lute contra o alcoolismo. Um amigo que regularmente ameaça suicidar-se. Uma irmã com um transtorno alimentar, que se recusa a obter ajuda. Todos esses comportamentos são autodestrutivos por si mesmos. É como assistir a um avião caindo em câmera lenta. Você não pode impedir. É difícil assistir.

Quando isso me vem à cabeça, não consigo deixar de me lembrar de meu tio Matt, o filho mais novo de minha avó Joan, e de sua batalha contra o alcoolismo. Embora na juventude ele fosse sempre o mais alegre, nós o vimos se tornar um homem ressentido que não conseguia largar a bebida. A família saía à procura dele. Eu me lembro de meus primos e eu sentados no banco de trás de um carro, num hotel de beira de estrada próximo, onde nossos pais (seus irmãos) tentavam convencê-lo a ir para uma clínica de reabilitação. Ele dizia inflexivelmente: "Não." Exigia: "Me deixem em paz." Embora tenhamos continuado insistindo, tio Matt acabou se matando num quarto de hotel aos 43 anos. Eu me lembro de receber um telefonema em meu recital de canto, quando tinha 13 anos. Gostaria de lhe dizer que ficamos surpresos, mas não ficamos. Ainda assim, ficamos arrasados. Nunca me esquecerei de quando abracei minha avó Joan no estacionamento da igreja e choramos juntas. Seu filho se fora. Tantos anos depois, ainda penso nele toda vez que passo de carro por aquele hotel.

A perda de tio Matt deixou uma marca em mim. Não bebo muito porque isso me faz lembrar do que minha família passou. Também não trabalho com clientes que usam substâncias irrestritamente porque isso me machuca demais. Embora eu tenha bastante consciência de que a recaída faz parte do quadro quando clientes estão em recuperação, é muito difícil para mim quando alguém volta a usar depois de anos de sobriedade.

Se você está se identificando com alguma dessas coisas, sei que está suportando muito. Talvez se culpe por não ter atendido o telefone aquela vez. Ou talvez pense que é por culpa sua que um membro da família teve uma recaída porque você entrou na briga. Minha esperança é que, ao ler isto, você possa se livrar da culpa que pode estar carregando.

Quero dizer isto em alto e bom som: você não é responsável pelas escolhas que outra pessoa faz.

Nem sempre você pode controlar se alguém decide fazer mal a si mesmo. Você não pode estar dentro do cérebro dele. Não pode controlar o corpo dele e o que ele faz com o corpo. A não ser que a pessoa esteja hospitalizada por haver risco para si mesma ou para outros, ou seja menor de idade, há um limite para o que você pode fazer. Sei que pode sentir como se sempre pudesse fazer "um pouco mais", mas, honestamente, o pouco mais que pode fazer é cuidar de si mesmo. No fim das contas, cabe à pessoa em sofrimento obter a ajuda e praticá-la. Ela é quem precisa dar o primeiro passo, em especial se é para isso durar. Ela tem que querer isso com vontade.

**PARA ENTRAR EM UMA NOVA ONDA:**
É comum você se preocupar com alguém e desejar fazer mais para controlar determinada situação? Como você pode continuar amando alguém *e* a si mesmo ao mesmo tempo sem abrir mão de seu bem-estar?

## QUANDO SUA PRANCHA ESTÁ AFUNDANDO

Assim como Jessie, pode ser que você ache que acrescentou os problemas de todos, e ainda das mães deles, à sua vida. Jessie estava tão preocupada em cuidar de Tony que esqueceu completamente de cuidar de si mesma. Quando perguntei sobre isso, ela me disse que seria falta de consideração cuidar de si mesma quando Tony tinha "problemas muito maiores" para enfrentar.

Eu a lembrei de que ela tinha capacidade para se permitir cuidar de Tony e de si mesma. Na verdade, cuidar de si mesma seria uma maneira de mostrar a Tony que ela não estava desistindo de nenhum dos dois. Isso poderia até inspirá-lo a fazer o mesmo por si próprio.

Ela me disse que não havia pensado nisso dessa maneira.

Assim como Jessie, muitos de nós paramos de viver nossas vidas porque sentimos que precisamos cuidar constantemente de outra pessoa. Para ser justa, é aí que o sistema falha conosco. Não nos disponibilizam recursos nem de longe suficientes para que as pessoas tenham acesso equitativo à assistência. As pessoas não conseguem encontrar terapeutas ou não podem pagar por eles (dica de profissional: procure uma clínica de treinamento universitária e verifique a escala de opções). Para aqueles que estão enfrentando uma doença mental séria, nosso sistema com frequência deixa as pessoas com duas opções: confinamento ou hospitalização. Muitos membros de família e amigos são *forçados* a oferecer assistência de longo prazo porque não há onde mais as pessoas necessitadas possam ir.

Eu via isso o tempo todo quando trabalhava na Universidade da Califórnia, no Centro para Avaliação e Prevenção de Estados de Pródromo (CAPPS, na sigla em inglês), onde estudávamos sinais iniciais de psicose e sua progressão. Diante do olhar de pais exasperados, percorríamos a lista de recursos, e, reconhecidamente, estes são limitados. Às vezes eles diziam: "Já tentei tudo isso. Isso é tudo?" E minha resposta infelizmente era: "Sim. Quisera que houvesse mais." Eu, então, procurava um leito de hospital para o cliente em surto psicótico, só para ser informada de que não havia nenhum e que a família teria de dirigir duas horas para encontrar um leito para o cliente passar a noite antes de ser transferido. Se isso parece exaustivo, é porque, de fato, é.

Alguns anos passando por isso e é compreensível por que muita gente fica sem casa ou acaba presa, como Tony. Sem o privilégio de famílias que possam cuidar deles, não é incomum que, aos 18 anos ou um pouco mais adiante, clientes acabem sendo deixados por conta própria. Drogas, álcool e outras ferramentas pouco confiáveis para lidar com seus problemas podem ser escolhidos como meio de sobrevivência, em especial quando eles não têm acesso à terapia ou não seguem um regime de medicação. Seja em estado de psicose ou quando embriagadas, essas pessoas podem assumir comportamentos que confirmam os piores estereótipos de doença mental, incluindo o de que são pessoas perigosas e não merecem confiança.[99,100,101]

Quando nossos piores temores se tornam realidade e vemos as manchetes dos noticiários, podemos facilmente apontar o dedo e dizer que os pais "não fizeram o suficiente". Mas convido qualquer um a viver uma semana a vida de um cuidador, em especial um membro da família ou amigo que esteja tentando ajudar alguém que não obedece ao tratamento. Nem sempre é moleza. Às vezes, é insustentável. Quando cuidadores tomam uma decisão firme de que precisam estabelecer limites em suas vidas, podemos ver a consequência de pessoas indo parar na rua ou atrás das grades. Balançamos a cabeça, perguntando-nos o que diabos aconteceu.

Bem, eis o que aconteceu. Em vez de apoiar esses clientes e suas famílias que podem estar na luta há anos, nosso sistema de assistência médica esperou o problema acontecer. Como diz a National Alliance on Mental Illness: "Você deveria temer o sistema falido, e não as pessoas com as quais ele falhou."[102] Quer seja alguém dirigindo sob influência de substâncias e batendo em alguém num acidente fatal, ou um jovem vulnerável que se envolveu com drogas (como Tony), apontamos o dedo para os pais ou para as pessoas próximas em vez de considerar que estamos sistematicamente pisando na bola. Não é só que não estejamos fazendo o bastante — estamos tornando fácil demais que esses problemas se perpetuem. Realisticamente, porém, também não podemos monitorar cada movimento de alguém com o qual estamos preocupados. Se já estamos nesse ponto, sabemos que uma estrutura de apoio maior deveria ter sido introduzida de antemão.

Lamentavelmente, esse apoio nem sempre está disponível. Nem sempre temos lugares seguros e eficazes para essas pessoas se instalarem. Poderíamos escrever outro livro inteiro sobre o debate da desinstitucionalização, mas a verdade da questão é: precisamos de mais apoio aos indivíduos e aos cuidadores em torno deles. Em vez de culpar pessoas, como Jessie, por não "consertarem" o problema ou não "notarem os sinais", precisamos proporcionar mais educação sobre intervenções de pessoas próximas e desestigmatizar o acesso a serviços. Precisamos ter conversas mais sérias sobre como financiar habitação e funcionários para aqueles que precisam de apoio diariamente. Não me entenda mal, sou totalmente a favor de um modelo de assistência baseado na recuperação em que damos à pessoa o poder de assumir a posse de sua vida tanto quanto possível.[103] Mas, até lá, não surpreende que cuidadores experimentem uma tremenda ansiedade — eles inerentemente sabem que o ônus da responsabilidade pode muito bem cair sobre eles e não sobre a pessoa que invocou danos. Além disso, se eles não cuidarem, quem cuidará? Essa era a pergunta que mantinha Jessie acordada à noite esperando um telefonema de Tony, que parecia nunca vir.

Sei que para muitos de vocês, preocupar-se com alguém é praticamente um trabalho de expediente integral. Você se estressa porque não sabe se a pessoa amada irá à consulta do terapeuta ou não. Ela tomou os comprimidos e renovou a receita? Ela tem acesso a objetos cortantes? Teve uma recaída? É exaustivo mergulhar nesses pensamentos — em especial, quando não há muito que você possa fazer.

É aí que voltamos àquilo: aceitação empoderada.

Dessa vez, porém, quero inverter e, em vez de começar com a aceitação, como fazemos com frequência, vamos começar com a parte do empoderamento. Não quero que você leia este capítulo e saia acreditando que precisa desistir das pessoas que ama. É exatamente o oposto. Quero que você esteja totalmente empoderado para fazer o que pode no ritmo que pode. Se você tem capacidade mental para apoiar alguém de modo a motivá-lo a cuidar de si mesmo, faça isso, com certeza. Vamos entender, porém, a diferença entre apoio empoderado e apoio habilitado.

| APOIO HABILITADO | APOIO EMPODERADO |
|---|---|
| Escutar os desafios de seu amigo durante semanas (e meses) a fio, mas ter muito medo de recomendar que ele procure um terapeuta. Afinal de contas, você não quer ofendê-lo. | Escutar os desafios de seu amigo e lhe oferecer ajuda para encontrar um terapeuta que o apoie no longo prazo. Se ele não pode arcar com uma terapia, você pode ajudá-lo a encontrar um mentor ou líder espiritual que possa oferecer alguma orientação gratuitamente. Nesse meio-tempo, determine horários para falar com seu amigo sobre o que está acontecendo, para que você estabeleça limites em seu tempo e não se sinta esgotado. |
| Notar que sua irmã raramente come, e observar esse padrão durante anos. Como você quer manter a paz na relação, não diz nada. | Dizer a sua irmã que você está preocupado com sua maneira de comer e deixar que ela saiba que você pensa que ajudaria se ela fosse avaliada. Ofereça-se para ir com ela fazer um exame de sangue e/ou a um hospital. |
| Checar diariamente se sua esposa tomou a medicação. "Você tomou?" Uma hora depois: "Você tomou?" | Ajudar sua esposa a tomar regularmente a medicação, mantendo-a num lugar fácil de ver. |
| Pedir a seu parceiro para contar o que foi discutido na terapia e perguntar se você deveria ir à sessão. | Levar seu parceiro de carro à sessão de terapia e perguntar como está sendo, sem querer sondar para obter mais informações. |
| Comprar álcool e outras substâncias e ficar até tarde com seu amigo para ajudá-lo a amortecer a dor. | Preparar refeições saudáveis com seu amigo, convidá-lo para uma caminhada e desenvolver novas práticas de autocuidado conjuntamente. |
| Permitir a seu amigo ficar com você meses a fio, embora você fique ressentido e isso esteja lhe causando problemas em outras relações. | Deixar seu amigo ficar com você por algumas semanas até ele se restabelecer e ter um plano para conseguir seu próprio espaço. |

Quando oferecemos apoio habilitado, geralmente é porque queremos controlar a pessoa ou a situação por meio do amor. Sentimos que se checarmos o bastante, podemos prevenir qualquer dor. Embora não queiramos que as pessoas que amamos sintam dor, temos que nos perguntar: isso, na verdade, não seria mais evitar a nossa *própria* dor? Quer seja a dor da culpa, da raiva, da imprevisibilidade, nosso comportamento controlador é, com frequência, um lenitivo para protegermos a nós, e não à pessoa que está em dificuldade.

Também pode ser muito mais fácil olhar as dificuldades do outro do que as nossas. Não é incomum famílias terem um "paciente identificado", numa situação em que todos podem dedicar seu tempo e atenção ao "doente" para que raramente enfrentem seus próprios demônios.[104] Isso é algo sobre o qual todos nós podemos ficar curiosos. Será que estamos acudindo os outros para não termos que acudir a nós mesmos? Eu certamente vi que isso acontecia com Jessie. Como mulher que lutara com determinação para ingressar num bom programa de graduação, ela deixou rapidamente que o revés de Tony a desviasse de seu rumo. Estava tão preocupada com os problemas dele que sentia que isso desculpava sua negligência consigo mesma. Pensava que era isso o que bons amigos faziam.

Felizmente, fomos capazes de restabelecer a rota. Voltando-se para seu próprio empoderamento, Jessie se tornou mais consciente do que podia e não podia fazer por Tony. Podia ajudá-lo com recursos legais, e o fez. Podia estar presente para ele como amiga e atender o telefone quando o horário permitia. Mas esperar horas a fio o telefone tocar quando isso raramente acontecia? Ou perder o sono por causa da improvável possibilidade de que ele ligasse? Ou aumentar uma quantidade já grande de empréstimos estudantis para ajudá-lo a pagar a fiança? Não mais. Depois de falar na terapia sobre dialética e considerar que podia ser uma amiga atenciosa e, ao mesmo tempo, proteger seu bem-estar, Jessie explicou a Tony o que podia e o que não podia fazer. Isso não era pessoal. Ela lhe falou que sua própria saúde estava sofrendo e que precisava ter tempo para si mesma, se quisesse dar prosseguimento ao programa. Felizmente, Tony entendeu. De fato, ele a apoiou bastante e lhe disse que só queria o melhor para ela. Mas e se ele a culpasse por não conseguir a fiança ou por não estar presente o tempo todo? Como compartilhei com Jessie, esses não seriam dados úteis para levar em conta. Uma amizade justa não é assim.

Se você tem um amigo ou uma pessoa amada que o culpa por você proteger seu próprio bem-estar, pode muito bem ter um tubarão nadando em suas águas. Você não deve se punir por abrir tempo para cuidar de si mesmo. Se está presente para a pessoa nos altos e baixos, e ela o culpa no instante em que você põe um limite, não dá. Com frequência, é assim que se torna uma relação insustentável. Você não é assistente pessoal de alguém, esperando um sinal ou um telefonema no instante em que ela precisa de você. Nem mesmo terapeutas agem assim. As pessoas precisam respeitar seus limites, e isso começa com você respeitando os seus próprios.

## QUANDO É HORA DE ALGUÉM NADAR SOZINHO

Depois que você se voltou para o empoderamento e fez o que foi capaz, a parte da aceitação aparece. Eu argumentaria que é a parte mais difícil. É desafiador aceitar nossos próprios enfrentamentos; é ainda mais difícil aceitar quando alguém continua a escolher um caminho difícil. Embora eu ainda não seja mãe, imagino que seja como o que ouço muitas mães dizerem: a dor de deixar seu filho entrar no mundo, sabendo que ele vai se machucar e sabendo que você não pode protegê-lo, é uma dor diferente de todas as outras. E ainda assim, é algo que temos de aceitar.

Todos nós vimos o que acontece quando mães sufocam emocionalmente seus filhos. Essas crianças podem se tornar carentes, complacentes, rebeldes, raivosas ou ansiosas, entre uma série de outras apresentações, porque não receberam um amplo espaço para ralar o joelho e fazer bagunça. Às vezes temos de cair de cara no chão para aprender a lição. Ser avisado para tomar cuidado não é suficiente. Temos que saber e sentir por nós mesmos.

Muitos de nós estamos tentando bloquear a dor de nossos amigos e membros da família de uma série de maneiras. Vemos todos os potenciais lugares onde pode dar errado e sentimos que nosso trabalho é interferir. Achamos que proteção e prevenção são o mesmo que cuidar. Embora não queiramos deixar que nosso amigo cometa deliberadamente um grande erro (como casar com uma pessoa abusiva ou ser sugado por um culto — o que seriamente acontece), também temos que deixar as pessoas amadas tomarem suas próprias decisões e enfrentar as consequências de suas escolhas. Elas precisam dar seus próprios passos — não é um trabalho nosso interferir. E se estamos sendo honestos com nós mesmos, provavelmente, queremos esse mesmo respeito em troca. Afinal de contas, se algum dia alguém lhe deu um aviso não solicitado ou você ouviu alguém dizendo que "sabe muito bem", geralmente, esse não é o retorno mais apreciado. Você quer que lhe confiem o comando de seu navio.

Pior: tentando ajudar os outros a evitar a dor, aumentamos a nossa própria dor. Esse tipo de dor é ainda pior porque não é sequer causado por nós mesmos — depende completamente do que as pessoas amadas decidem fazer. E então nos tolhemos, tentando ao máximo ser exatamente o que a pessoa precisa que sejamos. O que alguém escolhe fazer não deve depender do seu comportamento. E se depende, você não precisa acreditar no mito de que a culpa é sua porque você "não estava ali" com ele. Isso é comportamento manipulador em sua forma mais pura.

O que as pessoas que você ama escolhem fazer não é um reflexo de você. Não importa o que aconteça, a culpa não é sua.

Isso era algo que eu lembrava a Jessie regularmente. Ela temia muito que Tony continuasse a sofrer se não estivesse ali constantemente tentando salvá-lo. A verdade, porém, é que nem ela, nem eu podíamos evitar a dor dele. Tony tinha que aguentar as consequências de seus atos. Só ele podia decidir mudar. Sua mão não podia ser forçada. Nenhuma quantidade de amizade ou dinheiro de Jessie podia garantir que ele fizesse escolhas diferentes ao seguir adiante. É claro que ela podia fazê-lo saber que estava ali, disponível para ele, mas, no fim das contas, ela precisava aceitar que Tony precisava viver sua própria vida — ela não podia vivê-la para ele.

Parte da aceitação é reconhecer que os outros podem continuar a causar dor a si próprio, mesmo sabendo que dói em você ver isso. Na maioria das vezes, eles não estão fazendo isso com más intenções. O objetivo não é magoar você. É que às vezes a dor deles é tanta que reverbera nos outros — e você pode estar na linha de fogo. Embora nem sempre possamos impedir que o fogo venha, podemos pelo menos adquirir um mecanismo de proteção. Mais sobre isso adiante.

A pessoa que usa ou faz mal a si mesma tem, com frequência, um sentimento de impotência semelhante ao seu. Ela pode muito bem querer que o comportamento inadaptado mude, mas, ainda assim, mesmo com a melhor das intenções, o ciclo continua. De fato, 75% daqueles que lutam contra um vício têm uma recaída no primeiro ano.[105] Um estudo constatou que 35% a 41% dos clientes que se recuperam de um transtorno alimentar têm uma recaída depois de concluírem o tratamento.[106] Mesmo que o desejo de melhorar esteja ali, às vezes a força de vontade não é suficiente. Pode haver uma batalha constante contra a biologia, e, quando acontece, isso não significa que seu amigo ou o familiar não ame você o bastante para querer se recuperar. Todo o amor do mundo pode estar ali — mas o vício e/ou a doença mental são fortes demais. Provavelmente não tem a ver com você — embora possa parecer muito pessoal.

Ao mesmo tempo, não é tolice esperar que isso possa melhorar. Embora eu tenha dito que 75% das pessoas têm uma recaída no primeiro ano, os Centros para Controle e Prevenção de Doenças (CDC, na sigla em inglês) e o Instituto Nacional para Abuso de Drogas constataram, em 2020, que 75% também se recuperam completamente.[107] Isso é uma notícia promissora, considerando que 9% dos adultos nos Estados Unidos estão atualmente se recuperando de um transtorno de uso de substâncias.[108] Há também estatísticas animadoras em se tratando de índice de suicídios. Nove entre dez pessoas que tentam suicídio sobreviverão e não morrerão de suicídio mais tarde.[109] Isso mostra que a ideação suicida não dura para sempre e que a intensidade da dor pode passar.

É impossível prever o futuro, porém. Se não sabemos sequer o que nosso próprio futuro nos reserva, certamente não sabemos o que está à frente para as pessoas que amamos. Essa imprevisibilidade de uma possível dor pode nos desestabilizar, mas temos que conviver com essa realidade. Isso é que é aceitação. No caso do suicídio, leve em conta que 60% das pessoas que se suicidam não fizeram uma tentativa anterior.[110]

Além disso, muitas tentativas de suicídio não são planejadas, e 48% a 85% daqueles que tentaram revelam que tiveram uma repentina inclinação a se machucar e não planejaram a tentativa.[111,112] Isso fala da impulsividade que, com frequência, acompanha a automutilação. Embora certamente possam haver sinais de advertência, pode ser muito fácil para as pessoas esconder esses sinais ou elas mesmas não notarem. De fato, mais da metade das pessoas que morrem de suicídio nunca foram diagnosticadas com doença mental nem atendidas por um profissional de saúde mental.[113] Portanto, embora você possa estar aí sentado se culpando por "não ter visto isso mais cedo", é provável que nem a própria pessoa tenha visto. Em pessoas às quais faltam ferramentas para lidar, a maré pode mudar muito rapidamente. A dor — e o desejo de fazer a dor sumir — pode ser tudo o que elas veem. Quando alguém não está querendo aceitar a dor — seja por vergonha, constrangimento ou tristeza —, isso pode ser passado para nós. Essa transferência indesejada é tipicamente não intencional, contudo a tememos.

Também podemos tomar o comportamento de alguém de forma muito pessoal quando, na verdade, é a biologia da pessoa levando a melhor sobre ela. Como amortecemos a nossa dor por muito tempo, muitos de nós não percebemos quando a estamos enfrentando até que ela bata na nossa cara. Se somos atingidos por um fator estressante repentino, como um rompimento, uma demissão ou uma grande perda financeira, essa dor pode se tornar uma onda grande que nos derruba completamente. Esquecemos que há ondas menores e menos intensas atrás dela. Nesses momentos de sofrimento severo, nossos cérebros podem estar funcionando contra nós. Considerando que o lobo frontal do cérebro só para de se desenvolver aos 25 anos, todas as nossas faculdades que nos ajudam a ter autocontrole, a considerar consequências e a ter empatia pelos outros podem não estar sob controle.[114] Mesmo que você tenha mais de 25 anos, quando aquela amígdala é acionada, seja por raiva, tristeza ou medo, você pode rapidamente perder a esperança de que possa melhorar. É por isso que quando alguém sente tendências suicidas, está querendo usar de novo uma substância ou considerando qualquer tipo de automutilação, não está tentando empurrar a dor para você. Está apenas tentando fazer a dor desaparecer.

É por isso que você precisa se lembrar: o que uma pessoa escolhe fazer com a vida dela não é culpa sua. Você não controla o cérebro dela (de fato, seria assustador se o fizesse). Você pode estar se culpando, dizendo a si mesmo que devia ter visto os sinais ou feito algo mais. Isso não está em suas mãos, no entanto — e nunca esteve. Não é um trabalho seu impedir o suicídio, a reincidência ou a recaída de alguém. Você pode ajudar, se puder — mas o ônus da responsabilidade não cai sobre você. Cai sobre a pessoa que está vivendo e respirando em seu próprio corpo. Isso é uma liberdade de escolha dela, assim como você tem a sua. É aí que o empoderamento volta à ação.

## QUANDO O PASSEIO PRECISA MUDAR E VOCÊ TEM QUE DIZER NÃO

O empoderamento pode se apresentar de muitas maneiras diferentes quando se trata de nossas relações. Pode ser empoderar os outros a cuidar de si mesmos. Pode significar que estamos empoderados para amar e proteger a nós mesmos, em especial quando alguém continua nos causando dor. Pode também ser estarmos empoderados para nos dispormos a conversas difíceis que preferiríamos evitar quando estamos preocupados com alguém.

Muitos de nós, sem saber, habilitamos nossos amigos e aqueles que amamos porque não queremos compartilhar o difícil feedback de que eles nos magoaram ou de que estamos preocupados com eles. Temos tanto medo de balançar o barco e exacerbar o sofrimento deles que engolimos nossa frustração. Mas assim fazendo, estamos perpetuando nossa dor e a dor deles ainda mais. Se você está preocupado, com raiva ou decepcionado, seus sentimentos são válidos. Você merece ter a oportunidade de expressar sua experiência. Isso não significa que, compartilhando isso, você mudará o que a pessoa escolhe fazer com a vida dela, mas pelo menos você está vendo a relação através de lentes muito mais honestas. É difícil o ressentimento aumentar se você está dando a si mesmo uma válvula de escape.

Tenho a sensação de que você está pensando em alguém ao longo de todo este capítulo, então quero oferecer algumas ferramentas úteis caso você esteja considerando ter uma conversa com essa pessoa. Isso começa obtendo-se uma noção geral de como uma pessoa se sente em relação ao comportamento dela. Conhecida como Estágios de Mudança de Modelo, e originalmente desenvolvida por James Prochaska e Carlo DiClemente, essa estrutura é uma maneira útil de conceitualizar o quanto uma pessoa pode estar motivada a mudar.[115,116] Vou explicar brevemente cada estágio e, quando eu fizer isso, note onde diversos amigos e membros da família (bem como você mesmo) se situam nessa sequência.

1. **Pré-contemplação:** é quando alguém está em negação de um problema. A pessoa não está motivada a fazer uma mudança porque não vê a necessidade disso. Ela pode ser defensiva em relação a seu comportamento e ver mais prós do que contras em sua atual conformação.
2. **Contemplação:** a pessoa tem consciência de que existe um problema, mas não está certa se gostaria de fazer uma mudança. Pode se sentir ambivalente e indecisa em relação a como proceder. Pode ver o valor de fazer uma escolha diferente, mas não está claro para ela se o desconforto da mudança vale a pena.
3. **Preparação:** a pessoa reconhece que existe um problema e espera reunir recursos para ajudar a sustentar uma mudança. Ela percebe que será desconfortável escolher uma nova resposta, mas agora os prós pesam mais do que os contras. Pode até se sentir animada e esperançosa em relação a um novo padrão de resposta.
4. **Ação:** é quando a mudança realmente acontece. A pessoa recebe apoio e compartilha que está fazendo escolhas comportamentais diferentes. Não é só falar por falar — é fazer o que diz. Durante esse tempo, pode ocorrer uma mistura de emoções. Pode ser mais difícil do que se pensava, mas ela também pode sentir orgulho de si mesma. Pode ser uma batalha constante dentro de si mesma, mas ela está na luta.

5. **Recaída:** é uma parte natural do processo. Devemos esperar que o caminho para a mudança nunca seja linear. Os prós do comportamento passado atraíram a pessoa a voltar, e ela pode estar esquecendo todos os contras que vêm junto com isso. Durante uma recaída, muitos aprendizados acontecem, e a recaída não significa que o progresso esteja completamente comprometido.
6. **Manutenção:** depois de fazer a mudança inicial, a pessoa sustenta seu progresso e integra esse novo comportamento. Ela encontrou habilidades alternativas de enfrentamento e está motivada a continuar em seu novo caminho. Agora, os prós da mudança pesam mais do que os prós do comportamento passado.

O que é útil em saber (em linhas gerais) onde uma pessoa se situa nos Estágios de Mudança de Modelo é que isso pode nos dar informações sobre como ter uma conversa com ela. Quando supomos o quanto ela está preparada, muitos de nós podemos dar um passo errado e nos precipitar a ter uma conversa orientada para a ação quando, na verdade, a pessoa está no estágio de pré-contemplação. Ou podemos achar que se trata do pior cenário quando ela tem uma recaída e supor que ela tenha voltado ao estágio de pré-contemplação. Na realidade, isso pode ser apenas um deslize, e ela tem toda a intenção de sustentar a mudança.

Por isso, as perguntas de uma entrevista motivacional podem ser as mais inestimáveis ferramentas que você usa quando está apoiando amigos e familiares. A ideia é poder fazer perguntas não acusatórias que ajudem a pessoa a chegar a suas próprias conclusões, em vez de ser forçada a fazer uma escolha para a qual ainda não está preparada. Afinal de contas, uma coisa é fazer uma pessoa se sentir culpada por seu comportamento e ela mudar por ressentimento. Outra coisa é ajudá-la a desenvolver seu desejo inato de seguir um caminho diferente.

Aqui estão alguns exemplos de perguntas que você pode usar quando quiser apoiar alguém a fazer uma mudança. Cada vez que a palavra "comportamento" é citada, substitua esse termo por sua preocupação específica (uso de substância, depressão, automutilação etc.).

1. Como você diria que seu comportamento atual está impactando você?
2. Como você se sente em relação ao comportamento?
3. Como você se sentiria se seu comportamento atual não mudasse?
4. Numa escala de 1 a 10, o quanto você se sente preparado para fazer uma mudança em seu atual comportamento?
5. Como você acha que fazer essa mudança melhoraria sua vida, se é que melhoraria?
6. O que você vê atrapalhando o caminho para fazer essa mudança?
7. Se você quer meu apoio, como posso ajudar você a fazer essa mudança?
8. Se você decidiu mudar, como seriam seus próximos passos?
9. O que não funcionou quando você fez uma mudança no passado?
10. Como deveríamos nos planejar para comunicar sobre o avanço desse comportamento atual?

Ao fazer essas perguntas, você irá querer integrar quatro ferramentas. Elas representam um conjunto de habilidades que incluem: fazer perguntas **abertas**, **afirmar** a experiência da pessoa, oferecer escuta **reflexiva** e **resumir** o que foi compartilhado.[117] Isso ajuda a pessoa a expressar onde ela está atualmente enquanto você se envolve de modo imparcial.

Você notará que todas essas perguntas tendem mais para a curiosidade do que para a acusação. Quando você mantém uma postura aberta, a pessoa tem espaço para refletir. Se você vai com tudo e só vê o seu ponto de vista, a conversa provavelmente não será como você quer. Ninguém gosta de se sentir atacado. Quando apontam um dedo para nós, são defesas comuns mentir, ficar com raiva ou resistir ainda mais. Mesmo se a pessoa diz que vai mudar, não está claro se ela quer melhorar para tirar você do pé dela ou se quer verdadeiramente melhorar por si mesma. Se você consegue conviver com seu desconforto e não deixar sua dor empurrar a conversa para a frente, há espaço para que as respostas verdadeiras da pessoa venham à tona. É muito mais fácil alguém acreditar na mudança quando chega à conclusão por si mesmo.

Para os cuidadores, é preciso começar entendendo também onde você está em seu próprio processo. Quando Jessie teve tempo para conviver com seus sentimentos, em vez de focar somente em Tony, percebeu o quanto estava irada e triste. Ela lamentou:

— Odeio que ele tenha feito isso comigo. Odeio ainda mais que tenha feito isso consigo mesmo. Só quero que ele veja que estou com raiva.

— Posso entender isso. Vocês se davam muito bem e, então, ele fez uma escolha diferente que atrapalhou seus planos. Vocês estavam tão empolgados para fazer a faculdade juntos.

Eu acrescentei:

— Mas você acha que mostrar a ele que está com raiva vai levar você a algum lugar?

— Uma parte de mim quer isso, mas, para ser franca, acho que não. Estou certa de que ele já está enfrentando o bastante. Ficar com vergonha de mim não mudaria nada.

Foi aí que Jessie e eu praticamos interpretar alguns papéis para ajudá-la a avaliar onde Tony estava nos Estágios de Mudança. Ela pôde integrar algumas perguntas da entrevista motivacional para ver o quanto ele queria mudar seu comportamento. Em vez de julgar o comportamento dele, ela tentou manter a mente aberta e deixá-lo explicar por si mesmo por que fazia as coisas que fazia, e também como se sentia em relação ao que fazia.

Quando, finalmente, teve uma conversa com ele usando as técnicas, ela me disse que foi esclarecedora. Embora tivesse suposto que ele estivesse no estágio de pré-contemplação, ela viu como a prisão mudara as coisas para ele. Tony compartilhou sobre o "alerta" que tivera na prisão. Ele tinha esperança de seguir uma grande carreira, assim como Jessie, mas o uso de drogas o desviara do caminho mais rapidamente do que ele pensava que seria possível. A prisão o fizera ver como as coisas podiam mudar de rumo rapidamente. Ele via a vida de Jessie e queria o que ela queria. Enquanto ela estava pondo sua vida nos trilhos de novo, indo às aulas novamente e fazendo algumas novas amizades, ele estava se sentindo deixado para trás. Ele decidiu que nenhuma onda de nenhuma droga valia o risco de perder tudo isso. Disse a ela claramente que estava disposto a ficar sóbrio.

Jessie chorou ao me contar essa novidade.

— Eu havia perdido a esperança de que as coisas pudessem mudar. Temia que ele fosse uma causa perdida. Mas estou muito feliz por ter tido a conversa com a mente aberta. Eu poderia dizer que ele estava dizendo a si mesmo o que queria fazer. Era um compromisso dele, não meu.

Isso funcionou para Jessie na ocasião. Poderia não ter funcionado em outro conjunto de circunstâncias. É assim que a aceitação empoderada funciona. Você se mostra empoderado para ter a conversa — e aceita que pode não ficar feliz com o resultado. Você aceita que não tem controle sobre o que alguém escolhe fazer, e está empoderado para, ainda assim, viver sua vida apesar do que está fora de seu alcance. O que Jessie estava fazendo em sua amizade com Tony era se soltar e, ainda assim, se importar. Seu bem-estar já não dependia da sobriedade dele.

Você é quem decide se vai realizar uma intervenção com a pessoa amada ou com um amigo. Pesquisas sobre a eficácia de intervenções têm resultados diversos. Algumas dizem que conversas fortes impondo limites, incluindo ultimatos (por exemplo, "Você não pode morar aqui se continuar a usar"), são necessárias, enquanto outras recomendam uma abordagem mais suave para que a pessoa possa ser menos defensiva. Não incentivo ficar em um campo nem em outro — penso que isso depende muito de sua relação com a pessoa, de há quanto tempo isso está acontecendo e de como está sua própria saúde mental. Se você tem capacidade mental e está apenas começando a intervir, uma conversa menos confrontante pode ser a melhor abordagem. Mas se está no limite de sua paciência e se sentindo desrespeitado, manipulado e/ou inseguro, com certeza proteja seu bem-estar em primeiro lugar. Você não é um pai, mãe, amigo ou membro da família desalmado por parar de deixar uma pessoa se aproveitar de uma situação. Por exemplo, se Tony estivesse querendo convencer Jessie a lhe dar dinheiro ou pressionando-a a usar drogas com ele, teríamos tido uma conversa completamente diferente sobre aprender a estabelecer e manter limites apropriados, para ela poder preservar sua segurança física, mental e emocional. Independentemente de qualquer coisa, o ponto-chave é: você precisa definir o que é ter respeito próprio.

Percebo como tudo isso provoca ansiedade. Pode parecer que você sai perdendo de um jeito ou de outro. Mesmo que a pessoa diga que quer mudar, você pode temer que isso não dure. Quando ela não se importa em fazer uma escolha diferente, você teme jamais ser capaz de convencê-la do contrário. Não importa o quanto você puxe a corda nesse cabo de guerra, não é sua a batalha a ser vencida. Você não pode salvar ninguém. Temos que aprender a nos soltar. Nenhuma quantidade de preocupação resolverá a situação. Recursos podem ajudar. Conversas podem motivar. Mas, no fim das contas, cada pessoa decide por si mesma se quer fazer e sustentar uma mudança.

## PROTEGENDO SUA PRANCHA

Quando você está vendo alguém machucando ativamente a si mesmo ou perdendo o rumo na vida, é difícil conviver com isso. É aí que você precisa amar um pouco (ou muito) mais a si mesmo. Quando você está preocupado com alguém, não há muito tempo para considerar como você está. O trabalho de cuidador (ou de apoio constante) é de expediente integral, se você permite que seja. Vi muitas pessoas desenvolverem transtornos de ansiedade e terem episódios de depressão por estarem muito envolvidas na dor de alguém. Você precisa cuidar de si mesmo. É doloroso o bastante ver alguém sofrer — você não precisa ser tão puxado para baixo a ponto de sua vida se desfazer completamente também.

Alguns de nós pensamos que não amamos verdadeiramente uma pessoa se não nos deixarmos sugar pelo seu caos. Isso se chama enredamento, amigo. Codependência, até. Quando você não se permite crescer porque alguém não está se permitindo crescer, isso não melhora a situação. Isso a estagna. No caso de Jessie, quando ela estava renunciando a seu bem-estar, isso não tornou a situação de Tony melhor. Estava apenas tornando a situação de Jessie pior. Há uma metáfora que talvez você já tenha ouvido, mas que vale a pena reiterar: você precisa pôr sua máscara de oxigênio primeiro para poder ajudar alguém.

Espero que isso seja um alerta para você cuidar de si mesmo. Há muitas maneiras de obter apoio. Aqui estão algumas ideias:

- Faça uma terapia para processar o que você está vivendo.
- Mantenha limites em relação ao sono, aos exercícios, à nutrição e à hidratação.
- Entenda seu orçamento e seja firme com o dinheiro de que você precisa para seu sustento.
- Fale com alguém que esteja fora da situação para você obter seu próprio apoio e uma perspectiva externa.
- Obtenha apoio de sua comunidade por meio de um culto religioso, um retiro onde seja oferecido banho sonoro ou um grupo de meditação.
- Receba uma massagem ou faça uma aula de ioga.
- Participe de uma caminhada em grupo ou de um evento para arrecadação de fundos para processar, curar-se e se conectar com pessoas que possam se identificar com sua experiência.

Mais do que tudo, você precisa se permitir ter espaço para processar emocionalmente o que passou (ou continua passando). Sinta a tristeza, a decepção e o medo. Sinta *raiva*. Às vezes, podemos nos sentir como se tivéssemos que suprimir uma emoção particular, em especial quando tememos que essa emoção faça a pessoa se voltar contra você ou fugir. Comportamentos problemáticos se perpetuam, porém, quando todos estão querendo aplacar a pessoa que está causando mal a si mesma ou a outros. Você merece ter sua própria experiência emocional e, quer a compartilhe ou não com a pessoa que lhe fez se sentir assim, precisa de oportunidades para expressar o que está acontecendo com você. Não mantenha a toxicidade de sua angústia dentro de si. Falaremos no capítulo 10 sobre o que acontece quando você faz isso.

Eu sei que gostaríamos que o futuro pudesse ser mais claro. Podemos adoecer ao refletirmos sobre o desconhecido. Não tenho as respostas para você, nem você as tem. Tampouco a pessoa com a qual você está preocupado. Ela não sabe o que decidirá fazer na semana que vem, assim como também não conhecemos nosso caminho à frente. Podemos ter intenção. Isso certamente vale alguma coisa, mas, às vezes, as circunstâncias estão fora de nosso controle. Às vezes, as cartas são retiradas de tal maneira que as pessoas fazem escolhas que nos estraçalham — e as estraçalham também. Ninguém quer isso, mas é a vida. A dor não é inevitável... mas é possível.

A vida é uma série de ambos/e. É a ambivalência de querer melhorar e ainda sucumbir aos goles momentâneos de doçura que se tornam amargos. Podemos esperar com ansiedade que aquele momento ruim aconteça... ou podemos confiar.

Não se trata de confiar nas pessoas. Isso pode ser uma perda de tempo. Todo mundo faz bobagem, e, se você está esperando que as pessoas que ama tenham um histórico perfeito, acabará inevitavelmente desapontado.

Estou falando de confiar em si mesmo. Confie que você pode lidar com a dor, se e quando ela vier. Você não precisa adoecer de preocupação esperando que algo de ruim aconteça. Pode ou não acontecer. Você não precisa se culpar porque "podia ter feito mais". Claro, podia fazer mais e, mesmo assim, isso pode não ser suficiente nunca. Acredite que quando alguém faz uma escolha que magoa você, raramente é por sua causa. Você pode dizer a si mesmo: "Se ele realmente me amasse, pararia." Não é que ele não ame você — é que ele não está disposto a ficar extremamente desconfortável ao fazer uma escolha na vida dele. Ele não consegue lidar com a dor de mudar o próprio comportamento, pelo menos não nesse momento, e então escolhe a dor de continuar com os hábitos destrutivos. Sei que é difícil ver isso acontecendo — eu mesma tive que ver no banco de trás do carro, no estacionamento do hotel, quando era criança.

Fico feliz por dizer que Jessie percebeu que podia cuidar com empenho de Tony e não ser responsável por tornar a vida dele diferente. Ele era responsável por mudar seu resultado, não ela. Sei que você pode estar lendo isto e se perguntando o que aconteceu com Tony. Ele ficou sóbrio? Saiu da prisão?

Na verdade, não sei. Enquanto estávamos trabalhando juntas, Jessie decidiu que queria estudar no exterior, na Irlanda. Embora, de início, tenha se sentido culpada por se mudar enquanto Tony ainda esperava seu julgamento, lidamos com o quanto ela merecia aproveitar essa oportunidade que a empolgava. Quando ela estava pronta para atravessar o Atlântico, decidimos concluir o tratamento. Afinal de contas, ela tinha realizado o objetivo que não sabia que precisava estabelecer: estava cuidando de si mesma. Não havia mais desculpas e não havia mais tempo a perder. Ela estava aprendendo a controlar o que podia: seu futuro, e só seu. Tudo o mais, incluindo o caminho de Tony, ela aceitava que estava além de seu controle. Ainda se preocupava, mas agora se preocupava tanto quanto com o que era melhor para ela. Eu não soube dela desde então.

A verdade é que o único comportamento que você pode mudar é *o seu*. Escolha cuidar melhor de si mesmo. Remende seu coração, se ele estiver partido. Dê a si mesmo uma chance de acalmar seus nervos, se você estiver no limite. Se foi apanhado na correnteza de alguém por muito tempo, você não é um desalmado por nadar para fora. Isso é autopreservação. Você deve isso a si mesmo — e a todos à sua volta que querem ver você crescer — para entrar em águas mais calmas. Você ainda pode amar uma pessoa e vê-la de longe. Dê a si mesmo essa permissão para que você possa continuar nadando.

## CAPÍTULO NOVE

# AS ESTRATÉGIAS DE AUTOCUIDADO QUE AJUDAM VOCÊ A SE MANTER EM ATIVIDADE

Quando conheci Suma, uma mulher cisgênero, heterossexual, hindu e sul-asiática, senti uma forte conexão com ela. Semelhante à minha experiência com a ansiedade, o estresse dela se manifestava fisicamente. Quando ela falou sobre sentir-se presa em seu corpo e ter medo de quando o próximo ataque de pânico inesperado viria, eu sabia como se sentia. Parte do que tanto a perturbava era que não havia um gatilho direto para seus sintomas. Não havia um trauma identificável, nenhuma fobia, nenhuma ansiedade social — apenas pura ansiedade que a fazia se sentir como se seu corpo estivesse sob ataque. Quando não há uma pista clara, como no caso de Suma, isso pode ser ainda mais frustrante, já que a imprevisibilidade dos sintomas pode ser ainda mais angustiante.

Quando esse é o caso, com frequência voltamos ao corpo e à maneira pela qual podemos restaurá-lo. Por essa razão, este capítulo foca em todas as formas possíveis de melhorar a ansiedade, cuidando com carinho de nossos corpos como uma prática de autocuidado. Por mais que o trabalho cognitivo faça diferença (o que abordamos durante todo o livro até agora), com frequência temos que nos reconectar com nossos corpos e mentes por meio de uma cura física e emocional que vai além do que dizem os livros. Como muitos de nós tememos as reações de nossos corpos à ansiedade, é essencial reconstruir uma relação com nossa fisicalidade — em que vemos nossos corpos como curadores, e não como atormentadores.

Um lembrete fundamental: quando cuidamos de clientes, incluindo você, a abordagem não é a mesma para todos. Embora a Medicina ocidentalizada possa dar a impressão de que a terapia e a psiquiatria (isto é, medicação) são os melhores caminhos para o tratamento, há muitas outras modalidades com possibilidades de cura. Apesar de eu ser totalmente a favor de práticas baseadas em evidências, como a Terapia Cognitivo-Comportamental (TCC) e a integração de produtos farmacêuticos, quando clinicamente indicados, no fim das contas, gosto de apoiar o que será de maior ajuda a meu cliente (desde que o cliente não esteja em risco imediato de causar mal a si mesmo ou a outra pessoa — é aí que as intervenções mais empiricamente sustentadas são justificadas). Na maioria dos casos, o tratamento inclui o cliente tomar uma decisão informada sobre o que lhe servirá melhor. É por isso que eu seria negligente se não incluísse este capítulo para você. É crucial considerar tudo o que está disponível em sua caixa de ferramentas.

Por onde começar? Precisamos começar entendendo o que nossos corpos estão tentando nos dizer. É por isso que sou uma forte defensora do exame de sangue. Não é incomum eu ver clientes gastando milhares de dólares em terapia quando a raiz da ansiedade está ligada a um desequilíbrio hormonal ou a uma deficiência nutricional. Se um cliente está apresentando algum sintoma que poderia ser biologicamente induzido (insônia, baixa energia ou problemas gastrointestinais, por exemplo), quase sempre recomendo que ele faça um hemograma com um clínico geral ou um médico naturopata para que possamos entender, de saída, como está seu corpo.

Em seu exame de sangue, pode haver respostas valiosas que poderiam significar o acesso para sua recuperação. Muitos de nós nos mantemos num estado de purgatório porque temos medo da dor de uma agulha ou tememos não ser capazes de lidar com a notícia se algo estiver errado. Mas é quando você está em poder desses dados que pode tomar uma atitude significativa. Você não precisa se manter num ciclo de preocupação, perguntando-se, por exemplo, por que está constantemente se sentindo confuso ou exausto, por que sua pele com frequência está ressecada ou por que tem dificuldade de ter uma ereção (sim, vamos chegar lá, porque muitos homens sofrem com isso em silêncio). Pode haver algumas respostas facilmente explicáveis, e tudo começa com um exame de sangue.

Vi o poder disso em minha própria vida. Quando enfrentei a emetofobia por basicamente tanto tempo quanto consigo me lembrar, eu estava achando que meus ataques de pânico estavam saindo de controle nos últimos anos. Se me sentia como se estivesse presa (num avião, num ônibus ou mesmo num restaurante), não era incomum começar a ficar incrivelmente nauseada e ter dificuldade de respirar. Meu cérebro começava a pensar nos piores cenários, em especial: "O que acontecerá se eu vomitar bem aqui na mesa?" Estava cada vez mais difícil negar meus sintomas, e eu me perguntava se os outros percebiam. No outono de 2020, cheguei ao limite. Embora tivesse feito terapia de exposição para esses ataques de pânico (como abordei no capítulo 4), só quando comecei a consultar um médico neuropata, que recomendou um exame de sangue, foi que as coisas começaram a melhorar.

Logo depois, eu soube que tinha deficiência de vitamina D, vitamina B12 e magnésio. Curiosamente, comecei a pesquisar e aprendi sobre o impacto que esses desequilíbrios podem ter sobre o corpo, em particular quando criam um coquetel interno que o deixa emocionalmente intoxicado diariamente com um sofrimento ansioso. Para alguém como eu, que vinha bebendo essa mistura havia anos, e estava começando a acreditar que seria sempre assim, essa informação sobre o poder do equilíbrio de vitaminas e minerais foi bastante esclarecedora. Considerando que eu começara a me resignar com minha ansiedade e meu pânico, foi a primeira vez em muito tempo que tive uma sensação de esperança.

Isso não quer dizer, no entanto, que o trabalho cognitivo também não seja essencial. Fiz muito para administrar o modo com que respondo a meus pensamentos ansiosos, e a terapia de exposição e prevenção de resposta ainda ajudou bastante (é a intervenção de primeira linha para quem tem pânico). Mas, considerando o quanto minha vida mudou quando meu corpo voltou ao equilíbrio por meio de suplementos e nutrição, tenho que compartilhar essa parte da equação com você. Pôr meu corpo num estado mais homeostático tornou o limiar de minha ansiedade muito mais elevado. Isso significa que é preciso muito mais para desencadear um ataque de pânico, enquanto antes, quando eu tinha deficiências nutricionais, era preciso muito pouco para deflagrar os sintomas. Hoje, acho que tenho muito menos pensamentos ansiosos porque meu corpo não está constantemente me enviando sinais de que estou em perigo. Finalmente, há um circuito com feedback positivo.

Considerando isso, quero analisar alguns desses nutrientes fundamentais que podem ter um impacto sobre sintomas físicos, porque, para nós, é importante estar consciente das correlações entre os níveis de vitaminas e nossa saúde mental. Se você decidir integrar uma suplementação baseada em seus resultados, sempre recomendo trabalhar com um profissional para obter um plano de tratamento sob medida para o seu corpo. A suplementação não substitui receitas psiquiátricas, e o melhor é ter uma abordagem personalizada para seus sintomas específicos. Quero destacar que as pesquisas continuam a evoluir e que novos estudos são recomendados para avaliar melhor as correlações entre níveis de vitaminas e a experiência da ansiedade. A suplementação certamente não é a mesma para todos, mas acredito que pode ser um componente integral no tratamento que muitos de nós esquecemos de incluir, ou não sabemos incluir.

## VITAMINAS FUNDAMENTAIS QUE PODEM IMPACTAR A SUA ANSIEDADE

1. **Vitamina D:** estudos mostram a eficácia da vitamina D para ajudar a administrar a ansiedade, incluindo para aqueles que experimentam sofrimento ansioso no meio de um episódio de depressão.[118,119]

Os sintomas de deficiência incluem fadiga, dor nos ossos e nas costas e perda de cabelo.[120] Considerando que 1 bilhão de pessoas no mundo têm nível baixo de vitamina D, sendo que 42% dos adultos dos Estados Unidos têm deficiência (e, ainda mais preocupante, 63% dos adultos latinos e 82% dos adultos afro-americanos), esse é um dos mais importantes suplementos para prestarmos atenção.[121,122] Para melhorar sua ingestão de vitamina D, você deve procurar ficar ao sol por trinta minutos a três horas, dependendo da quantidade de melanina em seu corpo, e comer alimentos ricos em vitamina D, incluindo óleo de peixes como salmão e cavala.[123,124] Em caso de falta de vitamina D, tomar um suplemento pode ser uma parte essencial de seu plano de tratamento, não apenas para depressão e sintomas de ansiedade, mas também para tratar outros sintomas potenciais, incluindo enfermidades/infecções frequentes. E para vocês, potenciais mamães que estão considerando engravidar, a vitamina D pode fazer uma grande diferença, ajudando-a a ter uma gravidez saudável, uma vez que um aumento de dez nanogramas por milímetro no nível de vitamina D antes da concepção foi associado a um risco 12% menor de aborto espontâneo.[125] Considerando que a recomendação do nível de suplemento varia dependendo de sua faixa demográfica, bem como da época do ano, é essencial ter os dados de seu exame de sangue como referência e trabalhar com um profissional para uma abordagem sob medida.

2. **Vitamina B:** existem oito grupos de nutrientes na família da vitamina B. Aqui está um resumo:

   a. **Vitamina B12 (também chamada de cobalamina):** deficiências são correlacionadas a paranoia, depressão, memória fraca, confusão e fadiga. Enquanto 6% das pessoas com menos de 60 anos têm uma deficiência, 20% daquelas com mais de 60 não estão obtendo o suficiente.[126] Comendo peixe, frango, ovos, leite, queijo e cereais de café da manhã enriquecidos, você pode bater a marca. Porém, considerando que muitos desses alimentos não são propícios a veganos, é particularmente importante que os veganos descartem uma deficiência de B12 — em especial se você está notando confusão mental e mal-estar.

b. **Vitamina B1 (também conhecida como tiamina):** a maioria das pessoas obtém esses nutrientes quando come grãos integrais, porco, peixe, leguminosas (como feijão-preto), nozes e sementes. Porém, deficiências podem ocorrer em casos de dependência alcoólica, bem como em pessoas que vivem com HIV/Aids ou diabetes, pessoas mais velhas e aqueles que fizeram cirurgia bariátrica. Quando falta B1 no corpo, você pode ter perda de memória, fraqueza muscular e problemas cardíacos, entre outros sintomas, como perda de apetite.[127]

c. **Vitamina B2 (também chamada de riboflavina):** essa deficiência é rara, em especial se você come ovos, carnes magras, leite com baixo teor de gordura, vegetais verdes, cereais enriquecidos e pão. Porém, algumas pessoas podem ter deficiência, incluindo atletas vegetarianos (em especial aqueles que evitam laticínios e ovos), grávidas, pessoas que estão amamentando e veganos. Sem riboflavina suficiente, podem ocorrer problemas de pele como feridas no canto da boca, lábios rachados, perda de cabelo, distúrbios de fígado e dificuldade nos sistemas reprodutor e nervoso. Uma deficiência de longo prazo pode causar anemia devido à falta de hemácias.[128]

d. **Vitamina B3 (também chamada de niacina):** a falta desse nutriente é incomum, mas pode acontecer em pessoas que estão subnutridas, incluindo aquelas com Aids, com transtorno por uso de álcool, anorexia, doença inflamatória intestinal ou cirrose hepática, bem como naquelas com dieta em que falta ferro, riboflavina ou vitamina B6. Sem B3 suficiente, as pessoas podem ter cansaço extremo, dor de cabeça, depressão, vômitos, constipação, diarreia, apatia, perda de memória, alucinações e comportamento agressivo, paranoide e/ou suicida.[129] Se comemos aves, carne bovina, porco e peixe suficientes, bem como leguminosas, grãos e pães e cerais enriquecidos, nossas necessidades de B3 podem ser atendidas. Se não, uma suplementação é fundamental.

e. **Vitamina B9 (também conhecida como folato e ácido fólico quando em forma sintética):** essa vitamina é crucial, em especial para grávidas, considerando que a deficiência de folato pode contribuir para o nascimento de bebês com defeito no tubo neural, como espinha bífida.[130] Os CDC recomendam que mulheres tomem 400 microgramas (mcg) de ácido fólico 12 semanas antes de engravidar e durante as primeiras 12 semanas de gravidez.[131] Em especial, mulheres com idade entre 14 e 30 anos, afro-americanas e aquelas com transtorno por uso de álcool são mais suscetíveis à deficiência. Esta pode levar à anemia megaloblástica, um distúrbio sanguíneo que pode causar fraqueza, dificuldade de concentração, fadiga, irritabilidade, palpitações cardíacas, dor de cabeça e dificuldade de respirar. Podemos obter folato na dieta comendo aspargos, couve-de-bruxelas, espinafre, laranja, amendoim, feijão-roxo e ervilha.

3. **Magnésio:** embora menos de 2% dos americanos tenham deficiência de magnésio, aqueles que estão hospitalizados e os que sofrem de doenças gastrointestinais (como doença de Crohn ou doença celíaca) ou de transtorno por uso de álcool têm uma probabilidade maior de não obter o suficiente.[132] Os Institutos Nacionais de Saúde observam que homens com mais de 70 anos, bem como adolescentes, podem ter um risco maior de deficiência de magnésio.[133] O magnésio faz de tudo, desde regular as funções nervosa e muscular, os níveis de açúcar sanguíneo e a pressão sanguínea até ajudar o corpo a produzir proteína, osso e DNA. Uma deficiência de magnésio pode levar à perda de apetite, fadiga, vômitos e náusea. Uma deficiência extrema pode causar formigamento, câimbra muscular, ritmo cardíaco anormal e mudança de personalidade. Podemos obter magnésio na dieta comendo trigo integral, espinafre, quinoa, amêndoa, caju, feijão-preto e, meu

favorito, chocolate amargo. Os benefícios são amplos. O magnésio não apenas tem mostrado que ajuda as mulheres a aumentar sua massa muscular e sua força, como também pode ajudar a reduzir sintomas de depressão, prevenir enxaqueca, melhorar o sono e reduzir sintomas de Tensão Pré-Menstrual (TPM).[134] E em se tratando de ansiedade, um estudo de seis semanas constatou que a ingestão de 248 miligramas de magnésio por dia reduziu significativamente sintomas de ansiedade.[135] Uma palavra de cautela, porém: trabalhe com um profissional a dosagem, já que uma alta ingestão pode causar diarreia, náusea e câimbra muscular.

4. **L-teanina:** aminoácido encontrado nos chás verde e preto, bem como em alguns cogumelos. Um estudo constatou que aqueles que tomaram 200 miligramas de teanina tiveram níveis mais baixos de cortisol e resposta ao estresse menor ao concluírem uma tarefa desafiadora.[136] Considerando que a L-teanina pode interagir mal com sedativos, é importante que você consulte um médico antes de tomar um suplemento.

Você está notando um padrão interessante aqui? Muitos sintomas físicos de deficiência de vitaminas e minerais têm um paralelo com os sintomas de ansiedade, depressão, Transtorno do Déficit de Atenção com Hiperatividade (TDAH) e até psicose. Podemos facilmente nos confundir, pensando: "O que está havendo comigo?", quando às vezes pode haver uma resposta explicável nas informações do laboratório.

Tome isso como um chamado para a ação: **faça seu exame de sangue.**

Sim, tudo pode dar normal. Nesse ponto, podemos integrar outras opções de tratamento e ferramentas (e devemos, de qualquer modo). Mas não faça a si mesmo o desserviço de viver sem conhecimento do que seu corpo pode estar tentando lhe dizer. Nossos corpos nos dão pistas o tempo todo quando estamos desequilibrados, como quando temos enxaquecas frequentes, Síndrome do Intestino Irritável (SII) ou confusão mental. Não minimize ou ignore esses sinais.

Quando convidei Suma a fazer um exame de sangue, seus resultados foram esclarecedores. Depois de viver grande parte da vida com ansiedade física e chegar à conclusão de que "é assim mesmo", ela ficou chocada ao saber que tinha uma significativa deficiência de vitamina D, bem como uma deficiência de B12. Começou a trabalhar com seu médico de família para incorporar uma suplementação e, em um mês, notou que todos os seus sintomas físicos de ansiedade, incluindo fadiga, mau humor, dificuldade de concentração e tensão muscular, começaram a melhorar. Embora Suma e eu tenhamos continuado a fazer o trabalho cognitivo para ajudá-la com suas mudanças de comportamento e mentalidade, a redução de seus sintomas físicos foi incrivelmente aliviadora para ela. Ela conseguiu usar sua energia mental em outras coisas porque já não tinha que monitorar e examinar constantemente seus sintomas físicos de sofrimento. Disse-me ela três meses depois que se sentia uma pessoa completamente diferente e que finalmente recuperara sua vida.

**PARA ENTRAR EM UMA NOVA ONDA:**
Você fez um exame de sangue recentemente? Se já faz um tempo, o que lhe impede de dar esse passo? O que você pode fazer para ter essa atitude?

## A MENTE É UMA PARTE DO CORPO E O CORPO É UMA PARTE DA MENTE

Há um tema aqui: o cérebro não está desconectado do restante do corpo. Às vezes recomendamos "fazer um check-up do pescoço para cima", mas, honestamente, precisamos de um check-up do corpo inteiro para entender melhor do pescoço para cima. É por isso que sou uma firme defensora de coisas como um exame de sangue porque isso dá a você uma visão do que está acontecendo embaixo de sua pele. A assistência ocidentalizada tende a olhar o cérebro *ou* o restante do corpo, mas estes não são duas entidades separadas. Estão incrivelmente conectados. Quanto mais olhamos o corpo inteiro para obter dados significativos, melhor assistência todos nós podemos ter.

É uma via de mão dupla. Não são apenas os desequilíbrios de nossa química em geral que podem nos fazer sentir que não estamos mentalmente saudáveis. Também os desequilíbrios na química do cérebro podem levar nossos corpos físicos a apresentar sintomas capazes de se mascarar como problemas puramente físicos. Por exemplo, pesquisas mostraram que quando estamos sob um estresse prolongado e/ou severo, a sinalização no cérebro pode ser interrompida ou alterada, contribuindo para a experiência não apenas de um sofrimento mental, mas de uma imunidade menor, distúrbios metabólicos e circulatórios e uma série de outros sintomas físicos desagradáveis.[137] Acrescente a isso as camadas da idade, da história genética única e das experiências de vida e você pode entender por que a via entre o cérebro e o corpo está com frequência congestionada.

Por exemplo, continuam a surgir pesquisas sobre a forte conexão entre o intestino e a saúde mental. Com mais de 100 trilhões de bactérias presentes em nossos corpos, grande parte delas no trato intestinal, estamos vendo como o intestino tem um impacto sobre as vias neurológicas, endócrinas e imunológicas — o que também é conhecido como eixo intestino-cérebro.[138] Levando em conta que as bactérias intestinais produzem centenas de substâncias neuroquímicas que o cérebro usa para coisas como regular o humor e ajudar a memória, seríamos ignorantes se não considerássemos essa conexão. Especificamente, o intestino produz 95% de nosso suprimento de serotonina, que tem um impacto não apenas sobre nosso humor como também sobre nosso trato gastrointestinal.[139] Não parece ser por coincidência que 60% dos clientes com ansiedade e/ou depressão relatam sofrimento gastrointestinal, como SII.[140]

Embora microscópicas, mudanças no microbioma do intestino podem ser significativas para nossa saúde mental. Por exemplo, quando nos sentimos estressados, isso pode levar a mudanças nas bactérias de nosso intestino, que têm uma correspondência com o eixo hipotálamo-pituitária-adrenal (HPA) no cérebro. Isso leva o fator liberador de corticotropina (CRF) do cérebro a mudar nossa permeabilidade intestinal.[141] Em termos leigos: quando estamos estressados, isso pode levar a mudanças nas bactérias do intestino, que enviam um sinal ao cérebro de que estamos sob pressão, levando à liberação de cortisol, que torna nossos estômagos mais sensíveis e, como resultado, induz sentimentos de ansiedade. Isso se desenvolve por si mesmo enquanto o corpo continua a detectar a experiência contínua de estresse.

A boa notícia é que as bactérias do intestino podem também aliviar a ansiedade e a depressão. Por exemplo, pesquisadores constataram que diferentes cepas de bactérias, como *lactobacillus* e *bifidobacterium* (a mim soam como um feitiço de Harry Potter), podem reduzir a quantidade de cortisol em circulação quando estamos estressados. De fato, essas cepas de bactérias mostraram que revertem o padrão do eixo HPA que induz a ansiedade.[142] É importante observar que essa pesquisa foi feita com camundongos, mas há uma forte plausibilidade de que essas constatações correspondam ao que acontece no corpo humano também. O mesmo estudo verificou ainda que antidepressivos podem limitar a quantidade de cortisol liberada, o que também tem um impacto sobre o intestino. Isso faz sentido, considerando a frequência com que clientes relatam que as náuseas e os sofrimentos gastrointestinais subsistem depois de tomarem um antidepressivo.

Agora, como você pode curar o microbioma de seu intestino quando suspeita de que ele está sob ataque? Iogurtes com culturas ativas (não aquecidas) e alimentos fermentados (pense em chucrute, missô, kimchi e tempê) são boas maneiras de melhorar rapidamente a saúde do intestino. Se você é como eu, seletivo ao comer, alimentos ricos em prebióticos, como maçã verde, aspargo, feijão, banana, alcachofra, alho e cebola, podem ajudá-lo a entrar na onda da boa saúde intestinal.[143] Também é importante trabalhar com um profissional que possa lhe recomendar o tipo certo de probiótico com base em seus sintomas e que possa lhe dar instruções sobre como tomá-lo.

Para ter um rápido quadro de referência, a seguir está uma lista de alimentos que podem ajudar a aliviar sua ansiedade — ou piorá-la. É claro que esses alimentos não são uma receita de correlação automática, mas certamente podem contribuir para a ansiedade ou reduzi-la. Por quê? Alguns produtos alimentares podem aumentar a inflamação em nossos corpos, o que causa estresse oxidativo, levando o cérebro a interpretar sinais de aflição que correspondem à ansiedade e à depressão.[144]

É o seguinte: a comida que ingerimos pode ser um remédio para o cérebro ou, na pior das hipóteses, um veneno. Isso pode parecer dramático, e certamente não é algo para nos deixar obcecados (acredite, é raro eu passar um dia sem comer um pouco de açúcar). Porém, levando em conta que estamos pondo comida em nossos corpos várias vezes ao dia, temos que considerar como isso tem um impacto sobre a saúde geral, e em especial sobre a saúde do cérebro. Poderia haver um livro inteiro sobre isso (e certamente há muitos — *Seu cérebro bem alimentado*, da dra. Uma Naidoo, é meu favorito absoluto), mas aqui está uma breve lista para ajudar você a dar a partida.[145]

| ALIMENTOS QUE PODEM REDUZIR A ANSIEDADE | ALIMENTOS QUE PODEM CONTRIBUIR PARA A ANSIEDADE |
|---|---|
| Espinafre e outros verdes folhosos (o folato ajuda a produzir dopamina) | Açúcar (aumentos súbitos de açúcar no sangue podem fazer o corpo se sentir inquieto, irritável e nervoso, e ainda aumenta a inflamação) |
| Caju (repleto de zinco, que pode ajudar a reduzir o estresse) e castanha-do-pará (rica em selênio, que pode melhorar o humor reduzindo as inflamações) | Adoçantes artificiais, como aspartame, sucralose e sacarina (mostrou-se que contribuem para problemas neuropsiquiátricos) |
| Salmão (repleto de proteínas e ácidos graxos ômega-3, que combatem hormônios do estresse) e ostra (uma potência de zinco) | Frituras, em especial quando feitas em óleo de milho ou de soja, como é frequente em fast-food (aumenta a inflamação) |
| Peru (tem o aminoácido triptofano, que pode ajudar a produzir serotonina) | Álcool (causa aumento do açúcar no sangue e tem um impacto sobre a qualidade do sono, interferindo na serotonina e também esgotando as vitaminas B) |
| Abacate (toneladas de vitaminas B) | Cafeína (como estimulante, pode intensificar a ansiedade e induzir ataques de pânico, e também interfere no sono) |

## AS ESTRATÉGIAS DE AUTOCUIDADO QUE AJUDAM VOCÊ A SE MANTER EM ATIVIDADE

| ALIMENTOS QUE PODEM REDUZIR A ANSIEDADE | ALIMENTOS QUE PODEM CONTRIBUIR PARA A ANSIEDADE |
|---|---|
| Chocolate amargo (pode ajudar a suprimir o cortisol, hormônio do estresse) | Alimentos processados e pré-embalados (podem aumentar a inflamação, tendo um impacto negativo sobre o microbioma do intestino) |
| Kimchi, missô e outros alimentos fermentados (contêm grande quantidade de probióticos, que contribuem para a saúde do intestino), bem como iogurte | Glúten (em especial em pessoas com intolerância, sintomas de ansiedade e depressão podem ser exacerbados) |
| Açafrão-da-terra (contém curcumina, que ajuda a aumentar a serotonina e a dopamina) — use com pimenta-do-reino para ativar! | Laticínios (sim, eles estão dos dois lados; podem ser inflamatórios, aumentando a adrenalina e diminuindo o magnésio) |
| Camomila (mostrou-se que induz sensações de relaxamento), chá de hortelã-pimenta (pode ajudar a relaxar músculos quando tensos) e chá verde (contém teanina, um aminoácido que pode ajudar a manter o estresse afastado) | Bebidas açucaradas e refrigerantes diet e comuns (o aumento do açúcar no sangue pode amplificar sintomas de ansiedade, e nessas bebidas não há fibras) |
| Ovos (são boa fonte de vitamina D e proteína) | Alimentos com muita gordura trans/óleos hidrogenados (pense em glacê, bolo, biscoito doce etc.), que contribuem para aumentar a inflamação |
| Frutas vermelhas (a vitamina C ajuda a reparar os danos do estresse nas paredes das células) e banana (rica em vitaminas B, incluindo folato e B6, que ajudam a produzir serotonina) | Alimentos enlatados e em embalagem plástica (podem conter Bisfenol A [BPA], que pode ter um impacto sobre o humor e a pressão sanguínea, e ainda sobre a fertilidade) |
| Aveia (grande impulsionadora de serotonina, é um carboidrato complexo, satisfazendo a fome) | Alguns aditivos e corantes alimentares (mostrou-se uma correlação com ansiedade, depressão, fadiga e confusão mental) |

Você não precisa alterar radicalmente sua dieta, mas, se começar a fazer pequenas mudanças, poderá começar a ver algumas diferenças notáveis em seus níveis de ansiedade. Um café da manhã rico em proteínas, por exemplo, pode ser uma maneira de estabilizar o açúcar sanguíneo durante a manhã, ajudando a melhorar o funcionamento dos neurotransmissores no cérebro.[146]

E que tal métodos como o jejum intermitente? Ajudam? Se você está ansioso, eu não recomendaria. Como o açúcar sanguíneo pode baixar, algumas pessoas notam aumento da ansiedade, irritabilidade, dor de cabeça e dificuldade de concentração, bem como fadiga e interferência no sono (portanto, basicamente a maioria dos sintomas que vemos em alguém que apresenta ansiedade).[147] Sem falar que esse tipo de alimentação com frequência leva a transtornos alimentares ou os exacerba. Antes de iniciar qualquer grande mudança no modo como você se alimenta, recomenda-se sempre falar com um médico ou nutricionista para assegurar que você esteja recebendo nutrientes suficientes para se abastecer ao longo do dia.

Em última análise, focar em ingerir alimentos integrais (de preferência orgânicos) e não processados é uma maneira boa e natural de combater a ansiedade. Não é uma solução infalível, mas certamente não fará sua ansiedade piorar. Entendo que é muito mais fácil falar do que fazer isso. O consumo de alimentos saudáveis é um privilégio. Alimentos frescos, orgânicos e não pré-embalados são caros. No fim das contas, é melhor pôr algum alimento em seu corpo do que nenhum. Quando você pode escolher comer verde, e não algo embrulhado em plástico, ou comer algo cru ou no vapor, em vez de frito, ótimo. E se não pode, tudo bem também — vire-se com o que tem e faça o que pode, quando pode. É melhor ser gentil consigo mesmo em relação ao modo como você alimenta seu corpo do que ficar se censurando mentalmente por não fazer isso de maneira "perfeita". Não existe perfeição.

Não subestime a importância de se manter hidratado também. Acredite ou não, a quantidade de água que você bebe pode ter um impacto sobre a intensidade de sua experiência de ansiedade e depressão. Um estudo acompanhou três mil participantes e constatou que aqueles que bebiam mais água tendiam a ser menos ansiosos e menos ainda deprimidos.[148] Outro estudo observou que pessoas desidratadas eram menos calmas e mais tensas, comparadas àquelas que se hidratavam, que demonstravam mais sentimentos de felicidade e contentamento.[149] Sem falar que uma boa hidratação auxilia a digestão, em particular ajudando o corpo a absorver os nutrientes do alimento que você come (e sustentando a saúde daquele importante eixo intestino-cérebro).[150]

Parte do plano de tratamento de Suma foi dar uma olhada na sua dieta. Com frequência, faço um histórico alimentar de 24 horas com o cliente para saber o que ele comeu no dia anterior. Quando fizemos isso, percebemos que havia certas áreas onde podíamos fazer algumas mudanças no plano alimentar de Suma. Por exemplo, ela não estava tomando um café da manhã apropriado. Tomava duas xícaras de café de estômago vazio (semelhante à Mikaela). No almoço, comia fast-food no trabalho e acrescentava um biscoito de chocolate de sobremesa. De tarde, tomava uma bebida energética para dar uma estimulada. No jantar, comia salmão com vagem e batata (uma boa refeição, com ômega-3 e verde). Suma estava aberta a fazer algumas mudanças, em particular no consumo de cafeína, suplementando o café da manhã e dedicando mais tempo ao preparo de refeições. Em pouco tempo, ela começou a ver que se sentia menos inquieta, em especial de manhã, quando passou a beber chá preto (no início, trocar café por chá verde seria um salto muito grande) e ingerir mais proteína para ajudar no açúcar sanguíneo. Ela acrescentou mais cores do arco-íris, visando a três por dia (como cenoura, morango e espinafre) e, como resultado, começou a se sentir mais energizada. Também passou a ter petiscos à mão, como um iogurte ou um pacote de nozes, para não se deixar ficar tonta por estar faminta demais. Em questão de semanas, ela viu como a comida mudou seu humor — e as diferenças foram tão notáveis que ela sentiu que valia a pena o esforço de continuar comendo de forma diferente.

AO CONSIDERAR ESSAS INFORMAÇÕES, CONVIDO VOCÊ A DAR UMA OLHADA EM SUA DIETA PESSOAL. VAMOS COMEÇAR COM UM DIÁRIO DE 24 HORAS. O QUE VOCÊ COMEU NO ÚLTIMO DIA?

_____

_____

_____

_____

O QUE VOCÊ ACHA DO MODO COMO ESTÁ SE ALIMENTANDO NO DIA A DIA? VOCÊ DIRIA QUE SUA NUTRIÇÃO PODE ESTAR AJUDANDO OU PREJUDICANDO SUA SAÚDE MENTAL? TALVEZ UM POUCO DE AMBOS?

_____

_____

_____

_____

QUAIS SÃO AS MUDANÇAS QUE VOCÊ GOSTARIA DE FAZER PARA TESTAR SE ELAS ALTERAM SUA EXPERIÊNCIA DE ANSIEDADE? ISSO PODE INCLUIR REDUÇÃO DO CONSUMO DE CAFEÍNA E ÁLCOOL, ACRESCENTAR MAIS PEIXES OU VERDURAS NA SUA DIETA OU TENTAR TOMAR UM CAFÉ DA MANHÃ RICO EM PROTEÍNAS COM MAIS FREQUÊNCIA. LISTE O QUE VOCÊ ESTÁ ABERTO A TENTAR NAS PRÓXIMAS DUAS SEMANAS:

1. _____

2. _____

3. _____

4. _____

5. _____

## AS ESTRATÉGIAS DE AUTOCUIDADO QUE AJUDAM VOCÊ A SE MANTER EM ATIVIDADE

**RETORNE NESTE PONTO DUAS SEMANAS DEPOIS. VOCÊ NOTOU ALGUMA DIFERENÇA NO SEU HUMOR DEPOIS DE FAZER ESSAS MUDANÇAS EM SUA NUTRIÇÃO?**

_____

_____

_____

_____

_____

## NÃO SUBESTIME O PODER DO SONO

Não é só o que você come. Levando em conta que passamos 33% de nossas vidas dormindo, e que problemas de sono têm um impacto sobre mais de 50% das pessoas que vivem com um transtorno de ansiedade generalizado, é importante discutir higiene do sono e os benefícios de ter um descanso satisfatório.[151,152] Insônia e ansiedade são quase como uma situação de ovo e galinha: quando estamos ansiosos temos dificuldade de pegar no sono e continuar dormindo, e quando ficamos sem dormir nos sentimos ainda mais ansiosos. Esse é o pior tipo de circuito de biofeedback.

Uma das melhores coisas que você pode fazer se enfrenta insônia é praticar *aceitá-la*. Eu sei, parece completamente contraintuitivo. Mas o que acontece com frequência é que ficamos tão perturbados por não estarmos dormindo que, no processo, ficamos ainda mais agitados, o que torna pegar no sono ainda mais difícil. Se praticamos aceitar que estamos tendo dificuldade de dormir — e se não nos sentimos ameaçados por isso —, o fato com frequência pode nos ajudar a relaxar o bastante para podermos adormecer.

Quando estamos incomodados com nossa incapacidade de dormir, isso com frequência está relacionado ao medo de sentir dor no dia seguinte. Você conhece o sentimento — ficar acordado dói fisicamente quando você mal consegue manter os olhos abertos. Não é fácil, mas é possível *sobreviver*. Quando conseguimos nos lembrar de que a dor é temporária e que podemos suportar o desconforto, a insônia não precisa ser tão ameaçadora. Lembre-se de todas as vezes em que você conseguiu passar por esses dias difíceis mesmo dormindo pouco. Não é o ideal, mas é factível. E, na pior das hipóteses, se nesse dia você precisar pedir ajuda por não estar se sentindo bem ou cancelar um compromisso para descansar, faça isso! Se há uma oportunidade para aliviar um pouco a dor que está sentindo, não seja um mártir. Faça uma pausa. O importante é que a dor da exaustão não precisa ser temida; lembre a si mesmo de sua resiliência. E lembre-se, quando você deita e descansa (mesmo que não esteja de fato dormindo), isso faz bem ao corpo! É uma prática restauradora por si só. Se você se castiga mentalmente por não dormir o suficiente, aqui estão alguns exemplos de reformulações que usei com Suma quando ela estava enfrentando insônia:

| PENSAMENTO INICIAL QUANDO ESTAMOS FRUSTRADOS COM INSÔNIA: | PENSAMENTO REFORMULADO: |
|---|---|
| "Estou tão chateado por não conseguir dormir! O que há de errado comigo?" | "Estou notando que agora não estou conseguindo dormir. Isso pode não ser agradável, mas tudo bem ficar acordado agora." |
| "Vou me sentir péssimo amanhã. Vou ser reprovado no exame por causa disso." | "Pode ser que não me sinta bem amanhã, mas é só um dia. Já passei por dias difíceis, me sentindo cansado, e ainda assim me saí bem. Além disso, posso tirar um cochilo depois do exame, se precisar." |
| "É uma perda de tempo ficar aqui deitado. Isso não adianta nada, se estou acordado." | "Mesmo que eu não durma, meu corpo está descansando se estou deitado aqui agora." |

Se você é como Suma e sua ansiedade pode prejudicar o seu sono, aqui estão algumas dicas de higiene do sono.[153] Algumas podem parecer simples, mas pergunte a si mesmo: quantas delas você realmente segue?

- Coloque o telefone celular para carregar em outro cômodo. Se isso parecer difícil demais, pelo menos, ponha o telefone no modo sem

- som e virado para baixo, para que você não fique ouvindo avisos e vendo luzes surgirem às duas horas da manhã.
- Ouça histórias para dormir no aplicativo Calm (afinal, quem não gostaria de pegar no sono ouvindo a voz de Harry Styles?).
- Deixe de lado os aparelhos eletrônicos pelo menos trinta minutos antes de ir dormir.
- Tente ir dormir e acordar todos os dias no mesmo horário, inclusive nos fins de semana. Isso ajuda a equilibrar seu ciclo circadiano.
- Mantenha seu quarto em silêncio, escuro e frio (entre 15 e 19 graus é o ideal).[154]
- Não tenha TV ou computador no quarto.
- Evite grandes refeições antes de dormir (alô, azia!), assim como álcool (que interfere nas fases do seu sono durante várias noites depois que você bebe).[155]
- Pare de beber cafeína pelo menos seis horas antes da sua hora de dormir.[156]
- Faça um pouco de exercício físico durante o dia, desde que não seja uma ou duas horas antes de ir dormir, porque isso pode manter você acordado.[157]
- Se depois de vinte minutos você não conseguir dormir, levante da cama e faça uma atividade tranquila, como ler, com mínima exposição à luz. Não pegue o telefone!
- Use a cama apenas para dormir e fazer sexo.
- Reduza a ingestão de líquidos antes de dormir para reduzir a probabilidade de precisar ir ao banheiro no meio da noite.
- Consulte um profissional para ver se a melatonina ou outra substância para dormir podem lhe ser úteis.
- Experimente usar protetor de ouvido e máscara nos olhos para eliminar ruídos e luzes.
- Se precisar tirar um cochilo, tire um rápido, por não mais do que vinte minutos. Isso ajuda a melhorar o seu estado de alerta sem que você caia em sono profundo.[158]

Embora esperemos ter sete a nove horas de sono por noite, tenha compaixão de si mesmo, assim como em relação aos alimentos que põe em seu corpo.[159] Castigar-se mentalmente por não conseguir dormir o suficiente não vai ajudar a causa. Se você continuar tendo dificuldade depois de tentar essas estratégias, recomendo trabalhar com um profissional especializado em Terapia Cognitivo-Comportamental para Insônia (TCC-I). Também vale a pena fazer uma avaliação médica, incluindo um estudo do sono, para descartar potenciais diagnósticos, como apneia do sono, transtorno do pesadelo e narcolepsia. Se você está sofrendo há um tempo prolongado — digamos, há um mês — e acha que a falta de sono ou a sensação de exaustão estão interferindo regularmente no tempo em que passa acordado, isso pode ser uma indicação para obter um apoio adicional. Você não precisa continuar enfrentando isso.[160]

## CONTINUE A NADAR... QUANDO POSSÍVEL

Quando estamos ansiosos ou deprimidos, com frequência, queremos nos recolher e mover o corpo o menos possível. Quando ficamos imóveis em casa, isso pode ser parte de um estado de paralisação prolongado que pode evoluir para uma dissociação. Também pode parecer uma profunda letargia física que parece tomar conta de você. Embora possa ser temporariamente confortável ficar tão parado quanto possível, temos muitas pesquisas que defendem fazer exatamente o oposto. Mover o corpo — e não, não precisa ser nada vigoroso, como treinar para uma maratona — pode ajudar de maneira incrível sua saúde mental. Quer seja uma prática de ioga suave, caminhar por vinte minutos ou nadar um pouco, sabemos que um pouco de exercício pode fazer uma diferença fundamental na experiência da ansiedade.

Como assim? A Harvard Health Publishing relata que quando sua frequência cardíaca aumenta, isso muda a química do cérebro, incluindo a disponibilidade de substâncias neuroquímicas antiansiedade, como serotonina, ácido gama-aminobutírico (Gaba, na sigla em inglês), fator neurotrófico derivado do cérebro (BDNF, na sigla em inglês) e endocanabinoides. Elas agem como analgésicos naturais que também melhoram a capacidade de dormir. Além disso, os exercícios ativam o córtex frontal do cérebro, o que ajuda a moderar aquela amígdala exageradamente ativa que muitos de nós temos. Os exercícios também têm um impacto musculoesquelético, aliviando a tensão muscular, que é vista com muita frequência na ansiedade. Por fim, os exercícios costumam tirar da mente o que quer que esteja nos deixando ansiosos. O poder da distração — em especial por meio de exercícios — não pode ser subestimado.[161]

Considerando o horror que temos aos sintomas físicos que a ansiedade impõe a nossos corpos, os exercícios podem nos ajudar a ficar mais confortáveis com as sensações de coração acelerado, sudorese e dificuldade de respirar — o que não é muito diferente do que o corpo pode sentir durante um ataque de pânico. Podemos reduzir nossa sensibilidade à ansiedade por meio de exercícios quando vemos que podemos sobreviver a essas sensações. Embora a ansiedade possa nos levar à sensação de fraqueza física e mental, os exercícios regulares nos ajudam a ver como somos fortes.[162] Quase inevitavelmente, isso aumenta sua confiança e seu conforto com seu corpo. Embora isso não seja verdade para todos, demonstrou-se que os exercícios podem ser tão eficazes quanto tomar um antidepressivo.[163]

Constatei o poder disso em minha própria vida. Como minha ansiedade com frequência se manifesta fisicamente, posso ser a primeira a ficar em casa, no sofá, e me transformar numa pequena múmia. Porém, quando li o livro de Michael Easter, *The Comfort Crisis* (em um de meus estados mumificados), aprendi sobre o poder do misogi.[164,165] A ideia do misogi deriva da prática xintoísta japonesa da purificação ritual permanecendo sob uma cachoeira gelada. Representa a noção de o corpo ser capaz de lidar com o desconforto para nos beneficiarmos do que somos verdadeiramente capazes. É um exercício físico e psicológico em que aprendemos a magnitude de nossa força — da qual a ansiedade com frequência nos faz duvidar.

Foi aí que perguntei a mim mesma qual seria meu misogi. Como eu não conseguia correr mais de três quilômetros, achava que correr uma meia maratona seria impossível — mas *possivelmente* factível. Agora, para alguns de vocês, isso seria moleza. Para outros, seria demais. O importante é não se comparar com ninguém — é mais uma questão de estabelecer um desafio físico específico para você.

E então, cansada de me tornar um cadáver no sofá, eu literalmente busquei um "treinamento de meia maratona para iniciantes" no Pinterest. Pasmem, comecei a correr, acrescentando quilômetros aos poucos ao longo de três meses de treinamento. Não foi fácil. Eu era a corredora mais lenta do bairro, mas me dediquei. Com o tempo, o esforço compensou. Jamais esquecerei a sensação que tive quando cruzei a linha de chegada depois de correr 21 quilômetros (incluindo algumas caminhadas nos quilômetros 16 e 17, para ser franca). Eu me lembro de ficar chocada com o que meu corpo podia fazer. Todos aqueles anos em que me subestimei e disse que "não era uma corredora" — isso simplesmente não era verdade. Meu corpo era mais forte do que eu percebia. E a melhor parte? Nunca tive tão pouca ansiedade quanto no período do treinamento. Não apenas o tempo que eu passava me exercitando era uma prática meditativa à sua própria maneira (eu adorava ouvir música enquanto corria), como meu corpo se sentiu mais equilibrado do que em muitos anos. Embora eu fosse cética em relação ao quanto os exercícios poderiam ajudar, essa experiência me fez acreditar nisso.

Talvez isso inspire você a inventar seu próprio misogi. Ou você pode iniciar os trinta minutos de exercícios recomendados, três a cinco vezes por semana, para ajudar a reduzir os sintomas de depressão e ansiedade. Se seu tempo é limitado, até mesmo dez a quinze minutos podem fazer diferença.[166]

Se você fosse fazer um misogi, qual seria o seu?

## VOCÊ FAZ VOCÊ

Quando conheci Suma, ela me disse que se sentia muito pressionada a fazer terapia ou tomar uma medicação. Estava hesitando, em especial, em tomar uma medicação. Respeitei totalmente sua decisão, lembrando a ela que, embora meu trabalho seja informar aos clientes todas as opções de tratamento disponíveis, também é importante que eles escolham estratégias de autocuidado e cura que funcionem para *eles*. É aí que a incorporação de práticas de Medicina Complementar e Alternativa (MCA) podem ajudar. Muitos desses tratamentos têm histórias extensas. Por exemplo, a China desenvolveu a Medicina Tradicional Chinesa (MTC) em 200 a.C. A Coreia, o Japão, a Índia e o Vietnã também têm intervenções de tratamentos tradicionais de longa data. Embora alguns possam ser céticos em relação a essas formas de assistência, penso que se você está tomando uma decisão plenamente informado e acredita que o tratamento ajudará e não prejudicará você, pode ser um suplemento útil à medicina convencional.

Embora alguns diagnósticos possam exigir medicação como parte de um plano de tratamento mais eficaz, como nos casos de esquizofrenia e transtorno bipolar, por exemplo, há muitas ajudas suplementares que podem beneficiar qualquer um. Precisamos expandir nossa visão sobre o que pode funcionar. Assim como pesquisas mostraram que a terapia é mais eficaz quando a relação cliente-terapeuta é forte — independentemente da orientação terapêutica e das intervenções —, as estratégias de autocuidado mais eficazes são provavelmente aquelas que ao cliente parecem mais congruentes.[167] Considerando que mais de 38% dos americanos utilizam tratamentos de MCA, com a satisfação com esses tratamentos chegando a 71%, é importante incluirmos todo um conjunto de opções de cura.[168,169]

É claro que vale a pena mencionar que existe a possibilidade de esses tratamentos adicionais não serem eficazes para você. No mínimo, eles não devem lhe causar mal ou piorar os sintomas. Vale a pena notar também que muitos desses tratamentos nem sempre são cobertos pelos seguros, o que é importante considerar antes de você pagar por diferentes opções. Além disso, levando em conta que alguns desses tratamentos podem não ter o mesmo suporte empírico, existe a possibilidade de você nem sempre ver a melhora que estava esperando, porém, você pode constatar que algumas dessas estratégias oferecem suas próprias formas de cura transformadora. Quer ajudem você a processar um trauma, quer você note uma redução na experiência física de sua ansiedade, talvez valha a pena dar uma chance a essas fontes de apoio adicionais, se você está aberto a isso.

Aqui está uma lista de ideias para você dar a partida nas considerações sobre o que gostaria de incorporar a seu tratamento. Essa lista não é, de modo algum, completa. De novo, tenha em mente que nem todas essas modalidades dispõem de amplas pesquisas demonstrando sua eficácia — de fato, algumas mostraram apoio limitado à melhora de sintomas quando clinicamente testadas. Porém, se um acréscimo particular ao tratamento funcionar bem para você e beneficiar seu bem-estar geral, parabéns. Ao percorrer a lista, circunde o que já ajudou você no passado, bem como o que você está aberto a experimentar. Note se você sente algum julgamento ou ceticismo surgindo ao considerar essas opções. Isso pode significar que uma opção em particular pode não ser de muita ajuda a você, embora possa ser eficaz para outras pessoas.

Acupressão
Acupuntura
Afirmações
Alongamento/rolo de espuma
Aquaterapia
Aromaterapia
Artes marciais
Arteterapia
Astrologia
Ayurveda
Banho de floresta
Banho de gelo
Banho quente
Beber chás
Biofeedback
*Body wraps*
Caminhar
*Cannabis*/Canabidiol (CBD)
Cantar
Cobertor pesado
Consultar um líder espiritual
Consultar um médium
Corrida
Costura/tricô
Cristais
Cura dos chakras
Dança
Dessensibilização e reprocessamento por meio dos movimentos oculares (EMDR, na sigla em inglês)
Detoxificação
Devoção
Eneagrama

Estar na natureza
Estimulação Magnética Transcraniana (EMT)
Exercícios de atenção plena
Feng shui
Grupos de apoio
Halterofilismo
Homeopatia
Improvisação/teatro
Interpretação de sonhos
Ioga
Jardinagem
Leitura de aura
Leitura de tarô
Ler livros
Livros de autoajuda
Ludoterapia
Luz infravermelha
Manter um diário
Massagem
Massagem linfática
MTC
Musicoterapia
Naturopatia
Nutrição
Pilates
Poesia
Prática de gratidão
Prática religiosa
Práticas de respiração
Privação sensorial
Qigong
Quiropraxia
Reflexologia
Reiki
Relaxamento Muscular Progressivo (PMR, na sigla em inglês)
Retiro de ayahuasca
Rezador
Sauna
Suplementos
Tai chi
Tantra
Técnica de liberação emocional
Terapia animal
Terapia assistida por cavalos (equoterapia)
Terapia da caixa de areia
Terapia de flutuação
Terapia do riso
Terapia familiar
Terapia intravenosa
Terapia sexual
Ventosaterapia
Viajar
Visualização

Quando Suma percebeu que sua cura podia incluir muito mais do que a psicoterapia tradicional, sua visão sobre recuperação ampliou muito. Ela começou a fazer ioga e adorou acrescentar um pouco de aromaterapia com hortelã-pimenta quando se sentia particularmente em pânico. Receber uma massagem de tecido profundo mensalmente foi restaurador para ela, bem como dedicar um tempo a se conectar mais profundamente com sua fé hindu. Ela viu que sua cura era multidimensional. Era uma prática diária que exigia esforço e tempo. Quando viu que se tornava um ser humano com os pés no chão, ela me disse que o autocuidado estava valendo a pena. Pela primeira vez, ela estava comprometida com um plano de ação regular e via a diferença. Isso era inegável para nós duas.

Com frequência, queremos consertos rápidos para nossa dor, mas investir num plano de tratamento que funcione para você é um processo que compensa gradualmente, não depois da primeira sessão. Seu próprio plano de cura exigirá tempo.

Mas e quando o corpo é quem manda e parece que nenhuma estratégia está funcionando? Leia a seguir.

## QUANDO UMA ONDA TE DERRUBA

Se você tende a entrar em pânico, não está sozinho. De fato, todo ano, 11% dos americanos têm pelo menos um ataque de pânico.[170] Parte do motivo pelo qual nos sentimos em pânico é que o nervo vago, o mais longo nervo craniano do corpo, pode ficar desregulado e começar a ricochetear um monte de coisas desagradáveis em seu corpo, incluindo — mas não apenas — SII, azia, tontura, taquicardia, convulsões e enxaquecas.[171] O nervo vago tem um tremendo poder sobre nossos corpos, já que ativa e desativa nosso modo fuga-e-luta e nosso modo parassimpático, que é quando nos sentimos mais tranquilos. O sentimento de ansiedade pode ser um indicador de que o nervo vago não está cooperando conosco. Felizmente, há algumas maneiras rápidas de começar a regulá-lo. Marque esta página para retornar a ela quando precisar de uma referência rápida na próxima vez em que você se sentir em pânico:

- **Use água gelada:** uma bebida gelada sobre a testa ou um banho gelado de trinta segundos podem desencadear sensações de relaxamento.[172]

- **Cante junto uma música:** cantar não apenas fortalece os músculos da respiração e regula para cima a imunoglobulina A, que melhora nosso sistema imune. O ato físico de cantar ou cantarolar estimula o nervo vago quando exalamos.[173]
- **Dê um abraço de vinte segundos:** isso libera o hormônio do aconchego, oxitocina, em nossos corpos e pode trazer uma sensação de paz e proximidade, além de aumentar a variabilidade de nossa frequência cardíaca.[174]
- **Respiração:** praticando a respiração diafragmática (em que você sente a barriga expandindo), o nervo vago é ativado e temos uma melhor saturação de oxigênio.[175] Se você estiver confuso com isso ou não estiver certo sobre como praticar a respiração abdominal, deite no chão e ponha alguns livros sobre a barriga. Isso lhe ajudará a sentir o estômago — e não o peito — enchendo de ar. Há muitos bons aplicativos de práticas de respiração que podem ajudá-lo com isso, incluindo Calm, Headspace, Insight Timer e outros.

Quer você esteja enfrentando ataques de pânico, insônia ou querendo ser mais cuidadoso em relação aos alimentos que ingere, espero que este capítulo o inspire a se acomodar melhor dentro de si mesmo. Invista tempo em entender o que está acontecendo sob sua superfície (comece fazendo um exame de sangue!) e então dê os passos para realmente se curar. Isso não será uma resolução momentânea e isolada. Trata-se de uma vida de escolhas diárias — um estilo de vida. Viver a partir de um lugar de bem-estar exige dedicação. Às vezes é muito mais fácil não comparecer a um compromisso do que fazer o trabalho. Porém, quando você se expõe para si mesmo, está enviando uma mensagem poderosa a seu cérebro e seu corpo. Está dizendo explicitamente que você vale a pena — que merece cuidados.

Como Suma passou a ver, as coisas podem melhorar quando você age. As ondas de ansiedade vão e vêm, mas você pode aprender a passear nelas. Não desista de si mesmo ou de seu corpo. Dê tempo a si mesmo e dê opções a si mesmo. Sua abordagem para cuidar de si pode ser criativa.

Pode ser que você se sinta como um prisioneiro de sua ansiedade, mas não esqueça: você também tem as chaves que podem libertá-lo da dor. Agora é hora de apanhá-las e ver quais delas funcionam.

**PARA ENTRAR EM UMA NOVA ONDA:**
Quais são os passos que você gostaria de dar para que seu bem-estar aumente mental, física e emocionalmente na próxima semana? Com esforço sustentado, como você acha que poderá se sentir diferente daqui a um mês, seis meses ou um ano?

## CAPÍTULO DEZ

# QUANDO SUA PRANCHA QUEBRA

As coisas começaram de maneira razoavelmente rotineira com Sam. Ela queria discutir um recente rompimento com seu parceiro. Como pessoa ateia, branca, não binária e queer, já fizera terapia e lidara de forma positiva com isso. Considerava que faria um "ajuste" para processar seu novo status de relacionamento. Embora estivesse decepcionada porque a relação não funcionara, não estava sofrendo. Estava simplesmente dando a si mesma um espaço para refletir e sentir.

Mas então as coisas mudaram. Da noite para o dia.

Sam chegou à sessão chorando. Eu já a vira transtornada, mas aquilo era outro nível.

Eu disse:

— Sam, o que está havendo? Posso dizer que algo está errado.

Ela respondeu:

— Não consigo acreditar que vou lhe dizer isso... mas a casa da minha família pegou fogo semana passada.

— O quê? — Eu estava chocada.

— Sim. O fogo tomou conta da cidade muito rapidamente. O vento estava forte. Num minuto nos disseram para sairmos e no minuto seguinte estávamos indo embora de carro e vendo nossa casa em cinzas. Não consigo acreditar.

Eu respondi:

— Sam, isso é realmente horrível. Eu sinto muito.

Nós nos sentamos juntas enquanto ela chorava. Não havia aonde ir além dali.

Por fim, Sam disse:

— Isso não pode ser verdade. Tenho tantas lembranças daquela casa. Os jantares nas noites de Natal. Festas de aniversário. Eu tinha um cachorrinho e brincava com ele no quintal. Saber que isso tudo acabou é arrasador. Não consigo aceitar.

Fiquei com o coração apertado por Sam. Embora não tivesse vivido sua dor diretamente, já sentira algo próximo. Como psicóloga na Califórnia, tive muitos clientes que viveram o trauma de incêndios devastadores, e um deles foi perto da casa de minha infância. Embora minha família tenha escapado por pouco de ter a casa incendiada pelo incêndio Thomas em 2017, minha melhor amiga, também chamada Lauren, perdeu a casa de sua família naquele dia — no seu aniversário. Jamais me esquecerei de ela me contando quando eu estava sentada num avião: "Acabou tudo, Lauren. Minha casa acabou." Todas as nossas lembranças de infância passaram de repente diante de meus olhos: construindo fortes no quintal, brincando com bonecas Barbie no quarto de brinquedos dela e nos vestindo para o Halloween (sempre passávamos dois meses planejando nossas roupas com antecedência, e ainda fazemos isso até hoje). Quando ela me deu a notícia, imediatamente comecei a chorar no avião. Não me importei que as pessoas vissem. Sua casa acabara e não havia como tê-la de volta. Embora eu guarde as lembranças do que aconteceu ali, é assustador saber que o lugar onde tudo aconteceu já não está ali. Então, quando Sam me deu a notícia sobre sua casa, tive uma sensação nauseante de como ela estava chocada. Era uma espécie de morte.

Sempre que uma tragédia assim ocorre, geralmente, é quando as pessoas vêm com algumas frases de positividade tóxica. "Pelo menos ninguém morreu", ou "São apenas coisas — coisas podem ser substituídas". Claro, tudo isso é verdade. Mas é traumático ter sua casa, seu potencial reduto de segurança que você conhece e ama há anos, destruída em questão de horas. É um sentimento horrível passar de carro por sua vizinhança sem saber se sua casa ainda está de pé. Certamente eu não iria minimizar a dor de Sam. Era um marco insubstituível de sua vida que se desintegrara inteiro em uma noite.

Quando tragédias assim acontecem, tenho um nome para isso: pipoca do mal. É quando, sem nenhuma lógica, alguns são salvos e outros não. É essa pipoca do mal que nos mantém acordados à noite — nunca sabemos quando esse milho pode pipocar. Isso é suficiente para entrarmos em pânico, se deixarmos.

Sam foi atingida pela pipoca do mal quando sua casa foi atingida por um incêndio. Talvez você mesmo já tenha sido atingido. Às vezes, é estar no lugar errado na hora errada, e o pior cenário acontece. Outras vezes, sabemos que a dor será inevitável. Às vezes você vê a coisa vindo e às vezes não. Ela queima sua língua do mesmo jeito.

A dor pode ser inevitável; pode ser imprevisível. O que fazemos com isso? Este livro até agora tem sido sobre aprender a surfar nas ondas mais difíceis, mas, caramba, às vezes, a onda é grande demais para nós. Às vezes, ela nos quebra. É para isso este capítulo — para quando a vida parece ser partida ao meio. Quando somos mordidos pelo tubarão e parece que perdemos uma perna (ou talvez tenhamos realmente perdido), como nos curamos?

Eis por onde começar: saia da água. Pare de se forçar a nadar. Eu adoro Dory, de *Procurando Nemo*, mas dessa vez ela estava errada. Não "continue a nadar". Não — você precisa parar um pouco. Fico impressionada com a quantidade de clientes (e não clientes que acham que não precisam de terapia) que ficam tentando tirar aquilo da cabeça para não terem que conviver com a realidade da dor. Quando a ansiedade está na mistura, pode parecer quase impossível ir mais devagar e abrir espaço para a tristeza. Faremos qualquer coisa para evitar encarar o sofrimento. Mas surpresa: não importa o quanto você tente nadar para longe de sua dor, ela ainda está ali, esperando por você. Pode ser também que você reconheça a presença dela antes mesmo que ela te alcance, portanto, dê a si mesmo um tempo e saia daí. Você não é forte por estar se forçando a nadar — você é forte por ter coragem o bastante para chegar à terra firme quando precisa disso.

Marque este capítulo se você está sofrendo neste momento. Ou guarde-o para um dia chuvoso em que você recebe um telefonema que jamais gostaria de receber. Você não precisa trabalhar isso em uma ordem específica. Tudo o que eu recomendaria é, se você pode, acomodar-se com a dor. Em vez de virar as costas para si mesmo, olhe para a ferida. Veja a dor como ela é. É difícil saber como curá-la se você não a enfrenta. Afinal de contas, será que você gostaria que um médico lhe desse alguns pontos se não se dispusesse a olhar o corte? Temos que ver nossa dor para podermos nos dar o que precisamos para nos recuperarmos.

## DÊ A SEU CORPO O QUE ELE PRECISA

Uma das maneiras mais importantes de processarmos nossa tristeza é permitir aos nossos corpos processar fisicamente o que perdemos. Quer seja chorando, sacudindo-nos, gritando ou mesmo adoecendo fisicamente, precisamos deixar nossos corpos fazerem o que precisam fazer. Seu cérebro pode pensar que sabe o que fazer, fechando-se a qualquer demonstração física de emoção, mas seu corpo sabe exatamente como curar, se você lhe permitir.

Isso pode ser incrivelmente difícil se você está lutando contra a ansiedade. Quando estamos assustados, queremos exercer controle, em especial sobre nossos corpos. Quando uma situação já parece fora de controle, pode ser ainda mais aflitivo quando nos sentimos também como se estivéssemos à mercê de nossos corpos. Muitos de nós tentaremos qualquer coisa para impedir que a dor surja — tanto que teremos um ataque de pânico para substituí-la. Quanto mais tentamos conter as lágrimas, a raiva ou a fisicalidade de nossos sintomas, mais eles podem irromper da maneira exata que estamos tentando evitar. Se, em vez disso, somos benevolentes com nós mesmos e nos deixamos viver totalmente nossas emoções, mais aterrados tendemos a nos sentir. Mudar sua perspectiva sobre o que seu corpo faz no processo de sofrimento é restaurador. Isso não é tentar machucar você. Expressando-se fisicamente, seu corpo está tentando curar você. Não precisaríamos temer nossos corpos se soubéssemos disso, porque nos lembraríamos de que eles estão trabalhando para nós, não contra nós. Seu corpo pode ser seu amigo — não seu inimigo.

Em vez disso, muitos de nós lutamos com unhas e dentes. Alguns até parecem ter uma capacidade mágica de sugar de volta as lágrimas para dentro dos olhos. Vi muitos clientes fazerem isso; eles fazem qualquer coisa para evitar chorar (mudam de assunto, riem, bebem água, evitam contato visual etc.). Mesmo na terapia, um lugar onde o choro é um convite, evitamos derramar uma lágrima, se pudermos. Mas chorar é incrivelmente curativo para nossos corpos. Quando choramos, não apenas estamos eliminando hormônios do estresse e outras toxinas de nossos corpos como também obtemos uma dose de oxitocina e endorfinas. Isso ajuda a aliviar dores físicas e emocionais.[176] É por isso que quando as pessoas dizem que estão "precisando de um bom choro", estão falando sério.

Eu o convido a receber bem suas lágrimas. Se você sente que é capaz de chorar em um momento qualquer, permita-se expressar suas emoções. Não precisa se envergonhar por estar transtornado.[177] Mas se lhe parece difícil acessar as lágrimas — como acontece com muitas pessoas que têm ansiedade e que aprenderam bem a se isolar de sua fisicalidade —, experimente algumas destas ferramentas:

- Ouça músicas que lhe despertam tristeza, raiva ou qualquer outro sentimento que você gostaria de evocar.
- Assista a um filme sentimental em que você se identifica com a história (*Marley e eu*, *Um amor para recordar* e *Diário de uma paixão* fazem isso comigo).

- Escreva um diário enquanto olha para uma foto que faz você se lembrar de algo que o está incomodando ou que você perdeu (enquanto ouve música, para acrescentar uma camada extra de estímulo).
- Sente-se em seu carro ou saia para um passeio de carro sozinho — há algo de especial nesse espaço, principalmente quando, mais uma vez, você está ouvindo música.
- Vá além da conversa fiada. Diga algo que está em seu coração e vá mais fundo com alguém. Deixe um pouco as piadas de lado e compartilhe a verdade de como você se sente.

Entendo que isso pode parecer um pouco masoquista a essa altura, mas, de verdade, tirar um tempo para processar emocionalmente sua perda é fundamental. Esses sentimentos já estão dentro de você, e é preciso deixá-los sair. Se não fizer isso, provavelmente sentirá a tristeza se manifestando como uma doença física. Não estamos muito longe dos animais nesse aspecto. A resposta de lutar-fugir-paralisar está arraigada em cada um de nós, e, quando experimentamos um fator de estresse ou uma perda, o corpo quer reagir fisicamente para buscar a homeostase de novo. Negar a nós mesmos essa necessidade instintiva é uma forma de tortura pessoal. Você não precisa fazer isso consigo mesmo.

O dr. Peter Levine fez uma pesquisa incrível sobre como o corpo processa o estresse, incluindo traumas.[178] Seu trabalho começou quando ele notou como animais demonstram espasmos físicos e se debatem para completar o ciclo de fuga-luta, em particular depois de ficarem num estado de paralisação.[179] Por exemplo, quando um urso-polar fica em choque, seu corpo sai desse estado sacudindo e ofegando. Ao fazer isso, ele está descarregando hormônios do estresse que, de outra forma, ficariam presos em seu corpo. Isso é um processo completamente normal que regula o urso-polar depois de ele passar por um estado de medo. Não julgamos o urso-polar por fazer o que precisa fazer.

Isso é uma pista para a resposta humana. Embora também possamos nos sacudir, tremer, chorar e reagir fisicamente, nós nos trancamos quando estamos transtornados. Aprendemos cedo que somos "bebezinhos" ou "loucos" se expressamos nosso sofrimento. Dizem-nos que precisamos ser "corajosos" e, quando crescemos, pensamos que estamos sendo "fortes" ao bloquearmos qualquer resposta física que poderia indicar, a nós ou aos outros, que estamos assustados ou abalados. Problematicamente, quando fazemos isso, os hormônios do estresse que são liberados, independentemente de nossa reação externa, ficam presos em nossos corpos como uma bola de pingue-pongue. Incapazes de processá-los, começamos a ter dor de cabeça, problemas gastrointestinais, confusão mental, dores no corpo e exaustão. Às vezes nos sentimos dissociados, movendo nossas vidas como se estivéssemos numa neblina. Aprendemos a magoar o corpo, embora ele esteja tentando nos ajudar o tempo todo. Em pouco tempo, nós nos sentimos completamente isolados do corpo, prestando atenção a ele somente quando nos causa dores que não conseguimos ignorar, como um ataque de pânico ou uma doença tão séria que nos deixa de cama. De fato, estudos mostraram que a experiência de um estresse prolongado (por exemplo, como resultado de ignorar o sofrimento) pode levar a um risco maior de desenvolver transtornos autoimunes e doenças infecciosas sérias — justificando ainda mais por que é tão importante prestarmos atenção a nossos corpos.[180,181]

É aí que o método de Levine entra. Em vez de retesar o corpo, ou ignorá-lo completamente, Levine nos convida a receber bem as sensações do corpo, que ele chama de experiência somática.[182] Isso pode incluir permitir ao corpo sacudir, tremer e se autorregular quando precisa.[183] Se você acha isso estranho, está no caminho certo. Somos socializados a pensar que perder o controle sobre nossos corpos é "esquisito". De fato, a única maneira como essa forma de movimento é considerada socialmente apropriada é quando dançamos (mas, de todo modo, é quando as pessoas "se soltam" com álcool, e ainda assim adoramos ficar no nosso canto julgando os outros).

Aceitar seu corpo com toda a falta de controle dele parece constrangedor se você não está acostumado a isso. Provavelmente você foi treinado para ser avesso a isso, pensando que algo está "errado" se seu corpo não faz exatamente o que você ordena. Parece contraintuitivo aceitar ou mesmo invocar o sentimento de que o corpo está descontrolado. A ansiedade nos diz que vamos "surtar" se não tivermos nossas sensações físicas sob controle. Deus me livre alguém nos ver nos sacudindo, chorando ou demonstrando medo com a voz embargada, a boca seca, ou suando. Mas, conforme evidenciado ao vomitarmos para livrar o corpo de toxinas quando estamos enjoados, ou quando nos sacudimos durante o processo do parto, o corpo tem uma sabedoria inata do que precisamos. Se nos dispomos a nos render ao que ele está nos dizendo, podemos atravessar nossa dor e nosso processo de maneira muito mais orgânica. Isso não significa que assim não vai doer. Só não teremos o medo ou exaustão adicionais de tentar protelar a cura natural (e restauradora) do corpo.

O problema é que pensamos que sabemos mais do que nossa biologia. Não confiamos em nós mesmos. Como resultado, nós nos afastamos ou nos sentimos desconectados ou em constante medo do que nossos corpos podem fazer conosco.

O que aconteceria, porém, se as reações do seu corpo não lhe causassem vergonha? E se seu corpo pudesse fazer o que quisesse sem que você o julgasse, ou sem o medo de alguém julgar você?

Sei, por minha própria fobia, que meu medo é o de perder o controle sobre meu corpo e, pior, de que os outros sintam aversão por mim. Isso se resume a um medo primitivo de constrangimento. Tenho que lembrar a mim mesma que os outros podem ter compaixão se passo mal (embora, lamentavelmente, possa me faltar compaixão por mim mesma e pelos outros). Meu corpo só está tentando cuidar de mim.

De forma semelhante, muitos de nós temos um medo profundamente enraizado de sermos humilhados e, no fim das contas, rejeitados — seja social, emocional ou fisicamente. É por isso que nos desculpamos quando choramos na frente dos outros. É por isso que não dançamos em público ou não fazemos uma aula em que os outros poderiam nos ver movendo o corpo. Deixamos nossas crianças moverem o corpo exatamente como elas querem, mas, por alguma razão, quando crescemos, não nos permitimos brincar da mesma maneira. E quando alguém tem um movimento incontrolável? Vemos coisas como sacudir-se como um sinal de que não estamos bem.

Tentamos esconder isso dos outros — mesmo que seja uma indicação de que o corpo está tentando restaurar o equilíbrio.

Se você tem vergonha de seu corpo ou se preocupa que os outros pensem que sua resposta ao sofrimento é "excessiva" quando você tem uma reação física, a toxicidade do trauma ou da perda continuará presa aí dentro. Seu corpo precisa lidar com a perda — e não apenas no âmbito cerebral. Conforme abordamos antes, está tudo interconectado. **Não é só o seu cérebro que precisa falar — seu corpo precisa sentir.** Aqui estão algumas maneiras de ajudar você a ter uma experiência somática. Fique atento, é claro, ao que parece confortável e factível para você. Vá num ritmo que funcione para seu corpo — respeite o que você precisa e o que pode fazer.

- Pratique alguns exercícios que permitam sacudir o corpo (uma barra de balé clássico é boa para isso, bem como os exercícios de Técnica de Redução de Estresse [TRE]).[184]
- Literalmente, solte-se com a dança, *Shake it off*, como recomenda Taylor Swift.
- Faça exercícios batendo com os dedos em pontos do corpo (Técnica de Liberação Emocional, ou EFT, na sigla em inglês).[185]
- Receba uma massagem ou faça uma sessão de alongamento.
- Sente-se numa cadeira de balanço e balance para a frente e para trás. Assim como os bebês acham esse balanço tranquilizador, nós também achamos!
- Faça uma aula de ioga, pilates ou alguma outra que movimente o corpo.
- Dê uma corrida ou caminhada em que você possa notar sua respiração e partes do seu corpo trabalhando juntas.

Seu corpo tem uma sabedoria inata. Em nossa sociedade ocidentalizada, podemos estar muito distanciados dessa sabedoria. É incrível que, em todos os meus anos de treinamento clínico, recebemos ampla informação sobre intervenções cognitivas, mas raramente abordamos qualquer trabalho corporal. Outro dia, quando falei com uma colega psicóloga sobre o poder da terapia somática, ela respondeu: "O que é isso?" Isso mostra como, em nosso campo, fomos pouco treinados para reconhecer o poder do corpo.

Para ser justa, a experiência somática não tem sido tão estudada quanto a terapia comportamental cognitiva. Mas isso significa que deveríamos desconsiderá-la se ela proporciona cura às pessoas? Nossos corpos podem nos dizer tanto quanto nossos cérebros, se ao menos nos dispusermos a escutar. Portanto, da maneira mais suave, talvez você possa começar a prestar atenção e ser curioso com as mensagens que seu corpo está tentando lhe transmitir. Vá devagar e conheça o amigo — e não inimigo — que seu corpo é. Seu corpo sabe como lidar com suas mágoas — se você lhe permitir.[186]

## QUANDO VOCÊ PRECISA CHEGAR À TERRA FIRME

Como eu disse antes, há momentos em que você precisa sair completamente da água. Pode ser quando seu animal de estimação morre, quando você sofre um aborto espontâneo ou quando recebe um diagnóstico de doença grave. Somos incentivados a enfrentar nossa dor e, às vezes, não temos escolha. Mas é nesse ponto que eu gostaria de sugerir que, se você tem espaço para uma pausa, faça isso. É comum nos considerarmos fracos se precisamos de um tempo livre. Vamos trabalhar uma semana depois de finalizarmos o divórcio ou continuamos indo à escola quando estamos enfrentando a recente perda de um dos pais. Mas ouça isso: você não precisa ser firme numa situação assim. Se precisar sair da água, faça isso, de qualquer jeito.

Agora, já estou ouvindo você: "Mas se me distraio, isso me permite esquecer a dor. Me ajuda a lidar com ela." Será? Embora às vezes você se ocupe, acaba tendo que enfrentar o fantasma do sofrimento que está à espreita em suas sombras. Nunca há um bom momento para a dor. Não conheço uma única pessoa que diga: "Sim, agora seria um bom momento para minha irmã falecer. Estou pronto." Ninguém jamais disse isso. Você pode tentar adiar sua dor, mas, acredite, ela continuará te esperando. E também tem o seguinte...

Isso provavelmente vai lhe parecer estranho, mas, de algumas maneiras, o sofrimento pode ser *bom*. Quando honramos aquilo que perdemos, estamos reconhecendo o significado que esteve presente em nossas vidas. É difícil sofrer por algo que não lhe importava. Isso não quer dizer que você deva se sentir culpado se não ficar transtornado com uma perda recente, mas há uma diferença entre ignorar uma dor que está claramente ali e forçar sentimentos que não estavam ali (o que não tem nenhum problema, aliás). No fim das contas, honrar nosso sofrimento é uma maneira de nos honrarmos. É uma forma de autocuidado. Quando reconhecemos que nosso processo de cura é mais importante do que cumprir os prazos da escola ou do trabalho ou do que o conforto de nossos amigos, estamos nos dando uma forte mensagem de amor-próprio.

Isso foi algo que tive de lembrar a Sam. Ela estava muito disposta a se jogar para fazer tudo o que precisava ser feito depois que sua casa foi atingida por um incêndio. Estava se esgotando fisicamente com uma lista interminável de afazeres para mascarar seu esgotamento emocional. Ela impossibilitava que qualquer emoção viesse à tona porque estava ocupada demais com suas tarefas. Seu corpo estava começando a deteriorar também. Deixando de dormir, de comer bem e de se exercitar, e apenas convivendo diretamente com sua tristeza, ela começou a sentir uma profunda fadiga. O estômago doía, a cabeça doía e a pele ficou pálida. Ela parecia e se sentia péssima, mas achava que tinha que se atirar no trabalho para lidar com aquela situação.

Chamei sua atenção para isso um dia, numa sessão.

— Sam, estou preocupada por você não estar cuidando de si mesma. Posso ver que seu corpo está sentindo. Acho que ele está tentando dizer alguma coisa a você.

Ela hesitou.

— Mas o que acontecerá se eu diminuir o ritmo? Só vou me sentir pior, não?

— No início, pode ser. Essa tristeza e essa dor poderão ser sentidas inteiramente. Mas você não estará mais gastando tanta energia para tentar afastá-las. O que você acha que seu corpo está tentando lhe dizer?

Pude ver que Sam sabia.

— Que eu preciso conviver com isso. Preciso escutar isso.

— O que está impedindo você de fazer isso?

No caso de Sam, não era que ela estivesse com medo da reação de seu corpo. Ela temia não ter ninguém para ampará-la se caísse. Embora houvesse pessoas se oferecendo para ajudá-la, Sam estava o tempo todo rejeitando esse apoio.

Pode ser que você note isso em si mesmo também. Talvez não permita que os outros o ajudem quando está angustiado ou sofrendo porque isso significa que teria de diminuir o ritmo e ficar quieto. Haveria espaço para conviver com seus sentimentos — e essa ideia assusta você. Mas talvez possamos começar a nos permitir aceitar a assistência dos outros quando esta é oferecida — ou melhor ainda, podemos pedi-la. Tudo bem pedir uma mão; você não é um fardo ou uma inconveniência se faz isso. Se os outros não têm capacidade mental, cabe a eles estabelecer o limite. Você não precisa, porém, erguer um muro de antemão.

Muitos de nós aprendemos a odiar descansar e conviver com nós mesmos por termos medo do que podemos encontrar. Fugimos de nossos sentimentos com muita frequência, como se temêssemos o poder deles e até o que poderiam ser. Muitos de nós ficamos num estado de ansiedade firme e constante porque isso rebate qualquer tristeza, raiva ou decepção que possa estar fervilhando por baixo. Mesmo que o sofrimento fique forte o bastante para termos que prestar atenção a ele, sentimos que precisamos deixá-lo para trás assim que possível. Tentamos programar a dor. Dizemos a nós mesmos que devemos "voltar ao normal" assim que possível. Deus me livre sermos inconvenientes com alguém ou fazermos alguém se sentir desconfortável com nosso sofrimento.

Você precisa de autocuidado mais do que nunca quando está num período de tristeza. Pôr um relógio para marcar em contagem regressiva quanto tempo você tem que descansar não vai ajudar. Tire o tempo que precisar. Quando você começa a se cobrar, dizendo, "Eu já devia ter superado isso", ou "Eu não devia estar transtornado com isso", está apenas se envergonhando mais. Você sente como sente. E tudo bem. Afinal de contas, se um amigo estivesse sofrendo, será que você diria para ele, "Faz seis meses. Já é tempo. Siga em frente"? Provavelmente não. Então por que você está impondo esses parâmetros difíceis a si mesmo? Você não impressiona ninguém por ter superado sua dor rapidamente. Lamento lhe dizer, mas não há nenhum troféu para quem sofre mais rápido. Esse é um recorde que você não quer manter.

Todos nós sofremos coletivamente à nossa própria maneira nos últimos anos. Quer tenhamos perdido pessoas queridas para a Covid-19, quer não tenhamos podido participar de nossa cerimônia de formatura, quer tenhamos largado o emprego para ficar em casa e cuidar da família, todos nós tivemos nossas perdas únicas. Eu não saberia dizer a você quantas vezes ouvi clientes minimizando suas dores. Eles diziam: "Eu não deveria estar triste. Para outros foi muito pior." Claro, há sempre alguém para quem foi "pior" do que para você. Mas você está triste? Está decepcionado? Isso é tudo o que é preciso para você conseguir um bilhete premiado para os portões do sofrimento. Ninguém quer entrar ali, mas não há passe VIP que garanta por onde você vai seguir. Você não precisa comparar seu sofrimento ao dos outros. É o que é. Não há ninguém que possa afastar o modo como você se sente — e isso inclui o modo como trata a si mesmo.

Tento ser um modelo disso para meus clientes. Jamais esconderei o que estou passando se isso pode ter um impacto sobre como me mostro na sessão. Para mim, é importante que os clientes saibam que sou um ser humano real, assim como eles. Assim como espero que eles possam estabelecer limites se precisarem de uma pausa, quero mostrar isso para eles também.

Eu me lembro de quando tive que tirar um tempo livre quando quase perdi Mochi. Ele nem completara cinco anos e, inexplicável e gradualmente, vinha perdendo peso havia meses. As coisas mudaram de rumo quando ele estava saindo de uma anestesia depois de fazer um ultrassom. Descobrimos que Mochi estava com sepse e a veterinária me disse que ele tinha 50% de chance de viver. Disse que nos telefonaria durante a noite se Mochi não sobrevivesse. Nunca tive tanto medo de que o telefone tocasse.

 Felizmente, não tocou naquela noite, mas Mochi passou por algumas semanas angustiantes de recuperação (teve até de usar um tubo de alimentação). Posso lhe dizer honestamente que nunca fiquei tão transtornada na vida. Eu me lembro de ter chorado dias a fio. Cheguei a comprar um gato siamês empalhado na Amazon só para ter algo para segurar. Guardei os tufos de pelo que Mochi deixava pela casa (sim, eu estava transtornada). Embora ele não tenha morrido, fiquei arrasada com o choque e a angústia de quase perdê-lo. Durante esse período, não havia como eu pudesse estar presente para meus clientes. Eu podia ter tentado passar por cima daquilo e ignorar a dor, mas isso teria sido um desserviço aos meus clientes e a mim mesma. Eu tinha duas prioridades naquele momento: ajudar Mochi a se curar e abrir espaço para minha dor emocional. Com a graça de Deus (e uma equipe veterinária incrível, com Medicina moderna), Mochi se recuperou. Sempre me lembrarei de como ele levantou a cabeça e começou a ronronar alto, como nunca havíamos ouvido, quando finalmente o levamos para casa. Estava tão animado quanto nós por finalmente poder ir para casa.

 Como estou escrevendo isto no aniversário desse suplício, tenho bastante consciência de como isso foi traumático para mim. Mochi podia também ser meu filho, e eu faria qualquer coisa por ele. Eu nunca ficara tão transtornada, e o peso de minha angústia até me surpreendeu. Agora, eu podia ter me envergonhado ao longo do processo de sofrimento, dizendo a mim mesma para superar aquilo. Alguns de vocês podem estar pensando: "Uau, Lauren. É só um gato!" Eu podia ter sido mais dura: jurar a mim mesma que ter um gato era um erro porque quase perdê-lo doeu muito e, portanto, jamais faria isso de novo. Podia ter me ressentido com o quanto custaram as despesas médicas. Podia ter tentado engolir as lágrimas e manter o lábio superior firme.

Mas olho para o sofrimento de outra maneira. Vejo como um reflexo da profundidade com que se ama algo ou alguém. Quando as lágrimas correram descontroladamente, isso simplesmente me disse o quanto eu amava aquele pequeno ser com todo o meu coração. Claro, é um gato. Mas é o *meu* gato, e ele me deu mais amor e conforto do que praticamente qualquer outro ser vivo (desculpe, Greg, embora você também seja ótimo). Sei que isso é verdade para muitos de vocês que também têm animais de estimação. Eles lhe dão atenção e são companheiros como nenhum outro. É uma relação indescritível. Quando os perdemos (ou quase os perdemos), tudo bem sentir a magnitude disso. Isso não é insignificante.

Portanto, seja lá o que for que você esteja passando — ou vá passar em algum momento —, tire o tempo que for preciso. Quer você tenha perdido um animal de estimação, um emprego, uma casa, um casamento, um bebê, não diminua isso de modo algum. Isso foi seu por um período precioso. Não ter isso mais pode ser profundo. Também não faz sentido julgar o modo como você sofre. Permita-se honrar o que foi excepcional para você. Foi muito importante ajudar Sam a lidar com aquilo. A casa que ela adorava já não estava ali. Não havia volta, mesmo que fosse reconstruída. Isso é uma dor que não vale a pena ignorar. Aproveitamos o tempo em nossas sessões para refletir sobre o significado daquela casa — como ela passou a entender sua identidade de gênero e se apaixonou pela primeira vez naquela casa. Ela se afastou dos pais e se reaproximou deles naquela casa. Como na canção de Miranda Lambert, foi uma casa que construiu Sam.

Ao processar sua dor, veja se você pode começar a deixar as pessoas entrarem. Você não precisa manter sua dor como um segredo vergonhoso. Não precisa chorar em silêncio ou fingir que não está chorando com alguma daquelas piadas bobas do tipo "é a cebola". Deixe o pranto vir. Enrosque-se e vire uma bola. As pessoas que o amam querem estar presentes para você. Faça o que precisar fazer para se recuperar — mesmo que isso signifique não fazer nada além de chorar, refletir e ficar num lugar. Não há maneira certa de sofrer. Ninguém deve pressionar você — incluindo você mesmo — sobre como proceder.

## DÊ ESPAÇO PARA UM SALVA-VIDAS

Às vezes nos sentimos como se precisássemos suportar o sofrimento sozinhos. Não precisamos. Embora seja bom ter um tempo sozinho para refletir, você não é um fardo para os outros se está sofrendo. Não precisa descrever em detalhes o que passou (a não ser que queira), uma vez que algumas pesquisas até indicaram que isso pode não ajudar.[187] O que ajuda é permitir que os outros o apoiem, quer seja com refeições, conversas ou apenas fazendo companhia para ver um filme. Você não precisa ficar constrangido por sua dor ou minimizá-la para que alguém se sinta mais confortável. Você é um ser humano cujo coração bate. Às vezes ele sangra quando perdemos algo extraordinário. Tudo bem.

Você não precisa se sentir culpado por pedir o que precisa. Às vezes as pessoas podem se sentir inundadas pela ansiedade e podem se retrair quando você mais precisa delas — não porque não se importam com você. É mais provável que elas tenham medo de fazer ou dizer algo errado quando você já está sofrendo. É por isso que você não precisa se acanhar em ser explícito sobre como elas podem ajudar. Peça uma comida para elas. Peça que o ajudem com as crianças. Embora os salva-vidas sejam treinados para cuidar de pessoas que estão se afogando em silêncio, não faz mal levantar a mão e dizer exatamente o que você precisa, caso consiga.

Ao mesmo tempo, se você está lendo isto e querendo apoiar alguém que está sofrendo, não se acanhe em fazer isso. É melhor dar um passo errado (como, por exemplo, não dizer exatamente a coisa certa ou ficar mais tempo do que seria bem-vindo) do que não estar presente. O mais importante é lembrar que sua presença por si só é o que é mais necessário. Você não pode substituir o que foi perdido, mas pode proteger as extremidades da nova lacuna.

E por mais que possamos ajudar uns aos outros, às vezes, o salva-vidas que mais precisamos deixar entrar somos nós mesmos. Reconheça a mudança que aconteceu em sua vida. Reflita sobre o que você viveu e como isso mudou você — para melhor, para pior e sem julgamentos. Comece a desenvolver uma narrativa do que você passou. Ajuda escrever as lembranças da pessoa que você perdeu, a experiência que você teve ou o que a jornada ao lado dela significou para você. Note os sentimentos associados — você está chocado, confuso, decepcionado ou com raiva? Abra espaço para que esses sentimentos venham à tona sem julgamentos. Quando você processa sua experiência, isso não significa que "encontra a razão" pela qual as coisas aconteceram assim. Como é frequente no caso de um sofrimento ou trauma, não há nenhuma boa razão. Podemos aprender e crescer com a experiência, mas processar é, em parte, conviver com a realidade de que às vezes a pipoca do mal bate em sua vida, e isso simplesmente é ruim.

Uma das melhores coisas que você pode fazer ao processar sua perda é honrar o que aconteceu. Embora você possa participar de um ritual público, como um funeral, 80% das pessoas também fazem um ritual privado para refletir sobre o ocorrido.[188] Isso pode ter um grande impacto se você está buscando concluir um rompimento, uma mudança de trabalho ou o fim de uma amizade. Faço isso com frequência com clientes, inclusive com Sam. Ela decidiu que queria emoldurar uma fotografia de sua casa e deixá-la visível em seu novo quarto. Seria uma maneira de recorrer às memórias que guardava da casa da família. Ela não queria esquecer, e a foto era uma maneira de recordar o significado da casa. Não era uma memória a ser enterrada.

Você pode realizar seu próprio ritual. Pode ser algo que você faça uma vez, diariamente ou num aniversário. Isso pode ser uma maneira saudável de processar sua dor, em vez de afastá-la. Ter um ritual também pode integrar a perda à sua experiência de vida diária com mais frequência — não precisa parecer uma lembrança distante que vai se apagando cada vez mais. Aqui estão algumas maneiras possíveis de incorporar um ritual de luto à sua vida:

- Use algo que representa a perda (um colar, um anel etc.).
- Faça uma tatuagem que simbolize a relação.
- Tenha um lugar que você visita e que lhe traz lembranças importantes relacionadas à perda.

- Ponha uma fotografia que lembre a você a relação, seja numa moldura, no telefone ou na tela do computador.
- Carregue consigo algo que faça você se sentir mais conectado à pessoa.
- Escreva uma carta para a pessoa ou a experiência que você perdeu.
- Acenda uma vela enquanto reflete ou medita sobre o que foi perdido.
- Ouça uma música que lembre a você o que mudou.

**PARA ENTRAR EM UMA NOVA ONDA:**
Existe alguém em sua vida que está sofrendo por uma perda ou que você gostaria de apoiar? Existe alguém que poderia deixar entrar em sua vida para lhe apoiar? Como pode honrar as perdas que teve com mais intencionalidade?

## QUANDO VOCÊ TEM MEDO DA ONDA QUE ESTÁ VINDO

A dor é inevitável. Parte do que nos causa ansiedade no sofrimento é que nem sempre sabemos quando ou de onde a dor está vindo. Essa imprevisibilidade é o que nos abala em nosso cerne. E como duvidamos de nossa capacidade de lidar com isso, tememos estar apenas a uma onda de distância do colapso total. Tenho visto muitos clientes lutarem contra essa forma de ansiedade antecipatória — eles ficam apavorados de perder algo que prezam —, tanto que às vezes não querem entrar na água, para início de conversa. Por que arrumar um animal de estimação se você sabe que ele vai morrer? Por que se apaixonar se você sabe que a relação vai terminar algum dia? Por que tentar ter um bebê se tantas coisas podem dar errado? O potencial de sofrimento pode ser suficiente para praticamente fazer nossos corações pararem de bater por completo. Paramos de viver nossas vidas plenamente por termos muito medo da rachadura que pode estilhaçar nosso copo.

Essa ansiedade antecipatória pode rapidamente levar à ansiedade de separação. As pessoas com frequência pensam que isso é como aquela criança de quatro anos agarrada à calça da mãe quando está sendo deixada na pré-escola, mas, vou lhe dizer, já vi muito adulto se agarrando metaforicamente à calça de pessoas amadas. De fato, 6,6% da população adulta experimenta o transtorno da ansiedade de separação, sendo que 77,7% deles relatam que a manifestação inicial veio durante a vida adulta.[189] Portanto, por mais que possamos pensar que só criancinhas têm dificuldade de se despedir da mamãe na hora de ir para a escola, na verdade, muitos de nós — em especial aqueles com propensão à ansiedade — temos dificuldade de nos despedir (ou tememos a possibilidade de termos que nos despedir).

É compreensível temermos o dia em que já não teremos as pessoas que amamos ao nosso lado. Somos constituídos para sermos criaturas sociais profundamente conectadas. Não ter as pessoas que amamos conosco é um pensamento que derruba muitos de nós. Mas há uma diferença entre nos preocuparmos de vez em quando com o potencial dia em que perderemos alguém querido e nos agoniarmos o tempo todo pensando em quando esse dia chegará.

Antes de prosseguirmos, vamos parar um instante para avaliar o quanto a ansiedade de separação pode ser intensa para você.[190,191] Note quantas dessas afirmações são válidas para você.

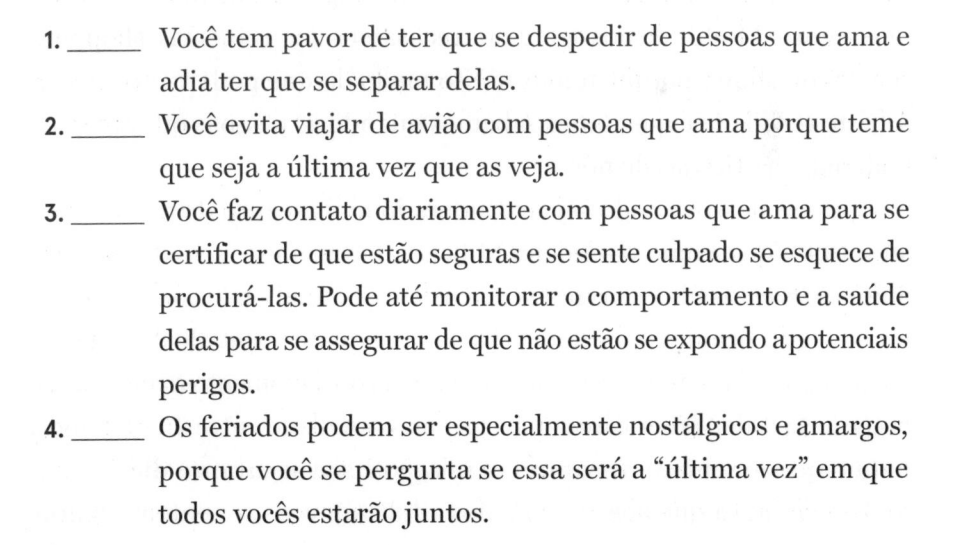

1. \_\_\_\_\_ Você tem pavor de ter que se despedir de pessoas que ama e adia ter que se separar delas.
2. \_\_\_\_\_ Você evita viajar de avião com pessoas que ama porque teme que seja a última vez que as veja.
3. \_\_\_\_\_ Você faz contato diariamente com pessoas que ama para se certificar de que estão seguras e se sente culpado se esquece de procurá-las. Pode até monitorar o comportamento e a saúde delas para se assegurar de que não estão se expondo a potenciais perigos.
4. \_\_\_\_\_ Os feriados podem ser especialmente nostálgicos e amargos, porque você se pergunta se essa será a "última vez" em que todos vocês estarão juntos.

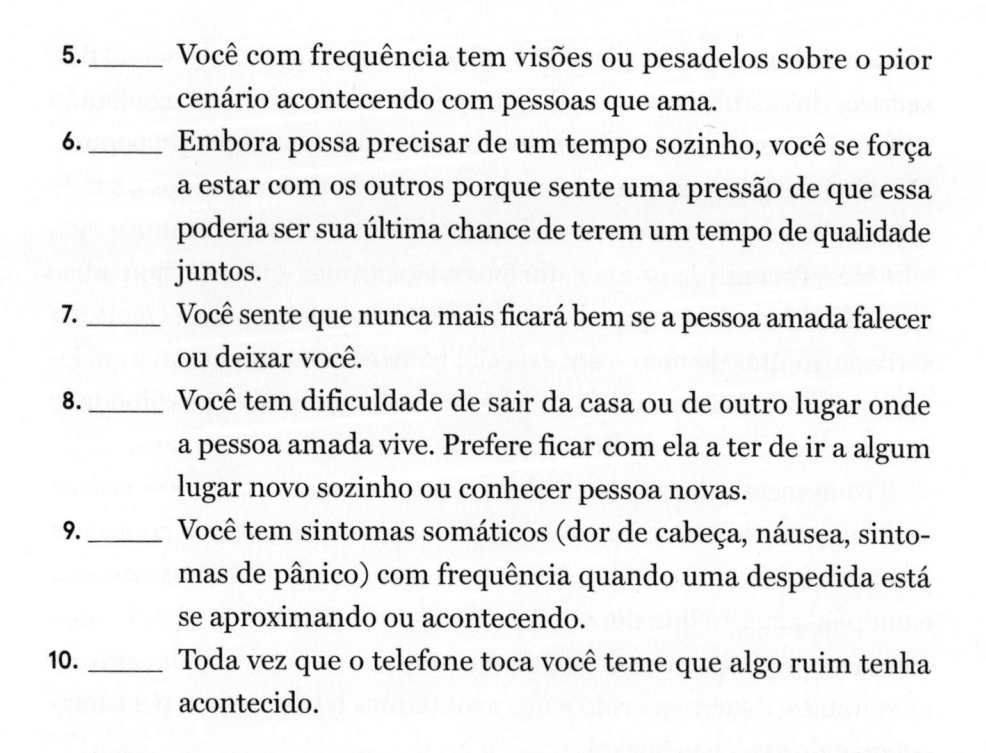

5. _____ Você com frequência tem visões ou pesadelos sobre o pior cenário acontecendo com pessoas que ama.
6. _____ Embora possa precisar de um tempo sozinho, você se força a estar com os outros porque sente uma pressão de que essa poderia ser sua última chance de terem um tempo de qualidade juntos.
7. _____ Você sente que nunca mais ficará bem se a pessoa amada falecer ou deixar você.
8. _____ Você tem dificuldade de sair da casa ou de outro lugar onde a pessoa amada vive. Prefere ficar com ela a ter de ir a algum lugar novo sozinho ou conhecer pessoa novas.
9. _____ Você tem sintomas somáticos (dor de cabeça, náusea, sintomas de pânico) com frequência quando uma despedida está se aproximando ou acontecendo.
10. _____ Toda vez que o telefone toca você teme que algo ruim tenha acontecido.

Se muitas dessas coisas lhe parecem familiares, você não está sozinho. Eu argumentaria que nossa geração vive um aumento da ansiedade de separação. Por quê? Porque temos muita imprevisibilidade em nossas vidas. As coisas mudaram — drasticamente. Ninguém e nenhum lugar parece seguro. Muitos de nós agora nos recusamos a ir a cinemas, shopping centers ou shows porque temos muito medo do que poderia acontecer. A triste realidade é que nunca sabemos quando as pessoas que amamos poderiam ser tiradas de nós.

Embora nosso mundo seja considerado mais seguro do que era nos anos 1990 (que, como verdadeira Millennial, considero a era de ouro das Spice Girls e dos filmes originais do Disney Channel), não confiamos em nossa segurança neste mundo.[192] De fato, enquanto metade de todos os americanos relata que se sente insegura em algum momento *todos os dias*, mais de 75% dos americanos mais jovens, com idade entre 25 e 34 anos, notam que se sentem nervosos em relação à sua segurança diariamente. Isso significa que apenas 25% dos adultos jovens se sentem seguros enquanto tocam suas vidas. Cinquenta por cento de nós não usamos serviços de carro compartilhado por acharmos perigoso. Não confiamos nos outros e não nos sentimos seguros nem em nossas próprias casas. Quarenta e dois por cento de nós nos sentimos desprotegidos quando estamos em casa sozinhos — incluindo eu.[193]

Eu argumentaria que o 11 de Setembro foi um evento significativo que moldou a sensação de segurança no mundo para os Millennials e a Geração Z, assim como a crise da Covid-19 provavelmente irá moldar a Geração Alfa. Num fatídico dia de outono, o que começou como uma manhã de terça-feira aparentemente normal se tornou uma das tragédias mais épicas de nossos tempos. Testemunhamos uma quantidade imensa de morte e destruição em nossas telas de TV enquanto comíamos nossos cerais Cheerios. Isso mudou tudo. De repente, ninguém mais se sentia seguro. Qualquer lugar e qualquer pessoa podiam ser alvos. Essa imprevisibilidade — e essa exposição de trauma extremamente pública — mudou nossa percepção de estabilidade para sempre. E embora a Geração Z possa não ter tanta lembrança consciente da experiência, ela cresceu num mundo onde seus pais tiveram que internalizar esse terrorismo tão brutal.

Muitos clientes meus relataram que o 11 de Setembro foi um evento transformador que mudou a maneira como eles viam o mundo. Foi a primeira vez que a ansiedade deles realmente entrou em marcha acelerada. Perdemos nossa percepção de controle (que nunca esteve exatamente ali, para início de conversa). Mesmo agora, vejo clientes tendo ataques de pânico quando ficam sabendo que Kim Jong-un está testando mísseis de novo. Pessoas sentem o caos quando ficam sabendo que Putin continua a invadir a Ucrânia. Nos Estados Unidos, é raro passarmos uma semana sem ouvir falar de um tiroteio em massa — as únicas perguntas são a que distância isso aconteceu dessa vez e quantas pessoas morreram ou ficaram feridas. A imprevisibilidade da violência é suficiente para todos nós ficarmos nervosos, portanto, faz sentido que tenhamos mais ansiedade antecipatória do que antes — nunca sabemos se *esta* será a última vez que abraçaremos as pessoas que amamos.

Em se tratando de perda, em especial perdas inesperadas e trágicas, é praticamente impossível saber quando esse dia chegará. É aí, no entanto, que temos uma escolha a fazer — e é aí que está nosso empoderamento. Podemos escolher lutar constantemente com a ideia de que *podemos* perder pessoas amadas tragicamente ou viver uma perda profunda. Ou podemos escolher aceitar a realidade de que qualquer coisa é possível.

Isso não significa que funcionamos destituídos de lógica. Embora qualquer coisa possa acontecer, podemos ter em mente que a probabilidade de nossos piores temores se tornarem realidade é razoavelmente baixa. Por exemplo, é mais provável que você morra de uma overdose acidental de opioide do que de acidente de carro. As chances de morrer por violência armada são, em média, de 0,0045%. E morrer como passageiro de um avião? De acordo com o Conselho de Segurança Nacional, foram muito poucas mortes em 2020 para sequer calcular as chances.[194,195]

Ao mesmo tempo, temos que reconhecer que vivemos num mundo com doenças, desastres naturais e sofrimento. Uma em cada seis pessoas morrerá de doença cardíaca e uma em sete morrerá de câncer. Uma estatística que me derrubou foi saber que em 2020 uma em doze pessoas morreu de Covid-19.[196] Além disso, em 2021, o Emergency Events Database reportou que houve 432 desastres naturais no mundo, impactando 101,8 milhões de pessoas, sendo que 10.492 morreram.[197] E a realidade de que todos nós, em algum momento, perderemos alguém que amamos muito? Cem por cento. Embora isso seja inevitável, pode ser difícil aceitar.

Quando você está condicionado a considerar a ansiedade como um fator protetor que pode evitar magicamente essa dor, admitir essa noção de aceitação é contraintuitivo. De alguma maneira, isso parece desistir — como se não estivéssemos nos importando o bastante se não ficássemos loucos de preocupação. Mas é o seguinte: sua ansiedade não será a graça salvadora que o protegerá da dor. Essa dor virá (ou não) independentemente de sua ansiedade. Acreditar que a ansiedade lhe está sendo útil é uma premissa falsa. Isso só está exacerbando seu sofrimento.

Isso leva a uma pergunta: o que aconteceria se você desistisse da ansiedade? Sei que não é tão simples, já que com frequência isso parece automático e incontrolável. Mas e se você parasse de ver sua preocupação como algo que o está protegendo? E se, em vez disso, você acreditasse que tem capacidade para lidar com a questão? Que sua dor não é algo a ser temido, mas sim aceito como parte da condição humana?

Vivemos num mundo fraturado. Coisas ruins acontecem — mas não acontecem *sempre*, por mais que os noticiários gostem que você pense que sim. Somos inundados de eventos negativos, e pode parecer que é a maioria de nossas experiências, e não a minoria. Não é por acaso que quando o ciclo de notícias passou a ser de 24 horas e a rolagem de nossas telas de telefone se tornou ilimitada, nossa saúde mental deteriorou. As pessoas podem criar qualquer coisa na mídia social e dizer que é verdade. Somos alimentados por um algoritmo específico que sabe exatamente como abastecer nossos medos específicos. Vejo isso o tempo todo quando minha comunidade no TikTok me diz que minhas postagens sobre ansiedade de separação, apego ansioso e ansiedade de alto funcionamento acertaram em cheio. E quando rolamos a tela, estamos fisiologicamente em curto circuito, já que com frequência estamos brigando com conhecidos e estranhos enquanto tentamos distinguir fato de ficção.

Isso é diferente para gerações anteriores, que recebiam as notícias no jornal matinal e no noticiário da noite. Agora temos um quartel de informações — que se tornaram mais explícitas, mais inflamatórias e mais polarizadas. É viciante ficar constantemente plugado enquanto isso alimenta a fera de nossa ansiedade. Temporariamente, parece bom nos banharmos de informações. Parece um alívio saber que não estamos perdendo nada, porém, esse comportamento de checar acaba intensificando nossa ansiedade. De fato, uma pesquisa feita pela Digital Third Coast constatou que, durante a pandemia, 68% das pessoas relataram que as notícias as faziam se sentir mais ansiosas, e 66% dos entrevistados disseram que se sentiam assoberbados e esgotados de notícias.[198]

É aí mais uma vez que nosso empoderamento pode entrar. Só porque as notícias estão constantemente ali, você não precisa consumi-las. Isso não significa que você seja um cidadão ignorante ou que esteja evitando a realidade se não assistir ou ler sobre os acontecimentos atuais durante horas por dia. Você pode se manter informado sem absorver tanta toxicidade constantemente. Quando você integra a aceitação, sabe que tragédias existem. Reconhece esse fato. Não está constantemente atento à possibilidade de perder porque sabe que isso é uma realidade, porém, você também não se afoga de notícias aflitivas porque sabe que pode lidar com a dor e o desconforto se e quando tiver que fazer isso.

Em vez de duvidar de sua capacidade de suportar (e consequentemente da necessidade de sua sempre presente ansiedade), você começa a confiar que pode lidar com seja lá o que for que aconteça. Você pode lidar com a dor. Não é agradável — de jeito nenhum. Mas você também confia que pode encontrar uma maneira de passar por isso.

Se você nunca viveu uma perda, pode estar se perguntando como alguém simplesmente confia que sobreviverá à dor. Esse é um dos efeitos colaterais da dor: você aprende que, mesmo quando seus piores pesadelos se tornam realidade, a noite mais escura não dura para sempre.

Sam viu isso diretamente. Ela me contou o quanto temia o tempo todo que sua casa incendiasse, em especial porque ficava numa encosta e ao longo dos anos foram muitas as ocasiões em que escapara por pouco. Ela perdia o sono de preocupação pensando em como seria se um dia a casa fosse consumida pelas chamas. Pensava que nunca conseguiria superar isso.

E então, um dia, seu pior medo se tornou realidade. Aquilo realmente aconteceu. Sam estava arrasada com a perda da casa, mas também me contou nos meses seguintes que a realidade da dor não era nem de perto tão intensa quanto imaginara. Embora inconsolável, estava aprendendo a juntar os pedaços. Ela mudara? Com certeza. Mas, ao passar pela tragédia, também viu o quanto as pessoas se importavam com ela, como nunca vira. Ela teve uma oportunidade de avaliar o que realmente lhe importava, seguindo em frente para um novo começo. Jamais teria desejado passar por tamanha desolação, mas, puxa... ali estava ela — respirando e vivendo um dia de cada vez.

E tenho que dizer isso porque sei o que você está pensando. Mas e se eu não conseguir? E se for demais? E se eu morrer de dor?

Isso vai contra todo o nosso paradigma antimorte, mas lá vai: *que seja*. A morte acontece às vezes. Geralmente não é o que queremos, mas faz parte da vida. Assim como temos que aceitar a dor, temos que aceitar a morte. É *bem* difícil conviver com isso. Num mundo onde se supõe que sobreviver é o ideal, alguns de nós podemos até forçar os outros a continuar vivos — quer seja isso que eles queiram para si mesmos ou não. Mesmo quando uma pessoa está pronta para ir, nem sempre queremos permitir isso porque não queremos conviver com o silêncio de nossa própria dor. Como eu disse, a ansiedade pode nos tornar egoístas às vezes.

Pergunte a si mesmo o que tanto o assusta na morte. É o desconhecido? A permanência dela? O fato de ser um fim antes que você se sinta preparado? A injustiça dela? Todos esses medos são plausíveis. Nenhum deles pode impedir o resultado final, que pode ser apenas o que é. Não quero com isso parecer insensível. Estou apenas identificando a realidade do que nossa ansiedade está sussurrando para muitos de nós todos os dias. Temos tanto a morte que arruinamos nossos anos de vida nos preocupando com o que poderia ser.

Percebo que você pode estar pensando que sou cruel nesse ponto. Por que eu estaria trazendo tudo isso quando sei que dói? Porque até mesmo apenas ler sobre a morte — incluindo a sua morte e a morte de pessoas que você ama, ou a possibilidade da "morte emocional" — é uma forma de terapia de exposição. É uma forma de processar e se preparar. Evitar a realidade suprema da morte apenas aumenta nossos temores em torno dela.

É aí que a aceitação empoderada se justifica. Quando podemos reconhecer essa verdade universal sobre a morte, somos capazes de aprender a viver muito mais plenamente. Já não precisamos viver com medo da possibilidade de morrer porque aceitamos que não é uma possibilidade, mas uma realidade. Há poder em absorver essa verdade, em vez de fugir dela.

Seu empoderamento está em como você escolhe viver sua vida. A morte estará esperando por você de um jeito ou de outro, assim como a morte de experiências, de pessoas e de fases da vida que você tanto preza. Não deixe que os iminentes momentos de adeus impeçam seus momentos de olá e tudo o que vem entre eles. Despedidas não importariam tanto se não nos permitíssemos amar uns aos outros tão profundamente. Não impeça a si mesmo de enxergar isso por temer as consequências que estarão esperando do outro lado.

## VOLTANDO MAIS FORTE DO QUE NUNCA DEPOIS DE UM CAIXOTE

Há muitas coisas na vida que podem nos deixar quebrados por algum tempo. Mas, assim como a estrela-do-mar, podemos voltar a crescer a partir de nossas feridas. Uma das melhores maneiras de não deixar a ansiedade vencer é não permitir que ela nos mantenha abatidos. Embora precisemos processar nossa dor, também podemos buscar justiça e reparação depois que uma tragédia ocorreu. Do contrário, se apenas aceitarmos, mas não agirmos, essas mesmas tragédias poderão continuar se repetindo. Se continuarmos vendo nossas casas, como a de Sam, incendiando, mas não fizermos nada em relação à mudança climática, mais casas serão afetadas. Se continuarmos vendo discriminações ocorrendo repetidamente, mas nunca dermos passos para impedi-las, isso continuará — talvez se tornando cada vez mais sutil, mas igualmente prejudicial. Nem sempre concordaremos sobre como deveríamos lidar com tudo isso, mas o principal é nos importamos o bastante para fazer algo. A cura pode vir num nível coletivo quando vemos que nosso sofrimento não é apenas uma questão de remediar nossa própria dor. É fazer o que pudermos para evitar as dores desnecessárias dos outros também.

A ansiedade pode nos fazer sentir como se precisássemos fazer tudo — agora. Sentimos que, se não estivermos fazendo o tempo todo tudo que está ao nosso alcance para retificar cada tragédia, estamos falhando. Não estamos. Faça o que você puder, quando puder. Às vezes uma das melhores coisas que podemos fazer é simplesmente aprender e falar sobre essas coisas para desenvolvermos uma consciência de como podemos melhorar nossas comunidades. É a atitude de evitar — quando queremos enfiar a cabeça na areia — que acaba prejudicando todos nós.

Vi Sam entrar em ação depois que sua casa pegou fogo. No fim das contas, isso foi tremendamente curador para ela. Ela começou a se envolver em programas para conscientização da mudança climática e fez pronunciamentos em encontros da comunidade local para discutir como o governo poderia ajudar a prevenir incêndios em encostas no futuro. Ficou fascinada pelas diversas maneiras pelas quais é possível proteger o planeta, e até fez algumas apresentações em escolas próximas para explicar como os estudantes poderiam combater a mudança climática. Sam escreveu cartas para deputados locais e estaduais. A experiência do incêndio, embora ela desejasse que jamais tivesse acontecido, mudou-a *para sempre*.

Ela me disse um dia: "Eu nunca pensei que pudesse me interessar tanto por algo. Jamais desejaria essa experiência para ninguém, mas passar por isso abriu meus olhos para o quanto nossa situação é terrível."

Compartilhei com Sam o quanto sua paixão era inspiradora. Era contagiante. Até me motivei a fazer minha própria pesquisa sobre mudança climática. Comecei comendo menos carne vermelha e falando com Greg sobre como poderíamos economizar mais energia em casa. Isso me lembrou do quanto uma mudança pode ter um forte efeito propagador que toca vidas mesmo além do que possamos saber.

É verdade, você não pode resolver um problema se, em primeiro lugar, não percebeu que é um problema. Aceite o que é. Encare de frente. Afinal de contas, você não pode passear numa onda se não sabe o tamanho dela. E então, quando estiver forte o bastante para remar, suba na danada da prancha e passeie na onda. Possua a água. Sua voz tem mais poder do que você pensa. Ansioso ou não, use o que você tem. Ajude-nos a virar essas marés de tragédia na direção que todos nós precisamos seguir. Precisamos de você mais do que nunca — e eu me aventuraria a supor que você também precisa disso para si mesmo.

## CAPÍTULO ONZE

# VOLTANDO DEPOIS DE UM CAIXOTE

A maioria dos terapeutas ou ama ou odeia terapia de casal. Eu, por acaso, amo. É um jogo completamente diferente quando você tem três pessoas no espaço (o casal e o terapeuta, embora às vezes mais, se é uma relação poliamorosa). É normal haver um parceiro mais inclinado a fazer o trabalho. O outro está junto para o passeio. Embora eu adore quando os casais vêm por motivos de prevenção, em benefício da saúde geral da relação, muitos casais esperam para vir quando já não sabem mais o que fazer. A terapia de casal é o último recurso. Em seu aspecto mais mórbido, pode parecer mais uma assistência terminal do que um trabalho de restauração. Às vezes é mais uma questão de encerrar um relacionamento em paz, em vez de terminar tragicamente sem um fechamento.

O que isso importa, considerando que este é um livro sobre ansiedade? Bem, se há um lugar para a ansiedade apontar sua cabeça feia, é num relacionamento. Seja estimulada por apego ansioso, por pensamentos obsessivos sobre a relação ou por uma incapacidade de se comprometer, existe todo tipo de maneira de a ansiedade abalar uma relação. E é quando tudo pode estar indo bem. Quando as coisas realmente azedam, nossos relacionamentos podem nos destruir completamente. Como acabamos de terminar um capítulo sobre a dor da perda e o que fazer quando somos lançados e revirados em nossas águas, agora abordaremos como você pode sair da água quando alguém partiu seu coração ou seu mundo virou de cabeça para baixo. Embora você possa estar jurando nunca mais amar se alguém lhe fez mal, não pode deixar que os danos o impeçam de se conectar de novo. E mesmo que você não esteja num relacionamento atualmente (e/ou não queira estar), essa informação ainda se aplica a amizades, colegas e dinâmica familiar. Todos nós fomos magoados por alguém em algum momento da vida. Isto é sobre criar sua história de retorno para você não continuar a ficar na periferia de sua própria vida.

Considerando este prefácio, eu estava interessada em ver como seria quando Grace e Ryan chegassem juntos à tela do Zoom. Eu podia sentir a apreensão dela e a hesitação dele antes de começarmos. Grace era uma mulher cisgênero, chinesa, budista e heterossexual que namorava Ryan, um homem cisgênero, branco, cristão e heterossexual. Eles estavam juntos havia dez anos, e uma pergunta crucial pairava no ar: eles ficariam noivos? Grace queria uma resposta, e Ryan estava cético em relação a me dar uma resposta. Eu não estava ali para desempatar. Meu trabalho, assim como com todos os meus clientes, era ajudá-los a chegar a suas próprias conclusões. Afinal de contas, embora eu esteja ali para apoiar meus clientes a nadar em suas águas, não devo ser o salva-vidas cujo propósito é salvar a eles ou a qualquer relação. No fim das contas, é o casal que deve querer isso para eles.

Não que eles não estivessem tentando resolver as coisas antes de virem a mim. Estavam enfrentando alguns grandes obstáculos que estavam impossibilitando que encontrassem um meio-termo. Em algumas situações, não importa o casal, não há muito onde ceder. Alguns exemplos de questões não negociáveis? Para começar: bebês. Você não pode ter a metade de um. Ryan queria muitos e Grace não queria nenhum. E também tem o casamento. Ou você é casado ou não. Grace queria a aliança e Ryan estava hesitando em se ajoelhar e fazer o pedido. Por fim: onde morar. Você não pode morar em Boise e Los Angeles. Geralmente é preciso escolher. Ryan queria ficar na cidade e Grace queria uma área rural. No fim, alguém vence e alguém perde. A melhor coisa que eles tinham para se apoiar era que ambos queriam que o relacionamento funcionasse. Eles se amavam profundamente e tinham investido dez anos numa parceria que significava muito para ambos. Talvez isso fosse parte do problema, porém. O amor que sentiam um pelo outro (bem como a ótima vida sexual) estava complicando algumas claras discordâncias que não mostravam nenhum sinal de resolução.

É por isso que vou lhe dizer agora que isso não é a história de como o sonho de conto de fadas dos dois se tornou realidade para ambos. Houve um final feliz, mas talvez não da maneira como você esperaria.

Trabalhei com Grace e Ryan por um bom tempo. A favor deles, ambos foram brutalmente honestos em relação ao que queriam para o futuro. Mergulhamos profundamente em seus valores para que cada um deles pudesse tomar uma decisão consciente sobre como a relação se encaixaria em suas vidas e seus futuros. Ryan estava certo em relação ao fato de que, mais do que tudo, queria uma família. Imaginava um lar agitado, de envergonhar *Doze é demais*. Grace era o oposto. Introvertida, ela esperava ter uma vida tranquila com Ryan, viajando quando eles pudessem e trabalhando em reformas de casas, como um hobby dos dois. Não queria uma penca de crianças como parte de sua história. Queria que Ryan fosse seu e que ele declarasse aquela relação como dele. Não via sentido em continuar o relacionamento se o casamento não fosse parte da equação.

Era aí que eu via Grace assumir o controle de sua situação. Ela estava empoderada ao aceitar a realidade do relacionamento. E prepare-se — suponho que você provavelmente terá uma forte reação a isso: ela deu um ultimato. Sim, você leu isso mesmo. Grace disse desde o início que daria seis meses à terapia. Se, depois disso, Ryan ainda estivesse incerto em relação a se casar, ela estava fora. Ou ele saberia a essa altura ou não saberia — de um jeito ou de outro, isso era uma resposta.

Agora, é aí que alguns de vocês podem estar dizendo: "Mas, se você realmente o ama, esperará para sempre." "Por que você precisa de uma aliança para provar que seu parceiro ama você?" "Se ele ainda não está pronto, isso nunca vai funcionar. Você é uma tola por ficar esperando esse tempo todo." "E se ele só fizer o pedido de casamento por não querer perder você e secretamente estiver ressentido com você?" Ou meu favorito: "Isso está parecendo difícil demais. Relacionamentos, para dar certo, devem ser mais fáceis."

Bem, se você já viveu com um parceiro que sofria de ansiedade ou viveu você mesmo com ansiedade, sabe que poucas coisas são fáceis assim. É da natureza do cérebro ansioso hesitar, duvidar e ser indeciso. Sempre precisamos de *só um pouco mais de tempo*. Não que não amemos quem está conosco. Para alguns de nós que temos ansiedade, pode parecer difícil dar o próximo passo para o desconhecido. É assustador pular do trampolim, mesmo sabendo que queremos estar na água. Era aí que Grace e Ryan estavam havia eras. Cada um dos dois esperava que o outro saltasse antes. Ryan esperava que Grace mudasse de ideia em relação a ter filhos. Grace esperava que Ryan a amasse o bastante para querer abdicar de ter uma família. Ambos estavam ansiosos demais antes da terapia para discutir plenamente a situação.

É aí que um ultimato de tempo pode ser útil. Em essência, ultimatos são simplesmente limites claramente elucidados. Se você é honesto em relação ao que quer e a quais são seus valores, não é algo pelo qual tenha que se desculpar ou se sentir culpado. Com frequência censuramos pessoas, em especial mulheres, por darem ultimatos (ahã, limites), quando na verdade elas estão apenas identificando exatamente o que querem e quando. Ultimatos consistem em respeitar o seu tempo — e o tempo da pessoa com a qual você está. Em vez de levarem você a desenvolver aos poucos um ressentimento, se seus desejos não se realizam, os ultimatos asseguram que não haja surpresas se e quando você precisar sair para satisfazer seus valores em outro lugar. Você está dando à pessoa amplas oportunidades de lidar com você — ou não — ao dar um ultimato (limites, mais uma vez, para os julgadores aí atrás). É isso — só porque você está pedindo algo a alguém, não significa que ele tem que lhe dar. De fato, ele pode fazer sua própria escolha e rejeitar a oferta. Todos têm consentimento informado no processo.

Prazos podem ser incrivelmente eficazes em ajudar você a avaliar se fica ou vai em praticamente qualquer situação. Afinal de contas, pode ser difícil avaliar se é apenas uma breve fase de insatisfação ou se você tem um problema mais duradouro nas mãos. Por exemplo, se seis meses passam e você continua a sofrer em seu trabalho, isso é uma pista de que pode ser a hora de ter coragem o bastante para procurar uma nova oportunidade. Se você tem um conflito com um membro da família e lhe deu um retorno sobre como gostaria de ver a situação resolvida, e ele não aceita fazer essas mudanças, isso é um dado importante. Se você quer ver um parceiro ficar sóbrio, e seis meses depois ele ainda está se embebedando e/ou se drogando, você tem algumas respostas, meu amigo. É claro que você pode continuar esperando e esperando — a prerrogativa é sua. Mas se você disse a uma pessoa quais são suas expectativas e ela não se ajusta em benefício da saúde da relação, e você *ainda* continua ali, a única pessoa que você pode estar desapontando é a si mesmo.

O negócio dos ultimatos é que eles lhe darão as respostas que você está esperando. Mas você tem que estar preparado para nem sempre gostar da resposta que recebe. Você obterá dados durante o processo — informações irrefutáveis. E é o seguinte: dados são dados — você não pode lutar contra eles nem ignorá-los. Você pode continuar fazendo concessões, mas em algum momento tem que encarar a verdade do que vem recebendo.

Ryan deu dados a Grace quando os seis meses se passaram. Ele ainda não a havia pedido em casamento — ou manifestado interesse em planos para fazê-lo. A essa altura, Grace sabia o que precisava fazer.

Ela começou:

— Eu pensei muito.

Nós esperamos. Não havia necessidade de incitar.

Ela continuou:

— Por mais que me doa dizer isso, acho que devemos terminar.

Ryan ficou pasmo. Embora ele sentisse o distanciamento dela, era diferente ouvir aquelas palavras em voz alta. Por fim, ele perguntou:

— Você tem certeza? Não podemos esperar um *pouco* mais?

Com um suspiro resignado, Grace respondeu:

— Nós esperamos por tempo suficiente, Ryan. Você sabe que amo muito você. Mas a realidade é que queremos coisas diferentes. Eu sei o quanto você deseja ter um filho. Tenho que ser honesta comigo mesma e admitir que não é isso o que eu quero. E precisamos ser honestos um com o outro que não vamos chegar lá.

— Mas não posso perder você, Grace. Você é tudo para mim. Você realmente vai deixar isso acabar?

Grace respondeu:

— Eu sei que é muito doloroso, Ryan. Acredite, isso está partindo o meu coração tanto quanto o seu. Mas realmente acredito que um dia você vai me agradecer por isso. Você merece ficar com alguém que esteja de acordo com você. E eu mereço isso também.

Pude ver que Grace estava tremendo. Ela acabara de dizer as palavras mais duras que provavelmente teria que dizer algum dia. Estava saindo de um relacionamento que adorava por causa de seus valores que ainda teria que satisfazer. Isso era honroso, mas brutal.

Eu estava muito orgulhosa por Grace reconhecer sua verdade e não continuar esperando que Ryan mudasse de ideia. Ela havia esperado tempo suficiente e estava sendo fiel ao ultimato que dera. Embora estivesse arrasada no momento, todos nós sabíamos que estava fazendo aquilo por respeito a si mesma e a Ryan. Não era uma escolha fácil, mas corajosa.

Nesse momento, os dois entraram num estágio de tristeza. Continuamos a trabalhar juntos para processar o que acontecera nos dez anos que levaram àquele momento e como eles seguiriam em paz por caminhos separados. Exploramos como a ansiedade havia sido um pilar daquela relação. Com seu apego ansioso, Grace temera nunca encontrar outro parceiro, e esperara que Ryan mudasse de ideia. Dissera injustamente a si mesma que se ela fosse "suficiente", ele renunciaria a seus valores, em particular ter filhos, porque ela "valeria a pena". Conforme vimos ao longo de nossas conversas, não era que ela não fosse incrível. Era que a devoção de Ryan a seu sonho de se tornar pai era forte demais. No fim das contas, Grace não podia culpá-lo por isso. Ela também não podia mentir para si mesma ou para ele em relação a ter filhos. Por mais que ele quisesse, ela não queria. Quando discutimos isso, ela se sentiu aliviada por ser capaz de ser dona de sua verdade. Já não precisava aplacar Ryan na esperança de levar o relacionamento adiante.

Também entendemos o quanto a ansiedade de Ryan atrapalhara o caminho. Como era alguém com o hábito de agradar às pessoas, ele temia chatear Grace expressando o quanto queria ser pai. Permitiu que isso continuasse durante anos, também esperando que em algum momento Grace mudasse de ideia sobre ser mãe. Ele temia o conflito que haveria se eles chegassem aos motivos pelos quais ainda não haviam ficado noivos. Tudo mudou, porém, quando o prazo de seis meses foi determinado. Eles estavam assumindo a responsabilidade pela relação e por eles mesmos.

Infelizmente, nenhum dos dois gostou do que veio à tona. Um teve que admitir ao outro que o futuro não o incluía. Eles deviam muito a si mesmos para sacrificar seus desejos mais profundos por outra pessoa. Não era que não se amassem — era só que amavam mais seus valores pessoais. Não foi uma escolha egoísta — foi um ato de autenticidade que os poupou de anos seguidos de dor. Acho que a única coisa que eles podem ter lamentado foi que foram necessários dez anos de ansiedade para descobrirem isso. Eles haviam continuado esperando e esperando que viesse uma mudança. Conforme viram, nunca veio, como acontece quando há coerência de valores.

Talvez isso seja algo para despertar sua curiosidade em relação à sua própria vida. O que você está esperando... e esperando neste momento? Há alguma coisa que você esteja esperando desesperadamente que mude, mas que, ao mesmo tempo, não está fazendo muito para que isso aconteça? Talvez seja aí que seu próprio ultimato possa ajudar. Dê a si mesmo um prazo. Vamos ver como isso se dá:

**QUAL A MUDANÇA OU PASSO QUE VOCÊ PODE PRECISAR DAR PARA CHEGAR ÀQUILO QUE VEM ADIANDO?**

_____

_____

_____

**SE VOCÊ FOSSE DAR A SI MESMO UM PRAZO PARA FAZER ESSA MUDANÇA, QUAL DATA ESTABELECERIA? (DUAS SEMANAS, TRÊS MESES, SEIS MESES, UM ANO?)**

_____

_____

_____

É aí que você pode ser realmente honesto consigo mesmo. Aqui estão alguns exemplos:

- Se dentro de três meses eu ainda estiver odiando meu trabalho, vou começar a me candidatar a outros cargos.
- Se ele ainda não estiver pronto para morar comigo quando meu prazo chegar ao fim, será a hora de terminar essa relação.
- Se eu ainda estiver querendo mudar de cidade dentro de seis meses, vou tomar medidas para isso.
- Se eu ainda estiver sofrendo nessa escola no fim do semestre, vou mudar minha situação e me candidatar a outros programas.

**QUAL É O ULTIMATO (#LIMITE) QUE VOCÊ PRECISA ESTABELECER PARA SI MESMO? ("SE ISSO NÃO MUDAR EM [DATA X], VOU [INSIRA A AÇÃO AQUI].")**

_____

_____

_____

A chave é você comunicar claramente essas expectativas aos outros. Se está insatisfeito com o atual estado de uma relação ou situação, cabe a você expressar que espera ver uma mudança. Diga a sua família — se ela está apoiando seus estudos — que você poderá fazer uma transferência de escola. Informe a seu colega de quarto que você está pensando em mudar seu esquema de moradia. As pessoas não podem ler sua mente. É injusto estabelecer parâmetros sem explicá-los, primeiro, às pessoas de sua vida que mais serão impactadas por isso.

Enfim, você não precisa continuar esperando que sua vida mude. Também não precisa permanecer numa situação em que está completamente infeliz. Embora sua ansiedade possa querer que você se sinta fraco e complacente, esse não é um roteiro que você precisa seguir. Você pode escrever seu próprio roteiro e criar a conclusão que melhor lhe convier. Isso não é egoísmo ou falta de consideração. Você está sendo honesto consigo mesmo e com todos à sua volta sobre o que realmente lhe importa. Não é preciso se desculpar.

## QUANDO É HORA DE VOLTAR PARA A ÁGUA

Este capítulo não é sobre o impacto inicial da dor. É sobre como podemos nos recuperar, mesmo quando nos sentimos esgotados e ressentidos após uma perda. Se não tivermos cuidado, a ansiedade de nos magoarmos de novo pode nos fazer sentir como se nunca mais quiséssemos tentar de novo.

Todos nós já vimos isso acontecer em nossas vidas de maneiras diversas. Juramos nunca mais namorar depois que alguém nos trai, sentindo-nos como se não pudéssemos nunca mais confiar em alguém. Nos recusamos a arrumar outro cachorro porque nossos corações ficaram dilacerados quando nosso animal querido morreu. Prometemos nunca mais ter outro amigo próximo porque ele poderia nos abandonar, nos apunhalar pelas costas ou pisar na bola como aquele último fez. Quanto mais descartamos os outros, mais longe ficamos de nos permitir nos conectarmos de forma vulnerável.

Às vezes, no entanto, precisamos ficar sentados na praia por um tempo. Precisamos refletir sobre o que aconteceu, antes de mergulharmos de novo na água. Embora não haja um prazo determinado para você relaxar, lembre-se de escutar as pistas de seu corpo. Se você se vir chorando no primeiro encontro ou querendo falar o tempo todo sobre como alguém o prejudicou quando estiver conhecendo uma pessoa, isso pode ser uma pista de que precisa de mais tempo. Depois de romperem, Grace e Ryan se sentaram juntos durante dois meses na terapia de casal. Após terem feito parte da vida do outro por dez anos, eles sentiram que não podiam cortar os laços da noite para o dia. O rompimento já era difícil o bastante. Eles ampararam um ao outro em meio àquela dor antes de separarem seus caminhos aos poucos e, então, completamente.

Com o tempo, porém, chega um momento em que você sente coragem suficiente para pôr o dedo do pé na água de novo. Pode ser que precise dar um empurrãozinho em si mesmo — afinal de contas, às vezes é difícil se sentir totalmente pronto para deixar o coração ser amado após uma perda. Temos que lembrar a nós mesmos que não é só a ansiedade que coincide com um novo começo. Pode haver paixão e empolgação também. Se ficarmos nos contendo por tempo demais, podemos esquecer como é estar conectado profundamente a uma pessoa, criatura ou experiência. Esquecemos como é ser beijado, como é ter um animal de estimação para nos receber à porta ou como é visitar um país pela primeira vez. Esquecemos como nos perder em diversão e encantamento. Nossa curiosidade é reprimida quando descontamos o valor de nossa vulnerabilidade em novos começos. Nós nos perdemos quando não estamos prontos para nos perder nas possibilidades.

Eu diria que uma das maiores tragédias é quando uma pessoa renuncia à sua alma em prol da segurança que vem em forma de ansiedade. Esta é uma das mentiras em que nosso medo adoraria que acreditássemos: é melhor nunca se expor ali para nunca ter o risco de se machucar. Mas então você também nunca se arrisca a se apaixonar profundamente de novo ou a se conectar profundamente de novo.

Vale a pena perguntar a si mesmo: onde você está atualmente? Está sentado na praia, vendo as ondas de sua vida passarem? Ou está em sua água, deixando-se levar pelos altos e baixos que vêm a cada onda? Você está se dando a chance de sentir, mesmo que às vezes fique assustado? Ou está dando desculpas para explicar por que este não é um momento para nadar?

Segredo de uma conhecedora: nunca há um bom momento (assim como nunca havia um bom momento para Jacob cancelar seu casamento). Mas nunca há um bom momento para uma perda, e com frequência não há um bom momento para novos começos. Quando você sofre de ansiedade, um novo começo pode ser uma coisa muito assustadora. O grande desconhecido (embora possa ser ótimo) pode ser mais intimidador do que a realidade medíocre.

É assim que vejo a ansiedade, como um falso salva-vidas que faz você acreditar que ele está te protegendo. Ele fará você acreditar que o oceano só é feito para pessoas que já sabem como lidar com correntezas fortes. Ele lhe diz que não são permitidos principiantes curiosos para pôr o dedo do pé na água — incluindo você. Você internaliza que sua ansiedade com certeza se importa com você para protegê-lo da dor dessa maneira. O estranho, porém, é que se todos nós ficássemos sentados em nossas praias e evitássemos nossas vidas, como a ansiedade gostaria que fizéssemos, não precisaríamos sequer de salva-vidas, porque nunca haveria ninguém na água. Não deixe que a ansiedade o manipule a ponto de fazer você acreditar que não é digno de sua vida ou não está pronto para sua vida. Você merece aproveitar o passeio tanto quanto qualquer pessoa.

Mesmo ao ler isto, você pode estar tentando se persuadir a não ter um novo começo. Nós nos convencemos de que não estamos prontos para um romance agora, de que não é hora de mudar de carreira ou de ter um filho, ou de que é melhor adiar aquela mudança de casa para o ano que vem. Era isso que Ryan e Grace vinham fazendo durante oito dos dez anos em que estiveram juntos, quando diziam a si mesmos que não era a hora certa de ficarem noivos... ou de romperem. Com o tempo, algo teve que mudar porque a dor do purgatório se tornou forte demais.

Se a esta altura, isso ainda não ficou claro, vou rever: *você pode lidar com a dor*. Pode lidar com a picada de uma mudança de trabalho. Pode lidar com a mordida de um relacionamento rompido. Pode viver com a perda do que tanto estimava, se isso o conduzir para algo que lhe cabe melhor. Grace e Ryan conviveram com a dor e isso, no fim das contas, acabou beneficiando muito a ambos. Quando eles tiveram coragem o bastante para conviver com a tristeza, encontraram paz e, ouso dizer, alívio do outro lado.

Não se trata, porém, de apenas saber que você pode lidar com a dor. Você também precisa saber que pode lidar com a alegria. Muitos de nós nos furtamos de viver uma vida de realização porque sentimos que não merecemos ser felizes ou porque temos medo demais de descobrir o que realmente nos trará sentido. Ou até pensamos que se encontrarmos a felicidade, ela não durará — então de que adianta tê-la? Dizemos a nós mesmos para nos acomodarmos com o que temos porque "é o melhor que podemos". Sentimos que é mais seguro ficarmos com o *status quo* para continuarmos nos arrastando em nosso descontentamento, porque isso é o que sabemos. Para muitos de nós, a alegria é uma caixa desconhecida que temos muito medo de abrir.

Não estou dizendo para você fazer uma mudança em sua vida só por causa disso. Também não estou dizendo que você deveria esperar ser feliz o tempo todo. Se você se deixar seduzir por essa narrativa de que alegria significa progredir o tempo todo, estará constantemente mudando de relacionamento e trabalho assim que a fase de lua de mel terminar. Você dará adeus no momento em que houver conflito, tédio ou insatisfação. Não é isso que estou dizendo quando me refiro a essa busca de alegria sem constrangimento. Estou me referindo a como você está alinhado atualmente. Você está vivendo os valores que lhe importam? Está com uma pessoa que vê um caminho semelhante à frente ou está esperando e rezando para que um dia tenha sorte e ela mude de ideia em relação a algo não negociável, como Grace e Ryan faziam? Você está absolutamente infeliz com o trabalho que faz — e está há anos —, mas diz a si mesmo que é assim que vai ser? Você não tem que se acomodar. E não tem que continuar esperando.

Se você tem o poder de mudar sua situação, mesmo que apenas 1%, e isso o deixará muito mais próximo dos valores que quer em sua vida, faça isso. Dar a si mesmo a chance de encontrar felicidade quase sempre é mais importante do que lamentar nunca ter esperança de que melhore. Quando você renuncia aos seus valores por uma vida complacente, isso não é aceitação — é apatia. Há uma diferença.

## PARA ENTRAR EM UMA NOVA ONDA:

**PERGUNTE A SI MESMO: EU PRECISO MUDAR ALGUMA COISA PARA ME SENTIR MAIS CONTENTE EM MINHA VIDA? SE SIM, O QUÊ?**

_____
_____
_____
_____
_____

**DE QUE MANEIRA SUA ANSIEDADE ESTÁ LHE DIZENDO QUE NÃO É UMA BOA IDEIA FAZER UMA MUDANÇA? OU QUE VOCÊ NÃO ESTÁ PRONTO? OU QUE NÃO VALE A PENA?**

_____
_____
_____

**CONSIDERANDO ESSES DADOS, O QUE VOCÊ ESCOLHE FAZER PARA AVANÇAR?**

_____
_____
_____

Vamos ser claros sobre isso, porque sei que você pode estar se perguntando como saber diferenciar quando precisa fazer uma mudança e quando não precisa. Há uma distinção entre estar entediado e se sentir ativamente infeliz e desalinhado. Em todas as relações e fases da vida, é normal se sentir estagnado às vezes. Tudo bem. Nem tudo na vida precisa ser instigante. Estamos tão acostumados a um ritmo agitado que esquecemos como é não ser constantemente estimulado. A quietude não é uma coisa ruim. Mas não é o mesmo que sacrifício perpétuo. Se você está continuamente abrindo mão dos valores que lhe parecem mais preciosos em sua vida, e acredita que se arrependerá se não viver alinhado com esses valores, essa é sua pista de que fazer uma mudança pode ser adequado.

É o seguinte: eu realmente acredito que Grace e Ryan poderiam ter sido incríveis juntos se seus valores estivessem de acordo em termos de ter filhos. Eles eram muito compatíveis e adoravam estar na companhia um do outro. O problema maior não era a ansiedade na relação — acredito que eles poderiam ter resolvido isso e tido um ótimo relacionamento. É que havia uma situação inconciliável sobre a mesa que não podia ser sacrificada por nenhum dos dois — nesse caso, eles não conseguiam chegar a um acordo sobre ter filhos. Admirei ambos por reconhecerem essa verdade no fim. Ao aceitarem a dor de curto prazo do término da relação, eles ficaram empoderados para escolher uma relação que, enfim, coubesse melhor em seus planos de vida. Tenho um sentimento de que ambos encontrarão pessoas dispostas a caminhar ao lado deles quando chegar a hora.

## ESTAS SÃO SUAS ÁGUAS — RECONHEÇA-AS

Olhando para trás, poderia ter sido muito fácil Grace e Ryan se ressentirem da situação em que estavam. Eles poderiam ter dito que os dez anos juntos haviam sido uma perda de tempo. Nunca ouvi nenhum dos dois dizer essas palavras, porém. Ambos aprenderam muito com aquele relacionamento, e, se não fosse a parceria que tinham, nenhum dos dois teria percebido como seus valores eram pungentes.

É aí que entram nossas escolhas individuais. Podemos escolher nos ressentir, temer ou aceitar onde nos encontramos. Há muitos elementos em nossas vidas que estão completamente fora de nosso controle — nossa idade, nossa etnia, nossos pais, o nível de nossa capacidade, onde nascemos e, até certo ponto, nossa aparência. Mesmo nossa experiência com a ansiedade pode parecer fora de nosso controle quando nossos corpos decidem nos causar estragos.

Você pode odiar aquilo com o qual está lidando. Pode praguejar contra os deuses e invejar aqueles à sua volta para os quais a vida parece mais fácil. Isso não aliviará sua dor — só a aprofundará. Você também pode escolher viver com um medo perpétuo de sua situação. Preocupando-se que seja apenas uma questão de tempo para que alguém o deixe, que você perca tudo e sua vida desmorone, você não consegue esperar um minuto para ver algum sinal de que vai se desenredar. Isso acontece quando você está se arrastando mentalmente em suas águas, sem nunca confiar no que pode acontecer se você simplesmente se deitar de costas e boiar.

Ou você pode aceitar a realidade de sua situação. Pode reconhecer o que é e o que poderia ser. Pode encarar as possibilidades com os fatos que estão diante de você. Pode ter, juntas, a dor e a alegria de sua vida — porque uma não existe sem a outra em muitas facetas. Terminar um relacionamento permite que outro comece. Deixar uma experiência abre espaço para que outra melhor comece. A dor da despedida permite a alegria espontânea que vem com cada olá.

Onde você está no momento presente? Está irado com a situação em que se encontra? Está constantemente assustado por estar em sua situação? Ou está adotando uma perspectiva de aceitação empoderada? Seja honesto consigo mesmo ao considerar esses exemplos e como eles podem mapear sua vida:

| A SITUAÇÃO | RESSENTINDO-SE | TEMENDO | ACEITAÇÃO EMPODERADA |
|---|---|---|---|
| Você está namorando alguém e a coisa não está progredindo, embora vocês estejam juntos há dois anos. | Você secretamente odeia que seu parceiro não esteja disposto a morar junto, mas não se dispõe a ter uma conversa com ele sobre isso. | Você tem medo de dizer como se sente porque teme assustá-lo e afastá-lo. | Você compartilha o que quer que avance. Você dá a si mesmo um prazo para que haja um progresso, e, se a relação não tiver avançado a essa altura, considera outras opções. Você explica tudo isso claramente ao seu parceiro. |
| Você está infeliz com o que estão lhe pagando no trabalho. | Você está fervilhando por dentro no trabalho e reclama todos os dias a qualquer um que ouça sobre o quanto odeia sua situação. | Você morre de medo de pedir um aumento a seu chefe, porque teme parecer ingrato. Você não quer ter problemas por esperar mais. | Você tem uma conversa com seu chefe sobre o que acha que seria uma compensação justa. Se ele não pode chegar a uma quantia razoável com a qual você se sinta bem, você decide buscar outras oportunidades. |

| A SITUAÇÃO | RESSENTINDO-SE | TEMENDO | ACEITAÇÃO EMPODERADA |
|---|---|---|---|
| Você sente que seu amigo está se aproveitando da relação com você. | Você constantemente fala mal de seu amigo com outros amigos, mas nunca compartilha suas frustrações com a pessoa que o está incomodando. | Você tem muito medo de perder a amizade, então esconde seu descontentamento. Afinal de contas, você não quer ser rejeitado se falar alguma coisa. | Você compartilha suas preocupações com seu amigo e explica como ele está fazendo você se sentir. Se ele não se dispuser a reconhecer sua perspectiva e/ou não fizer mudanças, você começa a investir seu tempo em outras relações. |
| Sua mãe/seu pai com frequência o chateia fazendo comentários cruéis e passivo-agressivos sobre você. | Você acredita que sua situação nunca irá melhorar e, com o tempo, vê-se odiando sua mãe/seu pai. Mesmo quando algo bom acontece, você não já não consegue ver. | Embora continue sendo magoado, você teme compartilhar como os comentários de sua mãe/seu pai estão fazendo você se sentir. Ela/ele tem o poder na relação e você não quer desrespeitá-la/lo. | Você tem uma conversa com sua mãe/seu pai para que ela/ele saiba como seu comportamento está tendo um impacto sobre você. Se ela/ele não se dispõe a ver como está afetando você e a mudar a forma como o trata, você aprende a estabelecer limites apropriados para proteger seu bem-estar. |

Sua perspectiva é seu poder. Em todas essas situações — e em muitas outras —, você nem sempre pode controlar a dinâmica em que se encontra. Não pode fazer as pessoas se comportarem de maneiras particulares, e certamente há decisões mais amplas e eventos mundiais que estão bem além de nosso alcance (uhum, estou olhando para você, Covid-19). Mas você tem que decidir como responder. Você pode detestar. Pode reclamar. Provavelmente isso não lhe fará se sentir melhor. Você pode viver apavorado, esperando a possibilidade de mais colapsos. Ou pode ativar a aceitação empoderada. Você pode ver uma situação totalmente como ela é — e decidir como responder, por sua vez. É difícil a ansiedade continuar ricocheteando em sua vida quando, no fim das contas, é você quem decide o que faz para avançar.

Às vezes, tudo o que temos é nossa mentalidade. Às vezes, tudo o mais pode ser roubado de nós e podemos nos sentir como se nosso futuro nos fosse imposto. Há os efeitos reais e tangíveis das ondas gigantes incontroláveis que atingem nossas praias. E embora precisemos sofrer quando essas tempestades chegam, não precisamos deixar que essas ondas nos impeçam de continuar a viver nossas vidas com um sentimento de coragem em relação ao futuro.

Isso não significa ignorar a dor e o medo que sentimos. Podemos enfrentar totalmente nossas emoções *e* abrir espaço para as coisas boas que continuam acontecendo em nossas vidas. Podemos conservar um espaço para a esperança. É a dialética. Nossa dor pode ser sentida com admiração. Como aconteceu com Sam, podemos sentir a perda de uma casa e constatar como é forte a comunidade que se reúne à nossa volta. No caso de Grace, ela estava arrasada com a perda de um relacionamento incrível, e percebeu que havia algo que lhe cabia melhor à sua espera depois que se despedisse de Ryan.

Nossa geração aprendeu a viver em perpétuo estado de medo e raiva. Ficamos furiosos com o que estamos vendo acontecer no mundo e nos assusta muito que tenhamos que suportar o mesmo destino ou que isso simplesmente continue. Nossa resposta tem sido nos isolarmos, nos retrairmos e nos ressentirmos da situação difícil em que nos encontramos. Isso não está resolvendo nada. Podemos, em vez disso, reconhecer nossa situação como ela é e escolher dar passos para a frente que pareçam alinhados com os valores que prezamos. Isso pode não mudar o mundo da noite para o dia, mas mudará o modo como nos sentimos em relação a nós mesmos e ao nosso futuro.

Você não está arruinado se sente medo. Todos nós sentimos às vezes. Se você sabe verdadeiramente o que valoriza e está comprometido em viver de acordo com esses valores, a forte urgência do medo não precisa mais fazer com que se retraia. A realidade é que nunca haverá uma boa hora para você dar o voto de confiança. Sempre haverá uma desculpa. Mas você quer que sua vida seja ditada por desculpas e adiamentos ou por propósitos desordenados? Sua vida não precisa ser a própria perfeição. Ao contrário do que o Pinterest e o Instagram gostariam que você acreditasse, a vida é incrivelmente complicada, e ninguém sabe o tempo todo o que está fazendo. Descobrimos ao longo do processo.

Estou tentando entrar na água também — embora fique assustada às vezes (risos — mais tipo todo dia). Mesmo durante o processo de escrever, dei a mim mesma um monte de desculpas para explicar por que agora não era o momento certo para tentar ter um filho. Alguns podem dizer que publicar um livro e publicar um ser humano ao mesmo tempo pode não combinar. Há muita imprevisibilidade em se tratando de maternidade. Você pode ficar grávida no primeiro mês que começa a tentar ou isso pode levar muito tempo. Você pode ter um aborto espontâneo — ou vários. Você pode ter um bebê que precisa de mais tempo e recursos do que estaria planejando. E por aí vai, enquanto entramos no desconhecido. Eu estaria mentindo se dissesse que não foi enervante entrar nessa fase de minha vida.

Antes de desistir disso, porém, e negociar mais um mês para adiar meus planos, volto à minha própria aceitação empoderada. Sei o que valorizo. Quero construir uma família — em especial com Greg. Sei que ele será um pai incrível, e mal posso esperar para ver isso acontecer. Se eu continuasse a adiar, estaria abrindo mão de um amor duradouro por algo que sei que para mim importa muito — tudo pelo alívio temporário de uma agenda potencialmente inconveniente. Nem tudo na vida é buscar conforto ou evitar desconforto. Volto a isso repetidamente: *é indução de valores, não redução de dor.*

Não preciso acreditar na narrativa de que mulheres não podem ter carreiras incríveis *e* serem mães ao mesmo tempo. As duas coisas podem coexistir. Se eu me permitisse ceder, sempre haveria uma desculpa para explicar por que "agora" não é um bom momento. Isso é falar de ansiedade, de agradar às pessoas e de perfeccionismo. Sei o que quero, e lembro profundamente a mim mesma: de algum modo, tudo ficará bem. Valerá a pena, de um jeito ou de outro. A ansiedade estará ali, mas sou eu que estou decidindo me tornar mãe.

Entendo como parece assustador mergulhar no desconhecido. É mais seguro ficar na praia de nossas vidas e dizer a nós mesmos: "Talvez um dia." Arrumaremos um novo trabalho no ano que vem. Daqui a algum tempo mudaremos de casa. Mas o que estou aprendendo é que nunca há uma boa hora. O momento nunca será perfeito. Você só tem que ir atrás e aprender a conviver com a imprevisibilidade. Isso é pedir demais se você é alguém que vive com ansiedade, como eu e muitos de meus clientes. Mas é um pedido que você está pronto para cumprir. Se ainda não confia em si mesmo, espero que confie em mim quando digo que você pode fazer isso. Eu deveria saber — vi clientes e mais clientes perseguirem seus valores antes de estarem prontos ou quando isso era incrivelmente desconfortável. Nenhum deles jamais expressou arrependimento de fazer essa escolha corajosa.

À medida que você avança, quero que saiba que você é mais do que sua ansiedade. Ela não precisa definir sua vida. Você não é uma "pessoa ansiosa". Você é uma pessoa que sente ansiedade. Ela não é sua identidade. Sua ansiedade não precisa impedi-lo de abraçar sua vida completamente. Pergunte a si mesmo o que você faria se o medo não fizesse parte da equação. *Agora faça isso.* A ansiedade não precisa mais ser uma desculpa.

Não importa o que sua ansiedade faz você querer fazer, seja fugir ou paralisar ou adiar, desafie a si mesmo a dar uma resposta oposta. Você não pode controlar quando sua ansiedade surge, mas tem que decidir o que fazer com ela. Talvez seja a hora de ver seu medo simplesmente como um dado, e não como um determinante único dos resultados de sua vida.

Portanto, dê um passo para entrar na água. Sei que algo vem mexendo em você enquanto lê este livro. Você sabe o que precisa fazer. Sabe qual a conversa que precisa ter — qual a escolha que precisa fazer. Então faça-a. Você nunca se sentirá completamente pronto — Grace também não estava quando decidiu dar um ultimato e quando, mais tarde, disse a Ryan que o relacionamento precisava terminar. Aceite a situação como ela é — incluindo o medo que gera. Você não precisa mudá-la ou afastar o medo. Tudo o que precisa fazer é dar um passo à frente. Essa é sua ação empoderada. É aí que está seu poder — e, não por coincidência, onde também estão sua alegria, seu propósito e seus valores. Acho que você deve a si mesmo enxergar isso. Você nunca sabe o que pode estar aguardando-o do outro lado. Não acha que é hora de descobrir?

# CONCLUSÃO

## VOCÊ JÁ ESTÁ CONSEGUINDO

Se há uma coisa que aprendi em se tratando de ansiedade, é isto: nunca nos damos crédito suficiente por passarmos por ela. Por mais que as pessoas zombem dos "poços de preocupação" do mundo, ou dos que "se preocupam demais", a ansiedade — não importa o motivo pelo qual você a tem — é realmente um troço danado. É uma batalha mental exaustiva que temos de enfrentar. Seria muito mais fácil fugir, mas, ainda assim, às nossas pequenas e grandes maneiras, continuamos a encarar a vida. Mesmo com a ansiedade derrubando a porta e tentando nos arrastar para baixo, ainda conseguimos encontrar uma maneira de chegar a este ponto. Pode não parecer, mas percorremos um longo caminho.

Você está reconhecendo tudo o que fez para chegar até aqui? Está parando um instante para reconhecer como é incrível estar fazendo o que está fazendo? Se não disse a si mesmo, ouça de mim: você é uma inspiração para mim. Às vezes, eu mesma luto para atravessar o meu dia, e não me escapa o quanto você se esforçou para chegar aqui. Espero que possa enxergar a coragem que está tendo.

Você pode estar se diminuindo ao ler isto. "Você está me dizendo para me orgulhar de ter penteado meu cabelo hoje e ter feito compras de mercado on-line? Está dizendo que estou vencendo porque cumpri meus turnos no trabalho esta semana, embora eu esteja num trabalho que faz com que eu me sinta um fracassado em comparação a todos os meus colegas da escola?

Sim, estou. Não se trata de comparar seu progresso com o de outra pessoa. Você encarou sua vida à sua própria maneira hoje. Coragem não se mede pela magnitude do evento — está ali quer você tenha feito algo grande ou pequeno, quer tenha falado para uma multidão de duas mil pessoas ou apenas com um estranho no ônibus. As duas coisas mostram claramente coragem. Qualquer um que tente medir a coragem mostra sua insegurança.

Sei que provavelmente nos sentiríamos melhor se não precisássemos ter coragem, em primeiro lugar. Quem dera a vida fosse tranquila e pudéssemos ser a pessoa alegre e despreocupada com a qual nos comparamos com frequência. Ah, se fôssemos mais relaxados. Mas esse não é você. Não sou eu. A ansiedade pode ser nosso mal, mas não se esqueça: essa pessoa que você inveja tem sua própria cruz para carregar. Todos nós precisamos de uma reserva de coragem de vez em quando — isso apenas acontece diferente para cada um de nós.

Enquanto estou escrevendo estas palavras de despedida, lembro-me do contínuo vai e vem da ansiedade em minha vida. Alguns dias as ondas são calmas, em outros trazem uma torrente de ondas gigantes. Quando iniciei este livro, os mares estavam razoavelmente calmos em minha vida. Minha ansiedade estava bem administrada, e eu estava lidando bem com ela. Não tinha um ataque de pânico havia dois anos.

E então... como acontece na vida, a maior onda de minha vida até então me atingiu.

Eu descobri que estava grávida.

E antes que eu percebesse, as praias vazias ficaram cheias de ondas de preocupação profundas que eu nunca tinha visto. E sim — eu tive as "típicas" preocupações que muitas gestantes têm. Será que o bebê está bem? Será que vou ser uma "boa" mãe? Será que vou conseguir fazer tudo funcionar?

Mas meu cérebro ansioso — o cérebro do qual ninguém parece falar publicamente — ficou descontrolado. Com minha fobia de vômito ainda ali, cada dia era um turbilhão de medo. Será que eu vomitaria no discurso de abertura? E se eu passar mal durante uma sessão com um cliente? Será que as pessoas vão me julgar? E se eu ficar constrangida? Não me orgulho de admitir o quanto esses pensamentos ocuparam minha mente. Mas com a ansiedade é assim. Ela leva você como uma correnteza, e, mesmo que suas melhores intenções sejam nadar para sair dali, às vezes você fica preso.

E foi aí que meu marido me lembrou, quando eu estava tendo um ataque no FaceTime:

— Lauren, eu só quero que você saiba que está sendo muito corajosa.

Rapidamente, respondi:

— **Não, não estou!** E se eu não conseguir lidar com tudo isso? E se eu não conseguir?

Greg respondeu:

— Mas você *está* conseguindo. Está encarando. Você é ainda *mais* corajosa porque isso é muito difícil para você.

Eu me acalmei. Ele estava certo. Eu estava sendo corajosa.

Ouso dizer: eu estava sendo uma chata. E estava deixando a ansiedade vencer. Embora eu soubesse que seria assustador e desconfortável, eu *escolhi* aquilo.

Em meio a ataques de pânico, tremendo, ruminando sem parar e checando, eu estava *fazendo* as coisas. Continuava ali, atravessando cada dia. Podia não ser um belo quadro, e eu podia ter vergonha de mim mesma por não lidar "melhor" com minha ansiedade. Mas o fato é que eu estava enfrentando meu medo. Tenho que enfrentá-lo — e essa é a escolha que estou fazendo corajosamente. Se isso não é lidar com a ansiedade, não sei o que é.

E sem dúvida, quando eu de fato vomitava, via que sobrevivia em meio àquilo. Não era confortável, e não tenho a menor pressa de fazer isso de novo, mas ficou claro que meu medo da possibilidade de vomitar era muito pior do que a realidade. Terapia de exposição em sua melhor forma.

Não sei o que o futuro reserva. Estou com apenas nove semanas de gravidez enquanto escrevo isto, e sei que ainda tenho muitas ondas para atravessar. Pode ser que algumas me tirem o fôlego. Mas continuarei olhando para a frente. Onda após onda, eu escolho a coragem.

Espero que você escolha a coragem também. Em certos dias, pode ser que você se ressinta por precisar ter coragem, e em outros talvez se pergunte em qual pequena fenda dentro de si mesmo haverá sua última reserva de coragem. Mas sua coragem está ali, tanto quanto — se não mais que — a ansiedade, que também está ali dentro. Ambas coexistem. Quando enfrentamos nosso medo, podemos ver nossa força suprema.

E se você sente que não escolheu a coragem? Eu repensaria isso.

Também pode ser corajoso dizer não a determinados planos, tirar um tempo para descansar quando somos pressionados a sempre fazer mais e ficar em silêncio. Ficar quieto o bastante para conviver com seus pensamentos, em vez de se encher de ocupações, é corajoso. No meu caso, se eu tivesse escolhido não ter um filho, isso teria sido uma decisão corajosa também. Quando você diz não, isso não significa que está fazendo essa escolha por medo. Da mesma forma, pode haver muito poder em conter-se.

Às vezes, porém, nosso medo vence. Todos nós agimos por ansiedade e, quando isso acontece, a melhor coisa que podemos fazer é corajosamente amar a nós mesmos, ainda que, ao mesmo tempo, fiquemos frustrados com nós mesmos. Quando você se sente como se tivesse falhado consigo mesmo, decida dedicar a si mesmo compaixão, e não vergonha. Se vem se escondendo de si mesmo, agora é a hora de ser ainda mais gentil. Você não encontrará coragem punindo-se mentalmente. Talvez esteja fugindo hoje, mas isso não significa que o amanhã, a próxima hora — o próximo minuto —, não lhe possa conduzir a uma escolha diferente. Só porque pode ter vivido num lugar de medo, isso não significa que esteja destinado a sempre viver na sombra de sua dor.

Cada vez que você revela uma intenção, seja um sim ou não cuidadoso, está tendo coragem. Quando *você* faz a escolha — e não sua ansiedade —, está passeando na onda, e não deixando a onda passear em você. E ao fazer isso, pode ser que note sua ansiedade aumentar de uma forma completamente diferente, como eu estou experimentando ativamente. Mas, ao mesmo tempo, você também verá sua coragem crescer ainda mais. E não importa que a coragem pareça forçada ou automática. Use a que você tem. Honre a presença dela, em primeiro lugar.

Quando essa coragem fizer você boiar, lembre-se de que você tem o que precisa dentro de si mesmo. Espero que tenha um Greg em sua vida para lembrar você de sua coragem quando não conseguir vê-la. Mas quer alguém esteja ali para sussurrar em seu ouvido ou não, saiba disto: *você é forte*. Você é corajoso. Você pode nadar. Você pode pisar. Caramba, você pode nadar cachorrinho, se precisar. Pode enfrentar essa onda que está vindo em sua direção. Se você se dispuser a confiar em si mesmo, verá que pode deitar de costas e aproveitar a água à sua volta. Inspire fundo, ponha as pernas para cima e deixe sua coragem ser a respiração que o conduz à superfície.

## A MELHOR MANEIRA DE SE SENTIR MELHOR

Se há um antídoto para sua ansiedade, é cuidar de algo maior que você. Todos nós temos o poder de criar uma tendência que evolui para uma mudança duradoura. Você pode não ser capaz de defender todas as causas, mas pergunte a si mesmo: onde você vê injustiças no mundo? O que o mantém acordado à noite? O que parte seu coração quando assiste ao noticiário? Quais são as coisas que você está testemunhando no mundo que, se não mudarem, você teme que só piorem? Essas são suas dicas.

Precisamos ir além de nós mesmos. A ansiedade nos mantém muito pequenos, fazendo-nos sentir que só temos concentração para nos mantermos vivos. Mas você ficaria surpreso com o que pode acontecer em sua vida quando tem coragem suficiente para erguer os olhos e olhar para fora. Quando nos dispomos a considerar a dor de nossos iguais, e de pessoas que não conhecemos, mas pelas quais temos empatia, percebemos o quanto podemos ter impacto uns sobre os outros. Podemos não ser capazes de resolver as tragédias uns dos outros, e certamente não podemos impedir cada ferida, mas saber que nós — e outros — estamos tentando tornar o mundo um lugar melhor é o lenitivo de que todos nós precisamos. Afinal de contas, não seria bom saber que alguém se importa com você? Que você importa? Que as pessoas querem o melhor para você? Isso é uma via de mão dupla. Quando você tem coragem suficiente para se dispor a amar as pessoas, o mundo se abre para você de uma forma totalmente nova. Você encontra comunidade com pessoas que o desafiam, confortam e incentivam. Num momento em que nos sentimos mais sozinhos do que nunca, precisamos dessa cura coletiva em que mostramos que nos importamos com mais do que nós mesmos.

Retribuir é uma das melhores maneiras de sentir mais alegria na vida. De fato, um estudo constatou que 93% das pessoas que realizaram atividades voluntárias no ano passado se sentiram mais felizes. Isso não é tudo. Oitenta e nove por cento expandiram sua visão de mundo, 88% aumentaram sua autoestima, 85% desenvolveram amizades por meio do trabalho voluntário, 79% tiveram menos estresse, 78% passaram a ter maior controle sobre sua saúde e bem-estar e 75% se sentiram fisicamente mais saudáveis.[199] Faz bem fazer parte de algo maior do que você. Em todas as vezes em que trabalhei como voluntária, nunca ouvi alguém dizer: "Bem, isso foi um desperdício de tempo." Nem uma vez. Sei que você provavelmente tem um monte de coisas para fazer, mas se há algo para pôr em seu prato de autocuidado, é servir aos outros — em especial para uma causa com a qual você se importa. Sua falta de ansiedade lhe agradecerá por isso.

Como você tem uma probabilidade 42% maior de alcançar seus objetivos se escrevê-los, eu adoraria que você anotasse, primeiro, aquilo com o qual se importa e, segundo, o que você pode fazer por isso.[200] Como você pode pôr isso em ação no próximo ano?

QUAIS SÃO AS CAUSAS COM AS QUAIS VOCÊ SE IMPORTA? SE ESTÁ EM DÚVIDA, O QUE O INCOMODA OU O QUE VOCÊ GOSTARIA DE PODER MUDAR NO MUNDO?

COMO VOCÊ PODE PÔR ISSO EM AÇÃO? QUAL OU QUAIS SÃO AS ORGANIZAÇÕES QUE VOCÊ PODERIA APOIAR OU COMO VOCÊ PODERIA SERVIR A ESSA CAUSA?

## MINHA ESPERANÇA PARA AS PRÓXIMAS GERAÇÕES

Enquanto me preparo para criar este ano um pequeno ser humano (que não vejo a hora de conhecer!), me impressiono com o que imagino que aguarda essa *próxima* geração. Tenho total consciência de toda a ansiedade que herdamos e de como seria fácil transmitir isso diretamente para aqueles que estão vindo depois de nós. Acho que nenhuma criança precisa de muita instrução para ver como a experiência humana pode ser difícil. Afinal de contas, ninguém escolhe nascer, mas temos que carregar essa carga todos os dias.

Meu desejo é que, com toda essa carga pesada, cada um de nós possa torná-la um pouco (ou muito) mais leve uns para os outros. Num mundo cheio de dor e tragédia, quero muito ser aquela mãe — aquela pessoa — que traz riso, oferece um abraço e se dispõe a simplesmente sentar ao lado. Em vez de ensinarmos nossos filhos a ter sucesso e conquistar, espero que enviemos uma mensagem de simplesmente amarmos uns aos outros pelas pessoas que somos, não pelas coisas que fazemos.

Não importa a idade que tenhamos, espero que nos lembremos de que todos nós precisamos ser amparados (por nós mesmos e emocionalmente pelos outros). Em vez de fugirmos quando fica difícil, precisamos confortar uns aos outros quando nosso dia é abalado por mais uma dose de notícias perturbadoras. Embora possa ser muito fácil olhar para o abismo de nossa própria dor (como nossa ansiedade gostaria que fizéssemos), acredito que possamos fazer uma escolha diferente e verter nossa compaixão para os outros, e não só para nós mesmos. Quanto mais nos dispomos a nos conectar, mais podemos curar coletivamente.

A cada geração, eu nos vejo cada vez mais perto de nos tornarmos as pessoas amorosas e empáticas que somos destinados a ser. Somos construídos socialmente — não somos destinados a suportar esta vida sozinhos. Quando passamos a nos importar mais uns com os outros, vejo nossa ansiedade e nosso egoísmo diminuindo, por sua vez. Isso não significa que estamos deixando de ser quem somos — em vez disso, estamos expandindo nossa definição do que é possível.

Volto a um conceito que aprendi com uma de minhas autoras favoritas, a reverenda dra. Jacqui Lewis, em seu livro *Fierce Love*. Ela escreve sobre o termo zulu *ubuntu*, que significa: "Eu sou porque todos nós somos." Quando penso nisso, mal posso esperar para ver como meu filho será moldado pelas pessoas à sua volta, e, por sua vez, como ele moldará a vida delas. Quando o vir rir, brincar e chorar sem qualquer autojulgamento — e vir as pessoas responderem a ele —, vou incentivá-lo a continuar agindo assim, sem constrangimento, pelo resto de sua vida. Espero que ele nunca abandone isso. Mais do que tudo, espero que sua ansiedade nunca lhe impeça de ser a pessoa que ele quer se tornar. De todo o coração, espero o mesmo para você.

Que nunca percamos nossa capacidade infantil de sorrir para alguém, mesmo que seja um estranho. Não vamos esquecer como iniciar uma conversa e verdadeiramente nos conectarmos. Certamente, não vamos esconder nossas lágrimas só porque somos socializados como adultos a considerar que chorar é censurável. No fundo, todos nós somos crianças querendo rir, chorar e conectar nossos caminhos ao longo da vida. Explicando de forma simples: precisamos uns dos outros.

Podemos ter sido e, sim, podemos ser agora a Geração Ansiedade. Mas isso não é um destino predeterminado para nosso futuro. Vejo um caminho diferente à frente. O mundo continuará nos oferecendo desafios, mas, quando os enfrentarmos, vamos escolher algo diferente. Pode ser que tenhamos uma estrada difícil à frente, mas eu me conforto em saber que podemos pelo menos ser uma GERAÇÃO UNIDA.

# AGRADECIMENTOS

Escrever *Geração ansiosa* foi um sonho que se tornou realidade, e ainda estou me beliscando para acreditar que este livro está nas prateleiras. Sou muito grata às pessoas que acreditaram na ótica deste livro desde o início. Isso começa com Leigh Eisenman, minha incrível agente. Você viu o que este livro podia ser, e sua crença neste trabalho me deu firmeza em cada passo do caminho. Não há outra pessoa com a qual eu queira viver esta aventura. Vamos nos encontrar na SusieCakes em breve, não é?

Minha editora, Soyolmaa Lkhagvadorj — você foi a pessoa perfeita para ter como parceira. Confio plenamente em você, e seu coração e mente abertos foram exatamente do que este livro precisava. Não acredito que muitas coisas nesta vida estão destinadas a acontecer, mas conhecer você certamente estava.

Muitas pessoas na Abrams foram incríveis. Obrigada a Danielle Young-smith por criar uma capa tão bonita que expressa perfeitamente o que o livro trata. Jane Elias, sou muito grata por suas habilidades na preparação dos originais. Você lustrou o livro, levando-o a um nível inteiramente novo de brilho e, ao mesmo tempo, manteve minha voz. Admiro seu talento. David Chesanow, agradeço seu olhar atento durante todo o processo de edição. O livro não seria o mesmo sem você! Glenn Ramirez e Larry Pekarek, obrigada a vocês por endossarem com entusiasmo *Geração ansiosa* e acreditarem nesta mensagem tanto quanto eu. Temos sorte por ter incríveis defensores da saúde mental como vocês dois na publicação. Danielle Kolodkin, Andrew Gibeley e Kevin Callahan, obrigada a vocês pelos esforços criativos e amplos na comercialização deste livro para ele chegar às mãos certas. Sou verdadeiramente grata a vocês pela sincera dedicação a este projeto.

Eu jamais poderia ter feito nada disso sozinha. À melhor assistente, que tem o espírito mais alegre que conheço — Jen Sandy —, obrigada por sua luz inabalável. Kelly Taylor, minha agente publicitária, obrigada por acreditar em minha mensagem e por sempre ter visto o valor do trabalho que estávamos fazendo. Sou muito grata por Rachel DeAlto ter nos conectado. Minha web designer, Sara Shepherd — você é uma das mulheres mais dedicadas (e divertidas!) que conheço. Que sorte eu tenho por a Upwork ter unido nossos caminhos. Tiffany Morgan, obrigada por estar sempre atenta para parcerias de marcas. É uma alegria trabalhar com você em cada passo do caminho. Madyn Singh, obrigada por tornar o TikTok possível. Eu não estaria aqui sem sua assistência... e suas hashtags. E à minha querida amiga Amy Riordan, que se tornou uma das mais convictas apoiadoras deste livro. Menina, você seriamente me deixa impressionada. É uma loucura pensar que nos conectamos pelo Facebook naquele dia das aventuras da *Sunny Girl* e da *Bucket List Bound*. Agora, dez anos depois, temos nossos meninos e uma amizade maravilhosa em que estamos sempre aprendendo uma com a outra. Não há como lhe agradecer o bastante por tudo que você fez para ajudar a promover o livro. Eu verdadeiramente não poderia ter feito isso sem você.

Eu realmente amo o que faço como psicóloga, e parte disso é porque aprendo todos os dias. Obrigada a meus clientes que abriram seus corações e suas mentes para mim da mais bela maneira. Sou inspirada diariamente pela coragem de vocês de se voltarem para a vida. Vocês me mostraram como viver com coragem, e porque "conheci vocês, mudei para sempre". Ei, o que seria uma seção de agradecimentos sem uma pequena referência à Broadway dessa ex-criança de teatro?

Também fui incentivada pelos terapeutas com os quais pude conviver ao longo dos anos. Da USC, dr. Greg Henderson (do qual sempre sentirei falta), obrigada por ser o primeiro professor da escola de pós-graduação que nos ensinou a ser "pessoa primeiro". Dra. Mary Andres, dra. Ginger Clark, dra. Sandy Smith, dr. Michael Morris, dra. Ilene Rosenstein e toda a faculdade Rossier — que indescritível presente aprender com cada um de vocês. Obrigada a minha primeira supervisora, Joanne Weidman, por me dar a oportunidade de atender meu primeiro cliente e por me orientar pacientemente quando eu estava aprendendo que não sabia nada sobre nada como trainee. Bons tempos aqueles.

De Pepperdine, dra. Cohen, dra. Woo, dr. Brunn, dra. Bryant-Davis, dra. Keatinge e muitos outros, obrigada por proporcionarem o melhor campo de treinamento em saúde cerebral que já houve. Vocês nos ensinaram a sempre seguir a ciência, mas não deixar de voltar ao coração. À minha família na USD, obrigada pelo mais incrível treinamento de minha vida (na ensolarada San Diego, nada menos!). Dra. Thackray e dra. Franklin, obrigada pela habilidosa supervisão. A minhas colegas estagiárias, Carly e Hana — sou muito grata todos os dias pela sorte de termos sido companheiras. Espero que nossa amizade seja para sempre.

A minha família da Campuspeak — vocês foram os primeiros a acreditar em mim como oradora. David Stollman, obrigada por essa incrível oportunidade que abriu muitas portas. Obrigada à melhor agente, Monica, e a David Stetter por sua amizade e refinamento. À minha família oradora, Brittany, Rachel, Saul, Jess, Tim, Tom, Sara, dra. Stacey, Talia, Tianna, Alex e dra. Christina, entre muitos outros — sou grata por aprender com cada um de vocês. Vocês são realmente extraordinários.

E, agora, às pessoas que têm meu coração. À minha avó Joan, obrigada por me ensinar cedo que "isso também vai passar" e por me lembrar de que família é tudo. Graças a você aprendi a saborear as boas coisas da vida. O modo como você preencheu minha infância, com cada *bagel* e sorvete de casquinha — toda sexta-feira —, é um presente que valorizarei para sempre. À minha tia Nette, obrigada por ser minha confidente e incessante apoiadora. Você sempre me amparou e será sempre a primeira para quem ligarei.

À minha melhor amiga, Lauren — sou muito feliz por nossos pais terem nos levado para aquelas aulas de natação quando éramos bebês. Você é minha irmã de alma, e nossa relação é uma das que mais prezo na vida. Mal posso esperar para que nossos meninos se tornem melhores amigos... #sempressão. Às minhas muito próximas e muito queridas Abbie, Hannah, Kelly, Paige, Ailis, Lacey, Amanda, Rory, Allison e Sarah, obrigada por suas belas amizades. Adoro as conversas profundas que tenho com cada uma de vocês. Vocês são muito especiais para mim.

A meus sogros, Russ e Debbie, obrigada por me incentivarem em cada passo do caminho e por acreditarem em mim. Tenho muita sorte por poder chamar vocês de minha família. Mal posso esperar para ver vocês dois se tornarem avós!

A meus pais, palavras não podem descrever o quanto sou grata por ser filha de vocês. A meu pai especificamente, obrigada por ser a pessoa mais divertida que conheço e por sempre me ensinar a absorver o máximo de cada dia e a ter "diversão, diversão, diversão, diversão"! Graças a você, o dia vai ser ótimo. À minha mãe, obrigada por ser a mais poderosa guerreira da oração que já houve. Seu amor — por Deus, pela família, pelos feriados, pelos sanduichinhos — é muito inspirador. Você leva alegria a todos que a conhecem, mas sobretudo a mim.

A meu marido, Greg. Eu poderia escrever um livro inteiro sobre o quanto amo você, e a encadernação não conseguiria segurar tudo. Quando o conheci, no meu aniversário de 19 anos, eu soube, quando vi seu sorriso, que você era alguém especial. Treze anos depois, sou muito feliz por ainda poder compartilhar minha vida com você. Não há ninguém como você, e meu coração é inteiramente seu. Como eu lhe disse no dia do nosso casamento: "Conhecer você é amar você... e eu não sou nenhuma exceção."

A Mochi, meu gatinho siamês. Nada me traz mais paz e felicidade do que você. Não há nada como uma menina e seu gato, e acho que formamos uma dupla e tanto. Você sempre será meu primeiro bebê.

## AGRADECIMENTOS

A meu filho, Derek — para mim é uma loucura escrever estas palavras. Enquanto digito isto com você na minha barriga e 33 semanas de gravidez, nunca estive mais empolgada para conhecer uma pessoa em minha vida. Mal posso acreditar que vou ser mãe, e sei que você mudará meu coração de maneiras que não consigo sequer compreender. Algo me diz que essa será a melhor aventura até agora. Até breve, neste planeta, meu pequeno amor.

# NOTAS

1. Observação: caso você seja do time de James Cameron aqui e esteja prestes a dizer que a porta não boiaria o suficiente com os dois nela apoiados, tenho o orgulho/a vergonha de admitir quanto tempo passei pesquisando exatamente esse argumento. Acontece que Jamie Hyneman e Adam Savage, de *Os caçadores de mitos*, testaram essa famosa cena que agora se tornou um tanto contestada. O que eles constataram é que se Rose tivesse posto seu colete salva-vidas embaixo da porta, esta teria boiado o bastante para sustentar a ela e Jack. Mas, honestamente, quem pensaria nisso enquanto estava sofrendo de hipotermia e em seguida a uma experiência traumática?
2. "Suicide Statistics", American Foundation for Suicide Prevention, https://afsp.org/suicide-statistics/.
3. "Opioid facts and statistics", U.S. Department of Health and Human Services, 16 de dezembro de 2022, https://www.hhs.gov/opioids/statistics/index.html.
4. "Marriage and Divorce", Centers for Disease Control and Prevention, 25 de março de 2022, https://www.cdc.gov/nchs/fastats/marriage-divorce.htm.
5. H. H. Lai, A. Rawal, B. Shen e J. Vetter, "The Relationship Between Anxiety and Overactive Bladder or Urinary Incontinence Symptoms in the Clinical Population", *Urology* 98 (julho de 2016): 50—57, https://doi.org/10.1016/j.urology.2016.07.013.
6. "How Much of the Ocean Have We Explored?", National Ocean Service, 26 de fevereiro de 2021, https://oceanservice.noaa.gov/facts/exploration.html#:~:text=Throughout%20history%2C%20the%20ocean%20has, unmapped %2C%20unobserved%2C%20and%20unexplored.

7. "Ocean", National Geographic, 19 de maio de 2022, https://education.nationalgeographic.org/resource/ocean.
8. M. F. Glasser e D. C. Van Essen, "Mapping Human Cortical Areas *In Vivo* Based on Myelin Content as Revealed by T1-and T2-Weighted MRI", *Journal of Neuroscience* 31, nº 32 (2011): 11597—616, https://doi.org/10.1523/JNEUROSCI.2180-11.2011.
9. R. C. Kessler, N. A. Sampson, P. Berglund, M. J. Gruber, A. Al-Hamzawi, L. Andrade e M. A. Wilcox, "Anxious and Non-anxious Major Depressive Disorder in the World Health Organization World Mental Health Surveys", *Epidemiology and Psychiatric Sciences* 24, nº 3 (2015): 210—26, https://doi.org/10.1017/S2045796015000189.
10. Daniel J. Siegel e Tina Payne Bryson, *The Whole-Brain Child: 12 Revolutionary Strategies to Nurture Your Child's Developing Mind* (Nova York: Bantam, 2012).
11. C. M. Schumann, M. D. Bauman e D. G. Amaral, "Abnormal Structure or Function of the Amygdala Is a Common Component of Neurodevelopmental Disorders", *Neuropsychologia* 49, nº 4 (2011): 745—59, https://doi.org/10.1016/j.neuropsychologia.2010.09.028.
12. R. J. R. Blair, "Considering Anger from a Cognitive Neuroscience Perspective", *Wiley Interdisciplinary Reviews: Cognitive Science* 3, nº 1 (2012): 65—74, https://doi.org/10.1002/wcs.154.
13. J. B. Nitschke, W. Heller, P. A. Palmieri e G. A. Miller, "Contrasting Patterns of Brain Activity in Anxious Apprehension and Anxious Arousal", *Psychophysiology* 36, nº 5 (1999): 628—37, https://doi.org/10.1111/1469-8986.3650628.
14. A. S. Engels, W. Heller, A. Mohanty, J. D. Herrington, M. T. Banich, A. G. Webb e G. A. Miller, "Specificity of Regional Brain Activity in Anxiety Types During Emotion Processing", *Psychophysiology* 44, nº 3 (2007): 352—63, https://doi.org/10.1111/j.1469-8986.2007.00518.x.
15. "Cyclic Vomiting Syndrome", Mayo Clinic, https://www.mayoclinic.org/diseases-conditions/cyclic-vomiting-syndrome/symptoms-causes/syc-20352161.
16. D. J. Powell e W. Schlotz, "Daily Life Stress and the Cortisol Awakening Response: Testing the Anticipation Hypothesis", *PLOS ONE* 7, nº 12 (2012), https://doi.org/10.1371/journal.pone.0052067.
17. G. L. Engel, "The Need for a New Medical Model: A Challenge for Biomedicine", *Science* 196, nº 4286 (1977): 129—36, https://doi.org/10.1126/science.847460.
18. F. Borrell-Carrio, A. L. Suchman e R. M. Epstein, "The Biopsychosocial Model 25 Years Later: Principles, Practice, and Scientific Inquiry", *Annals of Family Medicine* 2, nº 6 (2004): 576—82, https://doi.org/10.1370/afm.245.
19. K. Sweeny e M. D. Dooley, "The Surprising Upsides of Worry", *Social and Personality Psychology Compass* 11, nº 4 (2017), https://doi.org/10.1111/spc3.12311.
20. Melanie Greenberg, *The Stress-Proof Brain: Master Your Emotional Response to Stress Using Mindfulness and Neuroplasticity* (Oakland, Califórnia: New Harbinger Publications, 2017).
21. I. Ghosh, "Timeline: Key Events in U.S. History That Defined Generations", Visual Capitalist, 7 de maio de 2021, https://www.visualcapitalist.com/timeline-of-us-events-that-defined-generations/.
22. S. Bethune, "Gen Z More Likely to Report Mental Health Concerns", *Monitor on Psychology* 50, nº 1 (2019), https://www.apa.org/monitor/2019/01/gen-z.

23. J. E. Goldstick, R. M. Cunningham e P. M. Carter, "Current Causes of Death in Children and Adolescents in the United States", *New England Journal of Medicine* 386, nº 20 (2022): 1955—56, https://doi.org/10.1056/NEJMc2201761.
24. T. Luhby, "Many Millennials Are Worse Off Than Their Parents —a First in American History", CNN, 11 de janeiro de 2020, https://www.cnn.com/2020/01/11/politics/millennials-income-stalled-upward-mobility-us/index.html.
25. K. Mathiesen, "Greta Thunberg Doesn't Want You to Talk About Her Anymore", Politico, 28 de abril de 2022, https://www.politico.eu/article/greta-thunberg-climate-change-activism-fridays-for-future-profile-doesnt-want-you-to-talk-about-her-anymore-2022/.
26. H. R. Arkes e C. Blumer, "The Psychology of Sunk Cost", *Organizational Behavior and Human Decision Processes* 35, nº 1 (1985): 124—40, https://doi.org/10.1016/0749-5978(85)90049-4.
27. "What Are Dissociative Disorders?", American Psychiatric Association, 2018, https://psychiatry.org/patients-families/dissociative-disorders/what-are-dissociative-disorders.
28. J. Tseng e J. Poppenk, "Brain Meta-State Transitions Demarcate Thoughts Across Task Contexts Exposing the Mental Noise of Trait Neuroticism", *Nature Communications* 11, nº 1 (2020): 1—12.
29. T. V. Maia, R. E. Cooney e B. S. Peterson, "The Neural Bases of Obsessive-Compulsive Disorder in Children and Adults", *Development and Psychopathology* 20, nº 4 (2008): 1251—83, https://doi.org/10.1017/S0954579408000606.
30. "The U.S. Mental Health Market: $225.1 Billion in Spending in 2019: An *OPEN MINDS* Market Intelligence Report", Open Minds, 6 de maio de 2020, https://openminds.com/intelligence-report/the-u-s-mental-health-market-225-1-billion-in-spending-in-2019-an-open-minds-market-intelligence-report/.
31. "Dissociative Disorders", em *Diagnostic and Statistical Manual of Mental Disorders*, 5ª ed. (Arlington, Virgínia: American Psychiatric Association, 2013).
32. "Who Gets OCD?", International OCD Foundation, https://iocdf.org/about-ocd/who-gets/#note -63-1.
33. P. Carey, "Common Types of OCD: Subtypes, Their Symptoms and the Best Treatment", NOCD, 6 de julho de 2021, https://www.treatmyocd.com/education/different-types-of-ocd.
34. F. Catapano, F. Perris, M. Fabrazzo, V. Cioffi, D. Giacco, V. De Santis e M. Maj, "Obsessive-Compulsive Disorder with Poor Insight: A Three-Year Prospective Study", *Progress in Neuro-Psychopharmacology and Biological Psychiatry* 34, nº 2 (2010): 323—30, https://doi.org/10.1016/j.pnpbp .2009.12.007.
35. S. Sauer-Zavala, J. G. Wilner, C. Cassiello-Robbins, P. Saraff e D. Pagan, "Isolating the Effect of Opposite Action in Borderline Personality Disorder: A Laboratory-Based Alternating Treatment Design", *Behaviour Research and Therapy* 117 (2019): 79—86, https://doi.org/10.1016/j.brat.2018.10.006.
36. "Exposure and Response Prevention (ERP)", *International OCD Foundation*, https://iocdf.org/about-ocd/ocd-treatment/erp/.
37. M. M. Linehan e C. R. Wilks, "The Course and Evolution of Dialectical Behavior Therapy", *American Journal of Psychotherapy* 69, nº 2 (2015): 97—110, https://doi.org/10.1176/appi.psychotherapy.2015.69.2.97.

38. M. Katerelos, L. L. Hawley, M. M. Antony e R. E. McCabe, "The Exposure Hierarchy as a Measure of Progress and Efficacy in the Treatment of Social Anxiety Disorder, *Behavior Modification* 32, nº 4 (2008): 504—18, https://doi.org/10.1177/0145445507309302.
39. C. L. Benjamin, K. A. O'Neil, S. A. Crawley, R. S. Beidas, M. Coles e P. C. Kendall, "Patterns and Predictors of Subjective Units of Distress in Anxious Youth", *Behavioural and Cognitive Psychotherapy* 38, nº 4 (2010): 497—504, https://doi.org/10.1017/S1352465810000287.
40. "Get the Facts About Listeria", U.S. Food and Drug Administration, 3 de agosto de 2020, https://www.fda.gov/animal-veterinary/animal-health-literacy/get-facts-about-listeria.
41. A. E. Fruzzetti, "Dialectical Thinking", *Cognitive and Behavioral Practice* 29, nº 3 (2022): 567—70, https://doi.org/10.1016/j.cbpra.2022.02.011.
42. S. H. Sulzer, E. Muenchow, A. Potvin, J. Harris e G. Gigot, "Improving Patientcentered Communication of the Borderline Personality Disorder Diagnosis", *Journal of Mental Health* 25, nº 1 (2016): 5-9, https://doi.org/10.3109/09638237.2015.1022253.
43. "Borderline Personality Disorder", National Alliance on Mental Illness, dezembro de 2017, https://www.nami.org/About-Mental-Illness/Mental-Health-Conditions/Borderline--Personality-Disorder.
44. M. Slade, S. Rennick-Egglestone, L. Blackie, J. Llewellyn-Beardsley, D. Franklin, A. Hui e E. Deakin, "Post-traumatic Growth in Mental Health Recovery: Qualitative Study of Narratives, *BMJ Open* 9, nº 6 (2019), https://doi.org/10.1136/bmjopen-2019-029342.
45. D. Kwon, "Borderline Personality Disorder May Be Rooted in Trauma", *Scientific American*, 1º de janeiro de 2022, https://www.scientificamerican.com/article/borderline-personality--disorder-may-be-rooted-in-trauma/#:~:text=Studies%20show%20that%20anywhere%20 between,report%20past%20trauma%2Drelated%20experiences.
46. "Dissociative Disorders", em *Diagnostic and Statistical Manual of Mental Disorders*, 5ª ed. (Arlington, Virgínia: American Psychiatric Association, 2013).
47. C. Benjet, E. Bromet, E. G. Karam, R. C. Kessler, K. A. McLaughlin, A. M. Ruscio e K. C. Koenen, "The Epidemiology of Traumatic Event Exposure Worldwide: Results from the World Mental Health Survey Consortium", *Psychological Medicine* 46, nº 2 (2016): 327—43, https://doi.org/10.1017/S0033291715001981.
48. Francine Shapiro, *Eye Movement Desensitization and Reprocessing (EMDR) Therapy: Basic Principles, Protocols, and Procedures* (Nova York: Guilford Press, 1995).
49. S. L. A. Straussner, "Micro-traumas" (apresentação na conferência Trauma Through the Life Cycle from a Strengths Perspective: An International Dialogue, Hebrew University, Jerusalém, Israel, 8 de janeiro de 2012).
50. Judith Lewis Herman, *Trauma and Recovery: The Aftermath of Violence from Domestic Abuse to Political Terror* (Nova York: Basic Books, 1997).
51. S. L. A. Straussner e A. J. Calnan, "Trauma Through the Life Cycle: A Review of Current Literature", *Clinical Social Work Journal* 42, nº 4 (2014): 323—35.
52. Sandra D. Wilson, *Hurt People Hurt People* (Grand Rapids, Michigan: Our Daily Bread, 2015).
53. V. Rakoff, "A Long Term Effect of the Concentration Camp Experience", *Viewpoints* 1 (1966): 17—22.
54. R. Yehuda e A. Lehrner, "Intergenerational Transmission of Trauma Effects: Putative Role of Epigenetic Mechanisms", *World Psychiatry* 17, nº 3 (2018): 243—57, https://doi.org/10.1002/wps.20568.

55. J. D. Clifton e P. Meindl, "Parents Think — Incorrectly — That Teaching Their Children That the World Is a Bad Place Is Likely Best for Them", *Journal of Positive Psychology* 17, nº 2 (2022): 182–97, https://doi.org/10.1080/17439760.2021.2016907.
56. G. N. Pandian e H. Sugiyama, "Strategies to Modulate Heritable Epigenetic Defects in Cellular Machinery: Lessons from Nature", *Pharmaceuticals* 6, nº 1 (2012): 1–24, https://doi.org/10.3390/ph6010001.
57. R. F. Afonso, I. Kraft, M. A. Aratanha e E. H. Kozasa, "Neural Correlates of Meditation: A Review of Structural and Functional MRI Studies", *Frontiers in Bioscience-Scholar 12*, nº 1 (2020): 92–115, https://doi.org/10.2741/S542.
58. C. Lassale, G. D. Batty, A. Baghdadli, F. Jacka, A. Sanchez-Villegas, M. Kivimaki e T. Akbaraly, "Healthy Dietary Indices and Risk of Depressive Outcomes: A Systematic Review and Meta-analysis of Observational Studies", *Molecular Psychiatry* 24, nº 7 (2019): 965–86, https://doi.org/10.1038/s41380-018-0237-8.
59. L. R. LaChance e D. Ramsey, "Antidepressant Foods: An Evidence-Based Nutrient Profiling System for Depression", *World Journal of Psychiatry* 8, nº 3 (2018): 97, https://doi.org/10.5498/wjp.v8.i3.97.
60. Se você está à procura de um livro excelente para lhe ajudar a entender melhor o impacto dos alimentos sobre a saúde mental, recomendo bastante ler o livro da dra. Uma Naidoo, *This Is Your Brain on Food*.
61. C. A. Greene, L. Haisley, C. Wallace e J. D. Ford, "Intergenerational Effects of Childhood Maltreatment: A Systematic Review of the Parenting Practices of Adult Survivors of Childhood Abuse, Neglect, and Violence", *Clinical Psychology Review* 80, nº 101891 (2020), https://doi.org/10.1016/j.cpr.2020.101891.
62. "Childhood Maltreatment Statistics", American Society for the Positive Care of Children, https://americanspcc.org/child-maltreatment-statistics/.
63. R. G. Tedeschi e L. G. Calhoun, "The Posttraumatic Growth Inventory: Measuring the Positive Legacy of Trauma", *Journal of Traumatic Stress* 9, nº 3 (1996): 455–71, https://doi.org/10.1007/BF02103658.
64. R. G. Tedeschi e L. G. Calhoun, "Posttraumatic Growth: Conceptual Foundations and Empirical Evidence", *Psychological Inquiry* 15, nº 1 (2004): 1–18, https://doi.org/10.1207/s15327965pli1501_01.
65. R. A. Emmons e R. Stern, "Gratitude as a Psychotherapeutic Intervention", *Journal of Clinical Psychology* 69, nº 8 (2013): 846–55, https://doi.org/10.1002/jclp.22020.
66. J. M. Kilner e R. N. Lemon, "What We Know Currently About Mirror Neurons", *Current Biology* 23, nº 23 (2013), https://doi.org/10.1016/j.cub.2013.10.051.
67. A. Bjoroy, S. Madigan e D. Nylund, "The Practice of Therapeutic Letter Writing in Narrative Therapy", *The Handbook of Counselling Psychology* (n.p.: Sage Publications, 2016), 332–48.
68. P. Kinderman, M. Schwannauer, E. Pontin e S. Tai, "Psychological Processes Mediate the Impact of Familial Risk, Social Circumstances and Life Events on Mental Health", *PLOS ONE* 8, nº 10 (2013), https://doi.org/10.1371/journal.pone.0076564.
69. K. Bluth e K. D. Neff, "New Frontiers in Understanding the Benefits of Self-Compassion", *Self and Identity* 17, nº 6 (2018): 605–608, https://doi.org/10.1080/15298868.2018.1508494.

70. Kristin Neff, *Self-Compassion: The Proven Power of Being Kind to Yourself* (Nova York: William Morrow, 2015).
71. C. Fluckiger, A. C. Del Re, B. E. Wampold e A. O. Horvath, "The Alliance in Adult Psychotherapy: A Meta-analytic Synthesis", *Psychotherapy* 55, nº 4 (2018): 316, https://doi.org/10.1037/pst0000172.
72. C. Raypole e T. J. Legg, "How to Stop People-Pleasing (and Still Be Nice)", Healthline, 4 de dezembro de 2019, https://www.healthline.com/health/people-pleaser#signs.
73. S. Martin, "Signs You're a People-Pleaser", *Psychology Today*, 4 de janeiro de 2021, https://www.psychologytoday.com/us/blog/conquering-codependency/202101/15-signs-youre-people-pleaser.
74. W. Feigelman, J. Cerel, J. L. McIntosh, D. Brent e N. Gutin, "Suicide Exposures and Bereavement Among American Adults: Evidence from the 2016 General Social Survey", *Journal of Affective Disorders* 227 (2018): 1—6, https://doi.org/10.1016/j.jad.2017.09.056
75. "Facts and Statistics", American Association of Suicidology, 2019, https://suicidology.org/facts-and-statistics/.
76. Nota — nenhum ódio a tubarões reais. Eles têm um impacto incrível sobre nosso ecossistema e precisamos deles desesperadamente. Estou usando "tubarões" como um conceito metafórico, porque, para muitos de nós, tubarões dão muito medo e, quando provocados, podem causar dor — assim como nos exemplos incluídos em que pessoas invadem nosso espaço e tempo pessoais.
77. S. N. Talamas, K. I. Mavor e D. I. Perrett, "Blinded by Beauty: Attractiveness Bias and Accurate Perceptions of Academic Performance", *PLOS ONE* 11, nº 2 (2016), https://doi.org/10.1371/journal.pone.0148284.
78. John Friel e Linda Friel, *Adult Children: The Secrets of Dysfunctional Families* (Deerfield Beach, Flórida: Healthcare Communications, 2010).
79. Embora a ortorexia não seja um diagnóstico oficial no *DSM-5*, muitas pessoas enfrentam esse transtorno, em que ficam obcecadas por comer alimentos "saudáveis".
80. A. Kaur, A. Kaur e G. Singla, "Rising Dysmorphia Among Adolescents: A Cause for Concern", *Journal of Family Medicine and Primary Care* 9, nº 2 (2020): 567—70, https://doi.org/10.4103/jfmpc.jfmpc73819.
81. J. L. Marks e A. Young, "What Is Bulimia? Symptoms, Causes, Diagnosis, Treatment, and Prevention", 13 de outubro de 2020, Everyday Health, https://www.everydayhealth.com/bulimia-nervosa/guide/.
82. J. Arcelus, A. J. Mitchell, J. Wales e S. Nielsen, "Mortality Rates in Patients with Anorexia Nervosa and Other Eating Disorders: A Meta-analysis of 36 Studies", *Archives of General Psychiatry* 68, nº 7 (2011): 724—31, https://doi.org/10.1001/archgenpsychiatry.2011.74.
83. STRIPED, "Social and Economic Cost of Eating Disorders in the United States", junho de 2020, https://www.hsph.harvard.edu/striped/report-economic-costs-of-eating-disorders/.
84. A. E. Becker, D. L. Franko, A. Speck e D. B. Herzog, "Ethnicity and Differential Access to Care for Eating Disorder Symptoms", *International Journal of Eating Disorders* 33, nº 2 (2003): 205—12, https://doi.org/10.1002/eat.10129.
85. "Eating Disorders in LGBTQ+ Populations", National Eating Disorders Association, https://www.nationaleatingdisorders.orglearn/general-information/lgbtq.

86. L. Mulheim e S. Gans, "Eating Disorders in Transgender People", Very-Well Mind, 11 de outubro de 2021, https://www.verywellmind.com/eating-disorders-in-transgender-people-4582520.
87. M. F. Flament, K. Henderson, A. Buchholz, N. Obeid, H. N. Nguyen, M. Birmingham e G. Goldfield, "Weight Status and *DSM-5* Diagnoses of Eating Disorders in Adolescents from the Community", *Journal of the American Academy of Child & Adolescent Psychiatry* 54, nº 5 (2015): 403—11, https://doi.org/10.1016/j.jaac.2015.01.020.
88. Um obrigado especial à National Association of Anorexia Nervosa and Associated Disorders por oferecer tantas dessas estatísticas em um lugar conveniente. Se você quiser saber mais, recomendo muito ir ao site da associação em https://anad.org/.
89. S. Ulfvebrand, A. Birgegard, C. Norring, L. Hogdahl e Y. von Hausswolff-Juhlin, "Psychiatric Comorbidity in Women and Men with Eating Disorders Results from a Large Clinical Database", *Psychiatry Research* 230, nº 2 (2015): 294—99, https://doi.org/10.1016/j.psychres.2015.09.008.
90. A. Mckay, S. Moore e W. Kubik, "Western Beauty Pressures and Their Impact on Young University Women", *International Journal of Gender and Women's Studies* 6, nº 2 (2018): 1—11, https://doi.org/10.15640/ijgws.v6n2p1.
91. E. Bruess e M. Ali, "3 Reasons why BMI Is Not an Accurate Measure of Your Health or Body Weight — and What to Use Instead", Insider, 21 de janeiro de 2021, https://www.insider.com/guides/health/is-bmi-accurate#:~:text=BMI%20is%20not%20an%20accurate%20predictor%20of%20health%20because%20it,data%20from%20only%20white%20Europeans.
92. R. P. Wildman, P. Muntner, K. Reynolds, A. P. McGinn, S. Rajpathak, J. Wylie-Rosett e M. R. Sowers, "The Obese Without Cardiometabolic Risk Factor Clustering and the Normal Weight with Cardiometabolic Risk Factor Clustering: Prevalence and Correlates of 2 Phenotypes Among the US Population (NHANES 1999—2004)", *Archives of Internal Medicine* 168, nº 15 (2008): 1617—24, https://doi.org/10.1001/archinte.168.15.1617.
93. R. Puhl e K. D. Brownell, "Bias, Discrimination, and Obesity", *Obesity Research* 9, nº 12 (2001): 788—805, https://doi.org/10.1038/oby.2001.108.
94. R. M. Puhl, T. Andreyeva e K. D. Brownell, "Perceptions of Weight Discrimination: Prevalence and Comparison to Race and Gender Discrimination in America", *International Journal of Obesity* 32, nº 6 (2008): 992—1000, https://doi.org/10.1038/ijo.2008.22.
95. T. Osborn, "From New York to Instagram: The History of the Body Positivity Movement", BBC, https://www.bbc.co.uk/bitesize/articles/z2w7dp3#:~:text=Body%20Positivity%20begins%20with20the,ways%20fat%20people%20were%20treated.
96. Anuschka Rees, *Beyond Beautiful: A Practical Guide to Being Happy, Confident, and You in a Looks-Obsessed World* (Nova York: Ten Speed Press, 2019).
97. Naomi Wolf, *The Beauty Myth: How Images of Female Beauty Are Used Against Women* (Nova York: William Morrow, 1991).
98. E. Aronson, B. Willerman e J. Floyd, "The Effect of a Pratfall on Increasing Interpersonal Attractiveness", *Psychonomic Science* 4, nº 6 (1966): 227—28, https://doi.org/10.3758/BF03342263.
99. Para ser clara, esses estereótipos são grosseiramente exagerados. É mais provável que uma pessoa com uma séria doença mental seja vítima de um crime do que perpetradora. Os

indicadores fundamentais de violência são: ser jovem, identificar-se com homem e ter uma posição socioeconômica mais baixa. De fato, é mais provável que você seja esfaqueado por alguém que está assaltando sua casa do que por alguém que está experimentando uma psicose.
100. H. Stuart, "Violence and Mental Illness: An Overview", *World Psychiatry* 2, nº 2 (2003): 121.
101. P. M. Marzuk, "Violence, Crime, and Mental Illness: How Strong a Link? [Editorial]", *Archives of General Psychiatry* 53, nº 6 (1996): 481—86, https://doi.org/10.1001/archpsyc.1996.01830060021003.
102. A. Peterson, "Why Stereotypes About Psychosis Are Harmful", National Alliance on Mental Illness, 8 de outubro de 2020, https://www.nami.org/Blogs/NAMI-Blog/October-2020/Why-Stereotypes-About-Psychosis-Are-Harmful.
103. Larry Davidson, Janis Tondora, Martha Staeheli Lawless, Maria J. O'Connell e Michael Rowe, *A Practical Guide to Recovery-OrientedPractice: Tools for Transforming Mental Health Care* (Nova York: Oxford University Press, 2009).
104. E. Ferenchick e D. Rosenthal, "Identified Patient in Family Systems Theory", em *Encyclopedia of Couple and Family Therapy* (2019), 1431—33, https://doi.org/10.1007/978-3-319-49425-8_282.
105. J. N. Ranieris, "Why Are Addiction Relapse Rates So High in Early Recovery?", Discovery Institute, 15 de julho de 2022, https://www.discoverynj.org/addiction-relapse-rates-high-early-recovery/.
106. T. Berends, B. van Meijel, W. Nugteren, M. Deen, U. N. Danner, H. W. Hoek e A. A. van Elburg, "Rate, Timing and Predictors of Relapse in Patients with Anorexia Nervosa Following a Relapse Prevention Program: A Cohort Study", *BMC Psychiatry* 16, nº 1 (2016): 1—7, https://doi.org/10.1186/s12888-016-1019-y.
107. C. M. Jones, R. K. Noonan e W. M. Compton, "Prevalence and Correlates of Ever Having a Substance Use Problem and Substance Use Recovery Status Among Adults in the United States, 2018", *Drug and Alcohol Dependence* 214, nº 108169 (2020), https://doi.org/10.1016/j.drugalcdep.2020.108169.
108. J. F. Kelly, B. G. Bergman, B. B. Hoeppner, C. L. Vilsaint e W. L. White, "Prevalence and Pathways of Recovery from Drug and Alcohol Problems in the United States Population: Implications for Practice, Research, and Policy", *Drug and Alcohol Dependence* 181 (Supplement C) (2017): 162—69, https://doi.org/10.1016/j.drugalcdep.2017.09.028.
109. D. Owens, J. Horrocks e A. House, "Fatal and Non-fatal Repetition of Self-Harm: Systematic Review", *British Journal of Psychiatry* 181, nº 3 (2002): 193—99, https://doi.org/10.1192/bjp.181.3.193.
110. J. T. Cavanagh, A. J. Carson, M. Sharpe e S. M. Lawrie, "Psychological Autopsy Studies of Suicide: A Systematic Review", *Psychological Medicine* 33, nº 3 (2003): 395—405, https://doi.org/10.1017/S0033291702006943.
111. M. Lim, S. Lee e J. I. Park, "Differences Between Impulsive and Non-impulsive Suicide Attempts Among Individuals Treated in Emergency Rooms of South Korea", *Psychiatry Investigation* 13, nº 4 (2016): 389, https://doi.org/10.4306/pi.2016.13.4.389.
112. Hong Jin Jeon, Jun-Young Lee, Young Moon Lee, Jin Pyo Hong, Seung-Hee Won, Seong-Jin Cho, Jin-Yeong Kim, Sung Man Chang, Hae Woo Lee, Maeng Je Cho, "Unplanned

Versus Planned Suicide Attempters, Precipitants, Methods, and an Association with Mental Disorders in a Korea-Based Community Sample", *Journal of Affective Disorders* 127, n⁰ˢ 1—3 (2010): 274—280, https://doi.org/10.1016/j.jad.2010.05.027.

113. J. Ravitz, "A Widow Struggles to Make Sense of Suicide When There Were No Signs", CNN, 22 de junho de 2018, https://www.cnn.com/2018/06/08/health/suicide-no-signs-grief.

114. M. Arain, M. Haque, L. Johal, P. Mathur, W. Nel, A. Rais e S. Sharma, "Maturation of the Adolescent Brain", *Neuropsychiatric Disease and Treatment* 9 (2013): 449, https://doi.org/10.2147/NDT.S39776.

115. J. O. Prochaska e C. C. DiClemente, "Stages and Processes of Self-Change of Smoking: Toward an Integrative Model of Change", *Journal of Consulting and Clinical Psychology* 51, nº 3 (1983): 390, https://doi.org/10.1037/0022-006X.51.3.390.

116. N. Raihan e M. Cogburn, "Stages of Change Theory", StatPearls, 2021, https://www.statpearls.com/point-of-care/29429.

117. William R. Miller e Stephen Rollnick, *Motivational Interviewing: Helping People Change*, 3ª ed. (Nova York: Guilford Press, 2013).

118. C. Zhu, Y. Zhang, T. Wang, Y. Lin, J. Yu, Q. Xia e D. M. Zhu, "Vitamin D Supplementation Improves Anxiety but Not Depression Symptoms in Patients with Vitamin D Deficiency", *Brain and Behavior* 10, nº 11 (2020), https://doi.org/10.1002/brb3.1760.

119. S. Penckofer, M. Byrn, W. Adams, M. A. Emanuele, P. Mumby, J. Kouba e D. E. Wallis, "Vitamin D Supplementation Improves Mood in Women with Type 2 Diabetes", *Journal of Diabetes Research* (2017), https://doi.org/10.1155/2017/8232863.

120. L. Wartenberg e F. Spritzler, "Vitamin D Deficiency: Symptoms, Causes, and Treatments", Healthline, 10 de março de 2022, https://www.healthline.com/nutrition/vitamin-d-deficiency-symptoms#vitamin-basics.

121. O. Sizar, S. Khare, A. Goyal, P. Bansal e A. Givler, "Vitamin D Deficiency", StatPearls, 2021, https://www.statpearls.com/point-of-care/31224.

122. N. R. Parva, S. Tadepalli, P. Singh, A. Qian, R. Joshi, H. Kandala e P. Cheriyath, "Prevalence of Vitamin D Deficiency and Associated Risk Factors in the US Population (2011—2012)", *Cureus* 10, nº 6 (2018), https://doi.org/10.7759/cureus.2741.

123. L. E. Rhodes, A. R. Webb, H. I. Fraser, R. Kift, M. T. Durkin, D. Allan e J. L. Berry, "Recommended Summer Sunlight Exposure Levels Can Produce Sufficient (r 20 ng ml– 1) but Not the Proposed Optimal (r 32 ng ml– 1) 25 (OH) D Levels at UK Latitudes", *Journal of Investigative Dermatology* 130, nº 5 (2010): 1411—18, https://doi.org/10.1038/jid.2009.417.

124. D. Feldman, A. V. Krishnan e S. Swami, "Vitamin D: Biology, Actions, and Clinical Implications", em *Osteoporosis*, 4ª ed., org. Robert Marcus, David Dempster, David Feldman e Jane Cauley (Nova York: Academic Press, 2013), 283—328, https://doi.org/10.1016/B978-0-12-15853-5.00013-3

125. S. L. Mumford, R. A. Garbose, K. Kim, K. Kissell, D. L. Kuhr, U. R. Omosigho e E. F. Schisterman, "Association of Preconception Serum 25-Hydroxyvitamin D Concentrations with Livebirth and Pregnancy Loss: A Prospective Cohort Study", *Lancet: Diabetes & Endocrinology* 6, nº 9 (2018): 725—32, https://doi.org/10.1016/S2213-8587(18)30153-0.

126. A. Hunt, D. Harrington e S. Robinson, "Vitamin B12 Deficiency", *BMJ* 349 (2014), https://doi.org/10.1136/bmj.g5226.

127. "Thiamin: Fact Sheet for Consumers", National Institutes of Health: Office of Dietary Supplements, https://ods.od.nih.gov/factsheets/Thiamin-Consumer/.
128. "Riboflavin: Fact Sheet for Consumers", National Institutes of Health: Office of Dietary Supplements, https://ods.od.nih.gov/factsheets/Riboflavin-Consumer/.
129. "Niacin: Fact Sheet for Consumers", National Institutes of Health: Office of Dietary Supplements, https://ods.od.nih.gov/factsheets/Niacin-Consumer/.
130. D. Heitz, "Symptoms of Vitamin B Deficiencies", Healthline, 12 de agosto de 2020, https://www.healthline.com/health/symptoms-of-vitamin-b-deficiency.
131. "Folic Acid", Centers for Disease Control and Prevention, 19 de abril de 2021, https://www.cdc.gov/ncbddd/folicacid/about.html.
132. A. Gragossian, K. Bashir e R. Friede, "Hypomagnesemia", StatPearls, National Library of Medicine: National Center for Biotechnology Information, 2018, https://www.ncbi.nlm.nih.gov/books/NBK500003/.
133. "Magnesium: Fact Sheet for Consumers", National Institutes of Health: Office of Dietary Supplements, https://ods.od.nih.gov/factsheets/Magnesium-Consumer/.
134. R. Link e F. Sprizler, "12 Evidence-Based Health Benefits of Magnesium", Healthline, 7 de fevereiro de 2022, https://www.healthline.com/nutrition/magnesium-benefits.
135. E. K. Tarleton, B. Littenberg, C. D. MacLean, A. G. Kennedy e C. Daley, "Role of Magnesium Supplementation in the Treatment of Depression: A Randomized Clinical Trial", *PLOS ONE* 12, nº 6 (2017), https://doi.org/10.1371/journal.pone.0180067.
136. D. J. White, S. De Klerk, W. Woods, S. Gondalia, C. Noonan e A. B. Scholey, "Anti-stress, Behavioural and Magnetoencephalography Effects of an L-Theanine-Based Nutrient Drink: A Randomised, Double-Blind, Placebo-Controlled, Crossover Trial," *Nutrients* 8, nº 1 (2016): 53, https://doi.org/10.3390/nu8010053.
137. E. I. Martin, K. J. Ressler, E. Binder e C. B. Nemeroff, "The Neurobiology of Anxiety Disorders: Brain Imaging, Genetics, and Psychoneuroendocrinology", *Psychiatric Clinics* 32, nº 3 (2009): 549—75, https://doi.org/10.1016/j.psc.2009.05.004.
138. L. Liu e G. Zhu, "Gut—Brain Axis and Mood Disorder", *Frontiers in Psychiatry* 9 (2018): 223, https://doi.org/10.3389/fpsyt.2018.00223.
139. S. Carpenter, "That Gut Feeling", *Monitor on Psychology* 43, nº 8 (2012): 50.
140. L. Liu e G. Zhu, "Gut—Brain Axis and Mood Disorder", *Frontiers in Psychiatry* 9 (2018): 223, https://doi.org/10.3389/fpsyt.2018.00223.
141. J. R. Kelly, P. J. Kennedy, J. F. Cryan, T. G. Dinan, G. Clarke e N. P. Hyland, "Breaking Down the Barriers: The Gut Microbiome, Intestinal Permeability, and Stress-Related Psychiatric Disorders", *Frontiers in Cellular Neuroscience* (2015): 392, https://doi.org/10.3389/fncel.2015.00392.
142. J. A. Bravo, P. Forsythe, M. V. Chew, E. Escaravage, H. M. Savignac, T. G. Dinan e J. F. Cryan, "Ingestion of Lactobacillus Strain Regulates Emotional Behavior and Central GABA Receptor Expression in a Mouse via the Vagus Nerve", *Proceedings of the National Academy of Sciences* 108, nº 38 (2011): 16050—55.
143. L. Hochwald, "9 Ways to Eat More Probiotics Every Day", Everyday Health, 13 de maio de 2020, https://www.everydayhealth.com/diet-and-nutrition/diet/ways-eat-more-probiotics-everyday/.

144. A. H. Miller, V. Maletic e C. L. Raison, "Inflammation and Its Discontents: The Role of Cytokines in the Pathophysiology of Major Depression", *Biological Psychiatry* 65, nº 9 (2009): 732—41, https://doi.org/10.1016/j.biopsych.2008.11.029.
145. N. G. Norwitz e U. Naidoo, "Nutrition as Metabolic Treatment for Anxiety", *Frontiers in Psychiatry* (2021): 105, https://doi.org/10.3389/fpsyt.2021.598119.
146. M. Aucoin, L. LaChance, U. Naidoo, D. Remy, T. Shekdar, N. Sayar e K. Cooley, "Diet and Anxiety: A Scoping Review", *Nutrients* 13, nº 12 (2021): 4418, https://doi.org/10.3390/nu13124418.
147. J. Kubala e G. Tinsley, "9 Potential Intermittent Fasting Side Effects", Healthline, 23 de abril de 2021, https://www.healthline.com/nutrition/intermittent-fasting-side-effects#Who-should-avoid-intermittent-fasting?.
148. F. Haghighatdoost, A. Feizi, A. Esmaillzadeh, N. Rashidi-Pourfard, A. H. Keshteli, H. Roohafza e P. Adibi, "Drinking Plain Water Is Associated with Decreased Risk of Depression and Anxiety in Adults: Results from a Large Cross-Sectional Study", *World Journal of Psychiatry* 8, nº 3 (2018): 88, https://doi.org/10.5498/wjp.v8.i3.88.
149. N. Pross, A. Demazieres, N. Girard, R. Barnouin, D. Metzger, A. Klein e I. Guelinckx, "Effects of Changes in Water Intake on Mood of High and Low Drinkers", *PLOS ONE* 9, nº 4 (2014): e94754, https://doi.org/10.1371/journal.pone.0094754.
150. R. J. Stanborough e D. Weatherspoon, "Dehydration and Anxiety: How to Keep Calm and Carry On", Healthline, 15 de dezembro de 2020, https://www.healthline.com/health/anxiety/dehydration-and-anxiety.
151. M. J. Aminoff, F. Boller e D. F. Swaab, "We Spend About One-Third of Our Life Either Sleeping or Attempting to Do So", *Handbook of Clinical Neurology* 98 (2011): vii, https://doi.org/10.1016/B978-0-444-2006-7.00047-2.
152. "Sleep Deprivation Can Affect Your Mental Health", Harvard Health Publishing, 17 de agosto de 2021, https://www.health.harvard.edu/newsletter_article/sleep-and-mental-health.
153. "Healthy Sleep Habits", American Academy of Sleep Medicine, agosto de 2020, https://sleepeducation.org/healthy-sleep/healthy-sleep-habits/.
154. "What's the Best Temperature for Sleep?", Cleveland Clinic, 16 de novembro de 2021, https://health.clevelandclinic.org/what-is-the-ideal-sleeping-temperature-for-my-bedroom/#:~:text=%E2%80%9CTypically%20it%20is%20suggested%20that,the%20stability%20of%20REM%20sleep.
155. I. M. Colrain, C. L. Nicholas e F. C. Baker, "Alcohol and the Sleeping Brain", *Handbook of Clinical Neurology* 125 (2014): 415—31, https://doi.org/10.1016/B978-0-444 -62619-6.00024-0.
156. C. Drake, T. Roehrs, J. Shambroom e T. Roth, "Caffeine Effects on Sleep Taken 0, 3, or 6 Hours Before Going to Bed", *Journal of Clinical Sleep Medicine* 9, nº 11 (2013): 1195—1200, https://doi.org/10.5664/jcsm.3170.
157. "Exercising for Better Sleep", Johns Hopkins Medicine, https://www.hopkinsmedicine.org/health/wellness-and-prevention/exercising-for-better-sleep#:~:text=Aerobic%20exercise%20causes%20the%20body,wind%20down%2C%E2%80%9D%20she%20says.
158. J. Summer e A. Singh, "Napping: Benefits and Tips", Sleep Foundation, 29 de setembro de 2022, https://www.sleepfoundation.org/sleep-hygiene/napping#:~:text=In %20

general%2C%20the%20best%20nap,grogginess%20and%20actually%20worsen%20 sleepiness.
159. M. Hirshkowitz, K. Whiton, S. M. Albert, C. Alessi, O. Bruni, L. DonCarlos e P. J. A. Hillard, "National Sleep Foundation's Sleep Time Duration Recommendations: Methodology and Results Summary", *Sleep Health* 1, nº 1 (2015): 40—43, https://doi.org/10.1016/j.sleh.2014.12.010.
160. "When to Seek Medical Care for Insomnia", WebMD, 20 de outubro de 2020, https://www.webmd.com/sleep-disorders/insomnia-when-to-go-to-doctor.
161. J. J. Ratey, "Can Exercise Help Treat Anxiety?", Harvard Health Publishing, 24 de outubro de 2019, https://www.health.harvard.edu/blog/can-exercise-help-treat-anxiety-2019102418096.
162. E. Anderson e G. Shivakumar, "Effects of Exercise and Physical Activity on Anxiety", *Frontiers in Psychiatry* 4 (2013): 27, https://doi.org/10.3389/fpsyt.2013.00027.
163. "Exercise for Stress and Anxiety", Anxiety & Depression Association of America, https://adaa.org/living-with-anxiety/managing-anxiety/exercise-stress-and-anxiety.
164. Michael Easter, *The Comfort Crisis: Embrace Discomfort to Reclaim Your Wild, Happy, Healthy Self* (Nova York: Rodale Books, 2021).
165. Apresentamos *The Comfort Crisis* no Brain Health Book Club. Se você quiser uma lista de outros livros úteis relacionados à psicologia e à doença mental, cheque a lista de leituras prévias que apresentamos aqui: https://drlaurencook.mykajabi.com/brain-health-book--club-book-shelf.
166. "Depression and Anxiety: Exercise Eases Symptoms", Mayo Clinic, 27 de setembro de 2017, https://www.mayoclinic.org/diseases-conditions/depression/in-depth/depression-and--exercise/art-20046495#:~:text=Doing%2030%20minutes%20or%20more,time%20 %E2%80%94%20may%20make%20a%20difference.
167. R. B. Ardito e D. Rabellino, "Therapeutic Alliance and Outcome of Psychotherapy: Historical Excursus, Measurements, and Prospects for Research", *Frontiers in Psychology* 2 (2011): 270, https://doi.org/10.3389/fpsyg.2011.00270.
168. "According to a New Government Survey, 38 Percent of Adults and 12 Percent of Children Use Complementary and Alternative Medicine", National Institutes of Health, 10 de dezembro de 2008, https://www.nih.gov/news-events/news-releases/according--new-government-survey-38-percent-adults-12-percent-children-use-complementary--alternative-medicine.
169. P. Phutrakool e K. Pongpirul, "Acceptance and Use of Complementary and Alternative Medicine Among Medical Specialists: A 15-Year Systematic Review and Data Synthesis", *Systematic Reviews* 11, nº 1 (2022): 1—14, https://doi.org/10.1186/s13643-021-01882-4.
170. "Panic Disorder", Cleveland Clinic, https://my.clevelandclinic.org/health/diseases/4451--panic-disorder.
171. S. Breit, A. Kupferberg, G. Rogler e G. Hasler, "Vagus Nerve as Modulator of the Gut-Brain Axis in Psychiatric and Inflammatory Disorders", *Front Psychiatry* 9 (2018): 44, https://doi.org/10.3389/fpsyt.2018.00044.
172. M. J. Tipton, N. Collier, H. Massey, J. Corbett e M. Harper, "Cold Water Immersion: Kill or Cure?", *Experimental Physiology* 102, nº 11 (2017): 1335—55, https://doi.org/10.1113/EP086283.

173. J. Kang, A. Scholp e J. J. Jiang, "A Review of the Physiological Effects and Mechanisms of Singing", *Journal of Voice* 32, nº 4 (2018): 390—95, https://doi.org/10.1016/j.jvoice.2017.07.008.
174. D. J. Edwards, H. Young, A. Curtis e R. Johnston, "The Immediate Effect of Therapeutic Touch and Deep Touch Pressure on Range of Motion, Interoceptive Accuracy and Heart Rate Variability: A Randomized Controlled Trial with Moderation Analysis", *Frontiers in Integrative Neuroscience* 12, nº 41 (2018), https://doi.org/10.3389/fnint.2018.00041.
175. H. Mason, M. Vandoni, G. Debarbieri, E. Codrons, V. Ugargol e L. Bernardi, "Cardiovascular and Respiratory Effect of Yogic Slow Breathing in the Yoga Beginner: What Is the Best Approach?", *Evidence-Based Complementary and Alternative Medicine* (2013), https://doi.org/10.1155/2013/743504.
176. L. Newhouse, "Is Crying Good for You?", Harvard Health Publishing, 1º de março de 2021, https://www.health.harvard.edu/blog/is-crying-good-for-you-2021030122020#:~:text=Researchers%20have%20established%20that%20crying,both%20physical%20and%20emotional%20pain.
177. Ao mesmo tempo, se você sente que está sempre chorando (com frequência de forma descontrolada) e esse sintoma lhe é penoso, converse com um profissional sobre isso. Essa tendência a chorar pode ser um indicador biológico de angústia e/ou depressão, e uma intervenção biológica pode ajudar nesse caso. Embora medicação não seja para todos, vi vários clientes responderem bem a um antidepressivo quando receitado por um psiquiatra.
178. Peter A. Levine, *Healing Trauma: A Pioneering Program for Restoring the Wisdom of Your Body* (Boulder, Colorado: Sounds True, 2008).
179. Há um vídeo útil no YouTube que demonstra como isso acontece com um urso-polar. Você pode assistir ao vídeo em https://www.youtube.com/watch?v= nmJDkzDMllc.
180. H. Song, F. Fang, G. Tomasson, F. K. Arnberg, D. Mataix-Cols, L. Fernández de la Cruz, Catarina Almqvist, Katja Fall e Unnur A. Valdimarsdóttir, "Association of Stress-Related Disorders with Subsequent Autoimmune Disease", *JAMA* 319, nº 23 (2018): 2388—400, https://doi.org/10.1001/jama.2018.7028.
181. H. Song, K. Fall, F. Fang, H. Erlendsdottir, D. Lu, D. Mataix-Cols, Lorena Fernández de la Cruz, Brian M. D'Onofrio, Paul Lichtenstein, Magnús Gottfreðsson, Catarina Almqvist e Unnur A. Valdimarsdóttir, "Stress Related Disorders and Subsequent Risk of Life Threatening Infections: Population Based Sibling Controlled Cohort Study", *BMJ* 367 (2019): l5784, https://doi.org/10.1136/bmj.l5784.
182. P. Payne, P. A. Levine e M. A. Crane-Godreau, "Somatic Experiencing: Using Interoception and Proprioception as Core Elements of Trauma Therapy", *Frontiers in Psychology* 6 (2015): 93, https://doi.org/10.3389/fpsyg.2015.00093.
183. Se você quiser assistir a um vídeo útil e ver e praticar alguns desses exercícios para o corpo, aqui está o link: https://www.youtube.com/watch?v=xM2Z-miz3Y4.
184. "Tension & Trauma Releasing Exercises", TRE for All, Inc., https://traumaprevention.com/. No Brasil, "Técnica de Redução de Estresse", https://www.trebrasil.org/.
185. K. Anthony e T. J. Legg, "EFT Tapping", Healthline, 18 de setembro de 2018, https://www.healthline.com/health/eft-tapping.
186. Se você tem interesse em saber mais sobre os eventos em nossas vidas que têm impacto sobre nossa saúde e sintomas somáticos, veja o Holmes-Rahe Life Stress Inventory. Essa

avaliação demonstra que mesmo eventos geralmente positivos, como casar e alcançar uma realização pessoal importante, podem causar estresse no corpo. Aqui está o link: https://www.stress.org/holmes-rahe-stress-inventory.

187. M. D. Seery, R. C. Silver, E. A. Holman, W. A. Ence e T. Q. Chu, "Expressing Thoughts and Feelings Following a Collective Trauma: Immediate Responses to 9/11 Predict Negative Outcomes in a National Sample", *Journal of Consulting and Clinical Psychology* 76, nº 4 (2008): 657, https://doi.org/10.1037/0022-006X.76.4.657.

188. M. I. Norton e F. Gino, "Rituals Alleviate Grieving for Loved Ones, Lovers, and Lotteries", *Journal of Experimental Psychology: General* 143, nº 1 (2014): 266.

189. S. M. Bögels, S. Knappe e L. A. Clark, "Adult Separation Anxiety Disorder in *DSM-5*", *Clinical Psychology Review* 33, nº 5 (2013): 663—74, https://doi.org/10.1016/j.cpr.2013.03.006.

190. J. Feriante e B. Bernstein, "Separation Anxiety", StatPearls, 2020, https://www.ncbi.nlm.nih.gov/books/NBK560793/.

191. R. Nall e K. Kubala, "What Is Separation Anxiety Disorder in Adults?", Medical News Today, 23 de março de 2022, https://www.medicalnewstoday.com/articles/322070.

192. P. Hobart, "The World Is Actually Less Dangerous Than in 1990", Bustle, 6 de dezembro de 2105, https://www.bustle.com/articles/127980-the-world-is-a-safer-place-now-than-it-was-25-years-ago-research-shows-which.

193. S. Kitanovska, "Younger Americans Most Likely to Feel Unsafe on a Daily Basis: Poll", *Newsweek*, 28 de julho de 2022, https://www.newsweek.com/young-americans-most-likely-feel-unsafe-daily-basis-poll-1728560.

194. "Odds of Dying", National Safety Council, 2020, https://injuryfacts.nsc.org/all-injuries/preventable-death-overview/odds-of-dying/.

195. Se você quiser saber mais sobre essas estatísticas de segurança e danos, o National Safety Council tem um bom site onde você pode acessar informações atualizadas: https://injuryfacts.nsc.org/.

196. "Odds of Dying", National Safety Council, 2020, https://injuryfacts.nsc.org/all-injuries/preventable-death-overview/odds-of-dying/.

197. "2021 Disasters in Numbers", United Nations Office for the Coordination of Humanitarian Affairs, 21 de abril de 2022, https://reliefweb.int/report/world/2021-disasters-numbers.

198. C. Craighead, "As Mental Illness Rates Rise, 68% of Americans Say Social Media, News Cause Anxiety During Pandemic", *San Francisco Chronicle*, 28 de maio de 2020, https://www.sfchronicle.com/coronavirus/article/news-social-media-cause-anxiety-during-covid-19-15300935.php.

199. "Doing Good Is Good for You Study", United Healthcare, 2017, https://newsroom.uhc.com/content/dam/newsroom/2017_VolunteerStudy-Summary_Web.pdf.

200. P. Economy, "This Is the Way You Need to Write Down Your Goals for Faster Success", *Inc.*, 28 de fevereiro de 2018, https://www.inc.com/peter-economy/this-is-way-you-need-to-write-down-your-goals-for-faster-success.html.

Impressão e Acabamento:
BMF GRÁFICA E EDITORA